睿观察

素质教育行业的 2019

睿艺 著

辽宁师范大学出版社

·大 连·

图书在版编目（CIP）数据

睿观察：素质教育行业的 2019 / 睿艺著 . —— 大连：
辽宁师范大学出版社 , 2019.11

ISBN 978-7-5652-3151-3

Ⅰ . ①睿… Ⅱ . ①睿… Ⅲ . ①素质教育 – 研究 – 中国
Ⅳ . ① G40–012

中国版本图书馆 CIP 数据核字 (2019) 第 278097 号

RUI GUANCHA · SUZHI JIAOYU HANGYE DE 2019
睿观察·素质教育行业的2019

出 版 人：王　星
责任编辑：孙晓艳
责任校对：刘　宁
装帧设计：隋莹莹

出 版 者：辽宁师范大学出版社
地　　址：大连市黄河路 850 号
网　　址：http://www.lnnup.net
　　　　　http://www.press.lnnu.edu.cn
邮　　编：116029
营销电话：（0411）84206854　84215261
印 刷 者：大连海大印刷有限公司
发 行 者：辽宁师范大学出版社

幅面尺寸：170mm × 230mm
印　　张：19
字　　数：304 千字

出版时间：2019 年 11 月第 1 版
印刷时间：2019 年 11 月第 1 次印刷
书　　号：ISBN 978-7-5652-3151-3

定　　价：158.00 元

前言
Foreword

2015 年 10 月 10 日，定位"素质教育行业媒体"的睿艺正式发布第一期会员内刊。

自创立伊始，睿艺作为素质教育行业的垂直媒体，始终坚持以内容报道的形式记录素质教育行业的发展和变化。

2015 年 10 月—2018 年 12 月，睿艺共出版了 26 本《睿艺》会员内刊。

2019 年是睿艺进入素质教育行业的第五个年头。四年来，素质教育行业发生了巨大的转变：在品类方面，从以艺术为主，发展为艺术、启蒙、STEM[1]、体育等多个赛道齐绽放；在运营方面，从以线下为主的运营模式，发展为线上线下相结合、利用技术为产品赋能等新模式；在投融资板块方面，2017 年、2018 年、2019 年的 1—9 月，分别有 146 起、196 起、123 起融资案例发生。

政策支持，家长需求爆发，资本持续投入，科技赋能……越来越多的人才加入创业，素质教育行业在快速地发展。

经过四年的沉淀和积累，睿艺认为，现在是时候以一种更具深度的方式去记录点滴、总结变化、展望未来了。

---

[1] STEM 是科学(Science)、技术(Technology)、工程(Engineering)、数学(Mathematics)四门学科英文首字母的缩写，其中科学旨在认识世界，解释自然界的客观规律；技术和工程则是在尊重自然规律的基础上改造世界，实现与自然的和谐共处，解决社会发展过程中遇到的难题；数学则是技术与工程学科的基础工具。

今日各家企业的经营现状是结果，其背后的思考逻辑、探索过程、决策原因更值得探究。

本书分为两大部分。前半部分采访了 11 家各细分赛道的头部或代表性品牌，在了解他们运营之道的基础上，剖析他们的决策逻辑和探索过程，以求借鉴他们的成功案例，吸取"踩坑"的经验教训。后半部分收集整理了素质教育培训行业在 2019 年 1—9 月发生的重要事件，记录发生在素质教育行业的每一个动态、每一次变化。

这是睿艺第一次出书。这本书是睿艺四年来坚持观察和记录素质教育行业所交出的阶段性答卷。

借由此书，睿艺尝试记录行业变迁的重要时刻，展望行业发展的未来，坚定地做好全素质教育行业服务平台的角色。

睿艺将一如既往地为行业发声，为创业者喝彩，做行业健康、可持续发展的观察者、记录者、支持者。

睿　艺
2019 年末

目 录

Contents

以十年为期，好未来的素质教育探索之路 ▶

"好未来对素质教育的期许是在5~10年内做成儿童教育的头部品牌，也就是在用户口碑和规模上都趋于领先。"好未来素质及国际教育事业部负责人吴颖如是说。

在消费升级的驱动之下，更多家庭开始注重儿童综合素养和综合能力的培养。由此看出，客户对素质教育培训的需求逐渐增强，素质教育行业正迎来巨大的发展契机。近几年，入局者逐渐增多，有些入局者带着先进的经验也开始进入素质教育行业创业，快速推动着素质教育行业的发展，促使素质教育行业越来越繁荣。

这其中就包括上市公司"好未来"。

为此，好未来专门成立了素质及国际教育事业部，旗下的重要组成部分就是摩比思维和励步英语。摩比思维主打3~8岁儿童数学思维教育，励步英语专注少儿英语培训。

摩比十年磨一剑，"线上 + 线下"的爆发

从 2018 年上半年开始，"数学思维"一词的热度开始攀升，这一赛道的从业者越来越多，竞争也越来越激烈。

好未来作为 K12[1] 巨头，在十年之前便提前布局，选择以线下方式切入该赛道。

"摩比思维馆"是好未来在 2009 年于北京创立的数学思维品牌。作为好未来旗下的项目之一，摩比思维起初是属于学而思幼教旗下的数学思维课。

好未来创始人张邦鑫曾在一次演讲中说道："过去七年以来，我们一直在思考，未来有没有一种产品可能超越学而思培优，至少在某些方面超越它。"虽然摩比思维馆与学而思培优二者起初都以数学课程起家，但为了进行区分，两者走了不同的发展模式，摩比思维馆的定位是"为 3~8 岁儿童提供高质量的儿童思维培养课程"，用三个词简单总结就是"素质"、"高端"和"国际"。

2011 年摩比在北京中坤广场成立了第一家线下教学中心，彼时共设有 36 节课程，也就是针对 3~4 岁学段、4~5 岁学段、5~6 岁学段各开设有 12 节课。直到 2012 年春末，摩比思维馆最终研发设计出了一套 48 节课的完整课程体系。

而在当时命名品牌的过程中，摩比思维馆为了匹配其高端定位，故将自己称为"馆"而非"培训班"，再加上著名的数学概念"莫比乌斯环"的谐音，综合设计出了"摩比思维馆"这个品牌名称。

莫比乌斯环看似只有一个面，但如果沿着它能看到的"路"一直跑下去，就可以跑遍纸条的两面，正如无穷大符号"∞"一样。摩比思维之所以采用该设计，是因为摩比团队认为每一个儿童的智慧和发展潜力都是无穷的，儿童成长的过程

---

[1] K12（Kindergarten through Twelfth Grade），教育类专用名词，是学前教育至高中教育的缩写，现在普遍被用来代指基础教育。

同样是一个无穷的思考和探索的过程，而决定思考和探索程度的关键能力正是思维能力。另外，在摩比团队看来，3~8岁是儿童思维发展的"关键期"，适当地培养儿童提升思维能力，可以帮助其收获无穷的智慧，发展思维的潜力。

除了数学思维之外，摩比思维也在探索新的产品，在2012年开始增设语文课程，在2015年开始增设科学与编程课程，涉足STEAM[1]领域。

摩比思维之所以开设科学思维课程，是希望能全面地培养儿童，不仅仅培养儿童的数学思维能力，还培养儿童将数学思维应用于生活的能力，并拓宽儿童的国际视野。

摩比思维产品负责人、摩比思维产研教学管理负责人于辉介绍说："五六年级的学生出于升学压力，学习会以数学课业为主，无论从未来升学压力的角度，还是从儿童发展规律的角度来看，科学课程都比较适合尽早开始学习。"当时，摩比针对三年级学生开设了十个科学班，几乎一天之内全部招满，于是在2016年中旬又新招了300~400名学生。

摩比开设科学课的另一个原因是2015年教育部发布的《关于"十三五"期间全面深入推进教育信息化工作的指导意见（征求意见稿）》中提到未来五年对教育信息化的规划，并鼓励探索STEAM教育、创客教育等新教育模式。

不错的招生成绩和相关政策的推动促使摩比萌生了一个念头——将STEAM教育更大范围地推广起来。于是，摩比为STEAM课程投入了更多的资源。

在2017年，摩比与MIT（麻省理工学院）媒体实验室旗下的Scratch[2]项目在北京举办发布会，宣布将通过少儿图形化编程推进他们的创造性学习。摩比以此

---

[1] STEAM分别代表科学（Science）、技术（Technology）、工程（Engineering）、艺术（Arts）、数学（Mathematics），STEAM教育就是将这些学科融合起来的综合教育。

[2] Scratch是麻省理工学院设计开发的图形化编程工具，主要面对青少年开放。

为基础，进行了深入的 STEAM 教学研发。

从市场角度来说，STEAM 教育在国际范围内已经是最为核心的课外培训内容之一，但在国内依旧处于早期阶段，需求不够刚性。摩比产品负责人介绍："STEAM 教育在当时的市场上还没有火起来，而且相比数学和英语主科的体量来讲相差太多。市场的不温不火也决定了教学点分布不会太密集。数学课程覆盖 3 千米范围，而编程课程则覆盖 5 千米范围，因而摩比就很难再去扩展更多教学点。然而，家长在选择素质教育时，依旧会选择离家近的中心。"

目前摩比的课程培训依旧以数学和语文产品为主，而 STEAM 教育转为更轻的产品形态——微课，让学生与家长不需要来到教学点，即可享受到国际化的素质教育。在班课领域，数学和语文是未来摩比在儿童领域发展的重要方向。

在 2015 年，摩比还有一个很大的调整，就是开始做 9~12 岁年龄段的课程与产品，年龄段向上延伸。根据客户需求做调整是摩比本次做调整的根本原因。于辉分析，部分家长对教育的需求变得越来越素质化、高端化、国际化，而从低龄做起，且秉承"不刷题也能得第一"观念的摩比，其高年级的成绩，也丝毫不落后于传统应试培训机构，这也证明了以低龄开始的素质教育的正确性，部分不希望让子女苦陷题海的家长纷纷涌入摩比。

于辉将摩比前五年的发展称为积淀期，将 2015—2018 年的发展称为磨合期。在 2018 年中旬，摩比探索做线上业务，同时保留线下业务。

目前，摩比的线上授课模式为 12 人班型的在线小班直播课。总经理吴晓蔚解释了采用该种模式的原因："摩比从初期就坚定做健康、可持续的商业模型，我们考虑过 1 对 1、1 对 4、1 对 6 的授课模式，发现这三种模式在运营端的消耗较高，而摩比自身运营能力的提升需要一个过程，所以采用了最为稳妥的 1 对 12 班型。"另外，考虑到直播的互动性较强，非常适合低龄段儿童，因而摩比初步定下了线上授课模式。

实践证明，摩比线上课程成功了，课程受到了很多家长的认可。官方数据显示，目前摩比线上课程的续报率在85%左右。微信个人公众号——"海淀胖爸爸"在一篇文章中详细描述了自己和孩子在学习了摩比之后的感受：

"不同于我以往印象中的网课以课件为主、'聊天式'的教学方式，这里的老师，真的就是在讲课，像学校老师一样地讲课，而且教学素养很高。我曾经把所有'线上课'都定义为快餐，但是，摩比的线上课，让我感觉是正餐。"

目前这篇文章的阅读量已过2万，为摩比带来了不少用户。

2018年摩比面向C端市场（消费者市场）推出了《摩比爱数学》教材，而购买书籍的用户也非常认可摩比的教学理念，其中有一部分用户也已经报名了摩比的课程产品。

在十年的发展过程中，摩比思维馆一直带有好未来的互联网基因，在课堂数字化方向上不断进行着尝试和探索。从互动白板的使用到ICS[1]的升级迭代，摩比成为思维教育领域最先应用科技的品牌之一。例如，2011年摩比就使用了ICS2.0智能互动教学系统，利用动画、图片、视频与触摸式教学，增强教学的互动性、趣味性和立体感。

目前摩比采用"互动白板+Pad"的教学模式，教师和学生用定制的Pad（平板电脑）来学习，通过"i摩比"线上学习系统记录教学与学习过程。同时，"i摩比"系统衔接了课堂与课后练习，提供一系列与课程配套的应用，包括"摩比益智动画"、"摩比神奇图形"和"摩比捉迷藏"等App（应用程序）。"i摩比"系统还会跟踪每个学生的上课进度，记录课后练习情况，依托线上平台实现个性化教学。

---

[1]　ICS（1 Class System）是摩比思维的线下互动教学课件系统，包含教师课堂管理系统和学生互动课件系统，能最大化地协助教师授课，提高学生学习兴趣。

摩比思维率先切入数学思维领域，为整个数学思维教育行业培养了早期第一批专业教师，因此被业内人士称为"青少儿数学思维的黄埔军校"。

教研和师资是摩比思维最为重视，也是投入最多的环节。所有摩比的教研团队成员均通过了好未来在硅谷的脑科学项目认证。师资的数量和质量是保证摩比拓展市场的关键，摩比在发展过程中坚持"有多少学生招聘多少教师"的原则，不"囤积"师资。现阶段摩比的直播基地仍设在北京，接下来摩比会在南京建设一些直播基地，未来还会在大学生密集地区建立基地，以便招聘更多优质的师资。

科技基因加持下励步英语的进击之路

励步英语成立于 2008 年，于 2015 年 9 月 21 日被好未来全资收购，好未来集团总裁白云峰曾笑称"收购来源于一个眼神的交流"。

励步英语与好未来初识在 2013 年，当时外语教学与研究出版社在海南组织了一场全国论坛会议，学而思培优被邀参会，而励步英语当时作为独立的公司也受邀参会。总经理吴晓蔚讲述："会议以出游的形式进行，这使得我们有机会在大堂一层和励步进行了第一次会谈。我们发现两个团队非常像，然后就有了后面收购的故事。"

励步英语与好未来"联姻"的根本原因在于双方价值观的互相认可，即对少儿英语培训行业一致的理解。

以收费制度为例，在少儿英语培训行业，大多数机构是以年为单位进行收费的，然而现金收入并非机构的确认收入。在 2013 年，励步英语就意识到了这一点，改为一次只收取 9 个月的费用，好未来内部同样认为"多年单，是毒药"。

在"联姻"后的生活中，好未来遵守着自己"只帮忙，不添乱"的承诺，与励步英语共同成长，而励步英语也在各方面进行了优化升级。

第一，组织架构升级。被并购后的第一年，励步英语便改变以往典型的连锁加盟市场的单店拓展模式，调整为好未来"小前台、大后台"的做法，将所有组织架构进行了整合，建立城市中台，以城市为中心，而不是以教学点为中心。这样的模式加强了机构的垂直化管理，便于形成招生、教学、客服、市场一条线，集中人才和市场资源。

励步英语产品负责人、产研教学管理总监武欢举例说，此前两个学习中心分别有两个市场专员，而整合之后，一个市场专员能管理4~5个中心，这样可以充分发挥组织的优势。

第二，励步英语启动了产品升级。为了给中国儿童最适合的第二语言学习产品，励步英语区别于市场中直接引入国外教材的少儿英语培训机构，选择以自主研发的方式开发课程，尤为重视英语阅读产品，投入了大量的人力和物力。

励步英语从2016年开始在儿童阅读领域进行布局，主要通过与高势能产品结合进行产品优化。2016年9月，励步英语与美国分级阅读领域领先的"Reading A-Z"合作，深度定制本土化分级阅读。

Reading A-Z主打分级阅读内容，根据词汇的频度、句子的长度和复杂程度、话题的广泛度等指标，将阅读教材分为从美国幼儿园的"A级"到美国小学毕业的"Z级"来教授。教学模式上，从看图拼读搭配原版音频跟读，循序渐进过渡到阅读理解，通过细致化的分层，帮助不同阅读水平的学生灵活开展学习。

中美学生在阅读教学中也有很多共同点，Reading A-Z的创始人Bob Holl（鲍勃·霍尔）表示，即使是针对英语母语的学生，高频词汇、自然拼读等也是需要大量的练习才能掌握并且熟练应用的，"有点像中国学生在数学学习中背九九乘法表一样"。

当然，由于 Reading A-Z 针对英语母语学习者而研发，因此，其在中国市场的应用和推广过程中的一个关键点就是本土化，为此，励步英语研发了更适合中国学习者的内容。

继引进美国 Reading A-Z 分级读物后，2018 年 8 月，励步英语又引入了英国经典分级读物《牛津阅读树》（*Oxford Reading Tree*）。《牛津阅读树》（*Oxford Reading Tree*）包括虚构故事、诗歌、童话和寓言故事、非虚构故事等内容和题材，适合幼儿园至小学的青少儿阅读学习。据了解，英国超过 80% 的公立小学都在使用《牛津阅读树》（*Oxford Reading Tree*），全球有 130 多个国家将它作为英语学习教材。

武欢介绍说："我们一直重视在产品方面的投入力度，在投入大量资金之外，我们还专门组织了自己的互联网团队，辅助开发线上和线下产品，由于儿童幼年时期的教育对他未来的成长有极大的影响，因而励步英语不仅仅需要语言课程，也会涉及核心素养课程，包括 21 世纪技能和价值观，比如培养幼儿刷牙等良好生活习惯，了解人与人之间的关爱、动物界的家庭组成等等。每个单元都会有课程教学目标的详细描述，涉及沟通技能、价值观培养等综合素质能力。通过各种形式的产品和课程来培养儿童的兴趣和习惯，塑造良好的品格。"

第三，励步英语在全场景学习方面不断进行探索。2016 年 11 月 11 日，励步英语创始人吴颖，身着印有励步标志的红色文化衫讲述了励步 2.0 产品"全英文、全学科、全场景"的理念。

在励步 2.0 产品发布会现场，吴颖指出，现有的教学模式已经无法满足学生及家长日益变化的新需求。全英文浸入式小班教学的少儿英语 1.0 模式无法解决三个普遍痛点：一是"学"与"习"脱节，教学多局限于课堂，无法有效延伸至学生的课外学习场景；二是学生个性化学习数据缺失，虽然有阶段性测评，但没有核心技术及产品实现对每一名学生学习过程中的数据记录与分析，难以帮助家长、学校及时了解学生的学习状况，教师无法以数据为导向，在动态中针对每个学生因材施教；三是缺乏科学有效的原版阅读内容体系，缺少对学生系统的英文阅读能力的培养。

由此，励步英语进行了产品升级，提出了 2.0 产品体系——全英文、全学科、全场景学习。在原有全英文、全学科的国际课程体系基础上，通过以全场景为核心的 2.0 产品体系，构建 FCS[1] 云学习平台，搭载在线练习评测系统、外教互动直播课、线上图书馆、分级阅读直播课、在线美国语文课等线上服务模块，连接全球优质教育资源，展现海外学习场景，将课上学习与课下练习同步衔接。

同时，励步英语将在线练习评测系统与数据系统打通，通过立体多维个性化的学习数据记录与分析，解决学习过程评价难的问题。通过 12 种维度的英语能力模型和每月 200 万人次的练习数据，建立全透明的报表，将其反馈给学校、教师、家长和学员，并结合教学管理系统，帮助教师根据数据实现对学生的个性化指导。

励步英语管理层表示，励步追求的不是短期的规模扩张，而是怎样更好地完善产品体系，使品牌和教学模式具有持续的生命力。

励步 2.0 产品体系的升级显示出励步英语在互联网技术的应用层面逐渐变得大胆。励步英语在被好未来收购之前就已有自己的励步云课堂 App，而后续的加码投入，离不开好未来给予励步英语的支持，离不开好未来强大的互联网基因和对教育科技多年的探索。

2018 年 10 月，励步英语又推出了 3.0 完整学习产品，提出"用 AI（人工智能）驱动完整学习"的全新理念，围绕"线上线下""爱与科技""语言素养"三个关键点，对幼儿和小学课程体系与教材进行全面升级。3.0 完整学习产品采

---

[1]　FCS 是 Firstleap Cloud Study 的缩写，Firstleap 是励步的英文名称，而 Cloud Study 则表示云学习平台。

取"1+6"的完整学习路径，每周通过线下课程专注语言体系化学习，搭配一次AI 外教互动课强化语言的场景应用，利用励步云学习 App 的"智能学习管家"，根据学生的学习进度与学习数据，每天智能推送课前动画导学、智能互动练习、分级阅读、音频视频等语料。

在课程内容制作方面，励步英语坚持国际质量标准，与曾获国际艾美奖提名的国际动画团队共同制作了 IP（知识产权）动画，经国际语言教育专家评审，全面升级了语言、科学与 21 世纪核心素养紧密结合的核心教材，以及游戏化趣味智能互动练习。

第四，运营体系升级。励步英语从 2018 年基于产品方面升级创新后，开始调整运营体系。

2018 年，在增设了线上课程和产品后，励步英语将授课体系转变为一周时间内一次线上课、一次线下课。相比一周两次的线下课程，线上线下相结合的方式节省了用户接送子女的时间，降低了用户的入门门槛，从运营上也释放了部分教室产能，提高了人效。

据了解，一节线上课程的价格要低于一节线下课程，而线上和线下课程内容却无差异，教师同样可根据学生学习的数据进行个性化的教学和服务。另外，线下教学点覆盖的学员人数集中在 5 千米范围内，而"线上 + 线下"的授课模式可以让家长灵活选择授课形式，不受地域限制，方便已有用户的同时，降低新用户的入门门槛。

武欢介绍："在线上我们可以做完整的课程设计，也就是完整的学习周，很多机构线下授课完成之后没有后续的服务，这就导致有些学生在家里无法解决部分课后问题，尤其是口语发音方面的问题，而这些问题在线上则可以有效地解决。"

在课程升级后，励步英语并未进行大范围广告投放，而是选择在 200 家线下教学中心进行宣传和落地。伴随着励步英语线上课程用户体量的增加和家长对课程效果的正面反馈，励步英语也尝试开辟新的宣传渠道和方式。

2019 年元旦期间，励步英语参考支付宝账单的形式，为学生定制了一份学员年度学习报告。报告中涉及学生学习时长、答题数量及正确率，还涉及学生一年的读书情况，包括读书数量及图书类别，甚至学生一年之内哪句发音最标准等细节也都被记录在其中。最终数据统计有接近 100 万人次的转发。

励步也大力发展线上轻产品——励步启蒙 App。励步启蒙 App 由好未来培育的 ABCtime 网校升级更名而成，此次升级对好未来内部幼儿教育资源进行了整合，后续在全新的励步启蒙 App 中还将整合更多好未来集团内适合 2~6 岁儿童的优质学习资源，为用户提供一站式儿童启蒙学习平台——英语学习方面，有哈佛外教课；通识启蒙方面，有熊猫博士通识课；思维培养方面，则有摩比思维经典课。在未来，励步启蒙 App 还会持续引入更多品类的启蒙课程。

目前，励步启蒙 App 属于好未来体系内独立运营的线上产品，主要满足用户在家庭场景里学习的需求，其采用小屏和"AI 互动课程 + 实物家庭学习套装"的方式让学生短时、高频地沉浸在英语启蒙教学环境中，从而提升学习效果。武欢介绍："由于励步启蒙产品有着'轻量 + 高性价比'的特点，天然具备更大规模的交付能力，因而励步启蒙 App 就可以成为帮助励步英语线下教学中心落地新城市的探路者，励步启蒙 App 对于励步的发展而言，就像是家长帮之于学而思。"目前，励步启蒙 App 已经在服务着 100 万用户。

线上轻产品加线下重产品，在产品方面不断地升级创新，使得励步英语整个运营体系逐渐成熟。

2019 年，励步英语推出了季度开班制度，在 3 月、6 月、9 月、12 月集中开班，将学习期分为 4 个阶段，这样做大大提高了运营效率。季度开班很大程度上也提高了教师的教学效率，原本教师需要带不同的班级，课程进度不同使得教师备课负担非常重，而季度开班则能统一每周上课的进度，进而减轻教师的备课负担。清晰的流程也有利于总部对教师进行监管，提高教学质量。

用"AI 技术 + 双师模式"做市场下沉

2018 年，励步英语推出了双师模式，以开拓三、四线城市的下沉市场。未来，励步英语直营主要会在一线和新一线城市发展，而双师模式将会作为加盟模式的主要打法。

应用双师模式的主要原因在于外教供应的不稳定性和风险性。励步英语双师产品负责人介绍："对于教育行业而言，扩展市场面临的最大的压力来源于教师，因为教师的招聘、培养、管理环节对于企业的发展非常重要。同时，由于励步中外教比例为 1：1，在外教的招聘和供给方面，励步很难在短期内实现三、四线城市中外教的 1：1 配比。"

2019 年，教育部等六部门发布了《关于规范校外线上培训的实施意见》，其颁布的一条针对外教整顿的新规引发了整个行业的震动——聘用外籍人员须符合国家有关规定。要在培训平台和课程界面的显著位置公示培训人员姓名、照片和教师资格证等信息，公示外籍培训人员的学习、工作和教学经历。

对此，励步英语意识到，若从外教供应链上发力拓展市场，势必会遇到瓶颈，即使励步英语近两年在公签外教上已经费了很大的精力，专门成立了北美招聘团队，在一年内招聘了 1000 名左右外教。

外教数量直接影响着励步英语市场拓展的步伐。励步英语前期的城市拓展速度并不快，倘若双师模式探索成功，将会成为励步英语加速发展的契机。

除外教因素外，采用双师模式的第二大原因就在于双师模式在提高教学效率的同时，还能保障教学质量——励步双师模式并未采用传统的以直播为主的双师教学，而是利用 AI 技术，采用"录播 + 双师"的方式进行授课。

幼儿英语与较高年龄段学生的英语教授有很大的差异，授课方式需有针对性。小学阶段的学生已经具备一定的自控能力，而针对幼儿阶段的学生，教师需要处理这个年龄段普遍存在的阶段性问题，如分离焦虑，注意力和专注力易分散等，因此励步英语没有使用直播教学模式。

励步英语采用了创新的做法，将"教"和"育"进行了拆解，"教"主要体现在线上环节，标准化的教研和标准化的后期制作为教学质量奠定了基石。励步英语为紧抓幼儿的注意力，更好解决课控问题，花费了很多心思，比如把线上教师装扮成幼儿喜欢的"迪士尼明星"，让幼儿在短时间内将注意力和专注力更好地集中在课堂内。"育"则体现在线下环节，个性化的教学能够更好地实现育人的目的，真人线下辅导非常关键。励步双师负责人表示："产品'线上标准教 + 线下标准育'是幼儿双师模式最底层的思考。"

AI 技术的应用对于励步英语而言十分重要，在长期的教学过程中，励步发现家长关注的本质并不是直播或录播的授课形式，而是课程的价值和教师与学生之间的互动与黏性。AI 技术刚好可以很好地解决家长关注的焦点问题，也可以实现与学生的高频互动，保证学生每节课开口次数接近 300 次，高于传统课程 50~60 次。

对于励步的发展，在英语行业深耕二十年的吴晓蔚认为，励步处于行业发展的第二个阶段："青少儿英语的发展和成人英语的发展是两条不一样的发展历史线，青少儿英语发展前几年以理念和内容为核心，近几年则是以科技为主线引领行业发展。而励步处于近几年发展的第二阶段，主要特征是从单学科品牌到多学科品牌，从以线下为主的品牌到成为'线上＋线下'的品牌，从纯靠运营驱动的品牌到'运营驱动＋数据智能'的品牌。"

对于励步未来的发展，吴晓蔚介绍，励步的加盟步伐会加快一些，而对于加盟城市的筛选，励步主要会考虑城市的 GDP（国内生产总值）和当地家长的消费能力。

励步与摩比的融合之路

2018 年下半年，励步和摩比开始了融合之路。2019 年暑假期间，双方正式联合运营招生，双方的融合仍处于起步阶段。

由于双方的产品参数、组织架构在前期都存在着差异，在早期融合阶段双方势必需要互相适应和磨合，最主要的磨合凸显在师资配置、运营管理、家长接受程度等方面。

目前二者是将运营端进行了融合，产品端则仍然保持独立，以保证产品的专业性。以招生业务为例，当励步线下教学点实现了满班，运营团队就可以根据客户需求推荐摩比线上课程，既实现了招生渠道共享，也能提高销售团队的业绩。

对于融合后新品牌的发展，好未来素质教育事业部的计划是在 2019 年年底，在 3~5 个成熟城市开放摩比课程，在非成熟城市，则先把励步做好。就未来长期发展而言，好未来对素质教育事业的期许是在 5~10 年内做成儿童教育的头部品牌。

对于好未来素质及国际教育事业部而言，摩比和励步的融合只是前期的一种形式，目的是打造专注于儿童兴趣教育的头部品牌。

吴晓蔚说："扩科对于好未来是件很简单的事情，但好未来对发展的节奏进行着严格的把控，如果主科没有做好就进行扩科是非常糟糕的一件事情，我们始终遵循着先把一个科目做好，再去有序扩充另外一个科目的原则。"

◎结语

在素质教育行业垂直媒体"睿艺"举办的"ACE素质教育行业峰会"上，好未来创始人张邦鑫曾发表过《关于教育企业发展的几点思考》的主题演讲。

张邦鑫说："我用一个词语形容素质教育，就是'皇冠上的明珠'，什么是'皇冠'呢？我觉得教育就是'皇冠'，素质教育就是最有价值的部分。"好未来的理念是做强比做大更重要，布局素质教育领域依旧如此。

童程童美：达内教育集团未来增长的新引擎 ▶

成立于 2002 年并于 2014 年上市的达内教育集团，正把"复兴"的希望押注在少儿业务上。

2015 年，刚刚上市一年的达内教育集团凭借成人 IT（信息技术）职业培训业务"客单价高、收入确认周期短、资金回收速度快"等特点，业绩不断增长。其中，2015 年的全年营收相比 2014 年增长了 38.9%；毛利润同比增长 39.6%。达内教育集团股价在 2015 年一度从每股 9 美元的发行价，上涨至每股 14 美元。

就在成人 IT 职业培训业务发展保持快速增长的这一年，达内教育集团却开始破界押注当时国内还并不盛行的少儿编程，成立青少儿业务品牌"童程童美"。

达内教育集团董事长兼 CEO（首席执行官）韩少云这样总结："行业时刻发生着变化，出现新市场、新模式等新的变量，少儿编程就是其中之一。"

2017 年 7 月，国务院发布《新一代人工智能发展规划》后，市场中陆续出现了一些少儿编程教育机构，并得到了资本市场的追捧。于是，经历了两年的产品打磨和课程迭代的童程童美，在 2017 年开始迎来快速发展期。基于达内教育集团先天的品牌、教学和资源优势等，童程童美在 2018 年的现金收入达 4.3 亿元，教学中心达 148 家，远远领先于其他同类产品。

从现阶段回望，达内教育集团在 2015 年做出的"破界"决定，已经在少儿编程教育的市场中抢占了先机。

疲软的成人 IT 培训市场，突飞猛进的少儿编程教育市场份额

关于童程童美和少儿编程故事的开始，要回到 2015 年。

那时，编程教育在国外已经较为普及，诸如日本、英国、新加坡、澳大利亚、芬兰等国家已经先后将编程纳入了中小学的必修课程。而那时，我国的少儿编程才刚刚起步，并且是以少部分校外培训机构为主导的，市场并不成熟，在课程内容、教学体系、运营以及市场营销等方面，都远未成型。

彼时，国内的教育市场中备受资本追捧的赛道是少儿英语，国内的少儿编程领域只有一些初创型机构在进行探索，还并未得到市场和资本的重点关注。

但刚刚在前一年完成上市计划的成人 IT 职业教育企业达内教育集团却出人意料地做出了重大转变——尝试在少儿编程赛道进行布局。作为中国第一家在美上市的 IT 职业教育公司，其必然有着更长远的发展目标。因此，达内教育集团一点一滴的小动作都会备受教育行业从业者们的关注。

2015 年末，已然洞察到少儿编程这个蓄势待发的新市场的达内教育集团，正式推出了"童程童美"这个业务品牌，开始对少儿编程这个新培训业务进行探索。这个动作，似乎是给外界传达了发掘到新市场的"信号"，也无疑是打响了少儿编程这个"战场"的第一枪。

达内教育集团为什么会选择少儿编程教育这个崭新的赛道呢？

达内教育集团董事长兼 CEO 韩少云给出了三点原因。

第一点原因是少儿编程教育将是一个新趋势。2015 年国外已经开始普及少儿编程教育，时任美国总统的奥巴马一直在鼓励并推动美国学校教授学生编程课程。另外，早在 2000 年时以色列就已经将少儿编程列为学校的一门独立学科。

第二点原因是国内已经有家长开始逐渐接触少儿编程，并产生了让子女学习少儿编程的需求。典型的代表是，达内教育集团在进行成人 IT 培训时，时常会有客户询问是否有针对少儿的课程。

第三点原因是 IT 职业培训的市场规模较小。由于成人 IT 培训业务的用户生命周期通常只有四个月左右，并且大多还是"一锤子买卖"，经过十多年的发展，IT 职业培训行业也有了巨大的变化，不管是学员还是普及度，都非往日可比。市场已经显现出容量有限、获客成本高、客单价低等问题。这对于达内教育集团而言，其利润空间未来一定会受到竞争日益激烈、广告投放价格日益攀升、获客成本难以降低等问题的制约。

其中，第三点原因对于达内教育集团做出转变的选择尤为重要。韩少云曾坦言："职业教育是个非常有挑战的生意，其市场规模只有一两百亿元。我们在一个百亿元级的市场里面，将市场份额做到 10% 也只有 10 亿元，做到 20% 就是 20 亿元，做到 30% 就是 30 亿元，很难超过一百亿元。"因此，作为当时已深耕 IT 职业培训十三年的达内教育集团，需要重新取得一张"船票"。下延用户年龄层进行少儿编程教育这个战略，就成了达内教育集团的选择。

对于这个选择，韩少云表示："2015 年，语文、数学、英语等学科的培训市场发展已经相对成熟。其中，英语和数学的培训市场已经被新东方和好未来做得比较透了。"同时，从企业基因的视角来看，在编程领域寻找一个新的突破点，这对于达内教育集团而言似乎更加得心应手。

但其实，做少儿编程教育还是有一定难度的，虽然比成人 IT 培训的难度低一些，但也要比做 K12 培训的难度高。"如果将成人 IT 职业教育业务的难度系数看作是 5 的话，那么少儿编程教育业务的难度系数大概是 3~4，而包括语文、数学、英语等在内的 K12 培训业务的难度则是在 2~3 左右。"

为何会这样定义难度系数？

第一，少儿编程教育的需求并不算刚需，在获客方面是有一定难度的。相比之下，成人 IT 职业培训的获客难度最大，K12 培训业务的获客难度最低。其中，在成人 IT 职业培训行业，普遍的线上获客成本在 5000~7000 元。而达内教育集团的成人 IT 职业培训业务获客成本在 3000 元左右，少儿业务品牌"童程童美"的获客成本则在 1000 元左右。

"我们的获客成本之所以较低，是因为我们做了大量的地推。目前，我们的获客来源大概分为三个三分之一。三分之一的客户来自于线上获客，三分之一的客户来自线下地推，三分之一的客户来自口碑转介绍。"韩少云介绍。

但少儿业务有一点是弱于成人 IT 职业培训业务的——无论是少儿编程，还是 K12 培训，在课时消耗和确认收款方面，都无法和成人 IT 职业培训相比。因为成人 IT 职业培训的周期就是四个月，四个月后就可以确认收款，但是少儿编程和 K12 培训则需要一年左右的时间。

少儿编程行业有着如此大的挑战，达内教育集团坚持做下去的原因是什么呢？韩少云给出了这样的解释。

首先，在课程设计和教学方面，达内教育有着十多年成人 IT 培训的经验，无论是课程设计方面，还是教学环节设置方面，都有着丰富的经验可以借鉴。这在发展初期的时间和效率方面会相对有一些优势。

第二，基于200多家成人IT职业培训中心成熟的选址、装修、招募、培训等经验，少儿编程业务可以快速起量。只要每一家成人学习中心的团队再单独运营一家少儿中心，就可以瞬间做到200家少儿编程学习中心。

第三，达内教育集团有着完善的管理及营销体系。从难度系数最大的成人IT职业培训转做难度系数下降30%的少儿编程，虽然依然有难度，但只要快速复制达内的管理、营销体系，就会相对轻松很多。这就如同原本在青藏高原作战的部队，来到海拔2000米的高原作战，自然会相对轻松一点。

基于以上原因，韩少云坚信充满"狼性"的达内团队，可以快速将少儿编程这块业务做强、做大。

但这个业务，如何进行？

萌发了教少儿编程的想法后，达内教育集团内部就对此进行了大量的调研和讨论。当时，达内教育集团内部讨论较多的是"如何把编程教育和少儿教育结合起来"。虽然，达内教育集团有着十几年的编程教育经验积累，但对成人和少儿开展教学，其方式方法是完全不同的。"我们花了很多时间思考如何把少儿教育与编程教育有机结合起来。"韩少云说。

当时，国内外的少儿编程教育赛道中，主流的编程语言是图形化编程，即使在今天，图形化编程依旧占据着重要地位。但童程童美在刚刚进行课程开发时，选择了难度相对更高的代码编程作为切入点。

对此，韩少云表示："这个选择，经过了反复的斟酌和讨论。我们认为虽然图形化编程的教学实施难度较小，适合做兴趣导入，但是，少儿编程教育并不仅仅是为了培养孩子的兴趣，而是希望可以教授学生专业且系统的编程知识，增强其信息素养和综合能力。"

随后，达内教育集团开始立项，投入调研，设计和打磨课程。前后经过了一年的时间，在 2015 年 11 月，达内召开新闻发布会，正式对外宣布推出少儿编程品牌"童程童美"。

从 0 到 1 的课程设计与打磨

对于童程童美而言，2016—2018 年是快速成长的三年。

2016 年，国内的少儿编程市场正处于发展早期阶段，无论是产品还是服务，都还不够成熟，并且还面临着非刚需、缺乏师资和评价体系、课程产品同质化严重等一系列难题。

因此，童程童美在进行教学的同时，在这一年也一直在反复打磨和迭代课程产品。也是在这一年，潘公博作为职业经理人加入了童程童美，负责整个少儿业务的运营和管理，直接对韩少云进行汇报。

从成立之初，童程童美就坚定着以"自营线下校区"的方式切入少儿编程赛道，相似的线下"连锁"运营逻辑，成人 IT 培训业务的成功，无疑让童程童美在起步阶段就具备了得天独厚的优势。当时，达内教育集团成人业务已在全国 60 余个城市开设了 200 多所教学中心，这些现成的教学中心为童程童美业务开拓期提供了充足的场地资源。

韩少云说："达内教育集团从集团管理，到区域管理，到城市管理，再到校区管理共分为四个管理层级。在 2016 年，成人 IT 职业培训和童程童美是共用这四个层级的管理资源的。"

当时，少儿编程刚刚在国内刮起一阵风，北京、上海、广州、深圳、杭州等城市渐渐开始有家长让子女接触编程学习。但是，和达内教育集团的成人课程相比，少儿课程更多是集中在周末和假期，家长这个需求的真伪性还有待验证。

同时，线下培训校区属于重资产运营，前期的场地选址、场租、装修等时间、金钱成本投入不可逆。因此，在发展初期与成人业务共用校区和管理层，可以在控制童程童美成本投入的同时，快速进行规模化复制。

虽然从规模化的角度来看，童程童美的运营体系参照成人业务复制起来有章可循，但在课程体系设计方面，却是从0到1的过程——2015—2016年的少儿编程，作为一门新兴的学科，不同于主学科教学，其不具备标准化的体系，需要从头搭建架构，探索可落地的教学方法。

因此，基于在2015年年底针对8~18岁青少儿推出的"童程"和"童美"两个系列课程，童程童美在2016年又进行了一年的教学打磨。童程童美总经理潘公博介绍："当时童程童美的课程体系已经覆盖了学前到初中，并以10人左右的小班制进行教学。"

韩少云本人非常重视青少儿编程课程，纵然他认为距离市场成熟还需要相当长的一段培育时间，但无论是课程设计、课时设置还是课程推广，他都亲自来抓，童程童美第一版的推广广告词都是由他亲自提出的。

"我们进行少儿编程教育不仅仅是培养学生的编程兴趣，更希望完成我们全部课程的中小学生，在上大学前就具备软件工程师的编程水平，甚至可以利用计算机进行软件制作，进行自主创业。"至今，韩少云每次在公开分享时，都会对少儿课程进行推介。

同年，童程童美在15个城市开设了课程，大部分教学是利用达内教育集团原有的成人教学中心，在扩大用户群体的同时，也提高了现有成人教学业务的经营效率。最终，童程童美全年实现招生 2354 人，现金收入 3000 多万元。

也是在这一年，韩少云对童程童美提出了"三个三年"的计划：2017—2019 年，夯实基础、收入突破 10 亿、现金盈利；2020—2022 年，收入突破 50 亿、权责盈利、腾飞上市；2023—2025 年，收入突破百亿。

加大投入、加快发展

2017 年被校外科创教育行业的从业者们看作科创教育的发展元年。这是因为 2017 年 7 月国务院印发的《新一代人工智能发展规划》中明确提出："在中小学阶段设置人工智能相关课程，逐步推广编程教育，鼓励社会力量参与寓教于乐的编程教学软件、游戏的开发和推广。"

而在这一年，达内教育集团也开始重点推动童程童美的发展，并逐渐开始树立童程童美在行业中的品牌价值。达内教育集团在总部成立了童程童美事业部，被潘公博称之为"脑库"，负责设计整个业务的前端销售流程、后端学管服务流程等。"2017 年，集团给我们制定了实现招生 8000 人的目标——因为 2017 年，整个少儿编程行业仍然处于拓荒期，因此我们当时的目标是获取更多的用户，让更多的家长和学生了解少儿编程。"

但在这一年中，达内教育集团内部也曾因为童程童美这个业务出现过一些不同的声音，不过并未引起丝毫的波澜。潘公博表示："2016、2017 乃至 2018 年，童程童美都一直处于亏损状态，很多校区在开始的几个月都没有赚钱，这影响了达内教育集团在股市中的表现。但是，韩总对于少儿编程业务的发展非常看好，很坚定地要做这个业务。因此，集团内部对于童程童美的支持力度一直都非常大。"

2017 年年末，达内教育集团重新明确了对童程童美的战略定位——加大投入、加快发展。正是在那段时间，在这样的战略安排下，达内教育集团副总裁齐一楠将自己的管理精力更多地投入到了童程童美。潘公博坦言："齐总为童程童美带来了达内强大的运营和营销能力。"

这在达内教育集团 2017 年的财报业绩中也有更直观的体现。童程童美 2017 年全年招生 9580 人，远远超过年初制定的目标。

齐一楠表示，达内教育集团此前积累了较为成熟的运营经验——针对线下中心的业务情况会逐步分解出 200 多个指标，每个指标背后都代表一种行为，再细分到具体岗位、具体责任人，这对于童程童美而言是可以直接复制使用的。

"三师教学"的奥秘

所谓师者，传道授业解惑也。师资队伍的建设、优质内容的输出是影响学习者的关键，也是各类教育机构规模化扩张的重要因素。

从国务院出台《新一代人工智能发展规划》至今，我国的编程教育开展得如火如荼。然而，少儿编程教育行业的发展时间尚短，此前国内高校中又少有相应的编程教育专业，校外市场中更是缺乏课程和师资培养体系。"专业师资匮乏"在一定程度上掣肘着少儿编程教育行业的发展和机构的规模化扩张速度。

对此，少儿编程机构采取的办法是"高薪聘请 + 内部培训"——对招募来的任课教师进行岗前培训，考核通过的教师可以获得上岗资格认证。

从前程无忧发布的《2017 人力资源白皮书》中可以发现，计算机专业的毕业生在一线城市的平均年薪可达 10 万元以上，非一线城市为 62659 元。在 BOSS 直聘、智联招聘等网站上搜索"编程老师"，可以看到各家少儿编程机构都有大量的教师招聘需求，月薪在 8000~16000 元。但在招聘的任职资格中，除了要求理工科、师范类、计算机或相关专业外，并没有过多的条件要求。

如何保证教学效果一直是各家少儿编程机构的探索重点。

此前，在职业教育和K12领域已被印证和广泛应用的"双师课堂"，成为现阶段少儿编程教育机构对于"师资困局"尝试最多的破局手段之一。不同的是，在少儿编程教育行业，"双师课堂"模式是由线上教师直播或录播，与线下的一位助教相互配合教学。

这种方式也是童程童美一直在使用的方式，不同的是童程童美在"双师课堂"的基础上，还多了"一师"。

达内教育集团在2006年首次启动双师教学，尝试解决成人IT培训业务的教学效果差异大、优质师资分布不均以及教学成本高等问题。而童程童美在此基础上，进行了一定的优化，进行"三师教学"。

齐一楠介绍，童程童美的"三师教学"是由两位线上主讲教师和一位线下助教教师相互配合完成的。其中，线上的两位主讲教师会以情景剧的形式为学生讲解课程知识点，线下的助教教师则会指导学生动手操作练习。"在少儿编程行业的发展初期，国内还没有院校开设少儿编程教育专业，整个行业都缺乏专业的师资人才。当时，专业师资匮乏是掣肘整个行业发展的重要因素。而达内教育近十年的双师教学经验可以快速地解决专业师资不足的问题。"

其实，最初童程童美也曾设想过由线下教师进行面授或者直接采用达内教育集团成熟的"双师课堂"，但经过童程童美的内部测验后发现，"与成人IT培训不同，少儿编程教育需要将抽象、枯燥的代码编程，以孩子喜闻乐见的方式讲出来。同时，在教学的过程中，教师还要根据学生的理解能力、专注力等特点调整授课节奏。因此，三师教学中的两位线上讲师需要相互配合来引导学生。"齐一楠说。

因此，童程童美会提前设计教师的教学脚本，包括整个教学过程中教师的每一句话、每个动作。线上的两位教师只需要根据脚本将整个教学过程演绎出来，就能抓住学生的眼球，让学生保持专注。

在童程童美的课程中，每个知识点由线上的两位教师以情景剧的形式进行3~5分钟的讲解，之后由线下的助教教师在课堂里和学生们互动、答疑、练习，完成线下互动后，再由线上的两位主讲教师进行讲解，以此反复。"在一节课（2小时）的时长里，线上课时占比在25分钟左右，不超过25%。"齐一楠说。

既然互动环节由线下教师完成，那么是否意味着线上教师的课程只要在录播完成之后呈现在学生面前即可？

"线上课程是录播课，不过录播课的内容会根据随堂测验、课后练习以及家长满意度进行快速迭代。"齐一楠说道，"录播课与直播课表面上不会有太大的区别，但录播课可以运用于不同的校区、不同的地区、不同的城市，不受时间和地点的限制，开课更加灵活。"

在齐一楠看来，比起过往的双师教学，三师教学的教师要付出更多的精力。

"我们太了解双师了，以达内教育集团成人业务的双师教学为例，一个主讲教师可以带2000个学生，薪酬被2000个学生稀释以后分摊到每个学生的部分可以忽略不计。反倒是在课程的迭代和研发上，三师模式的投入成本会更高。首先线上的教师需要根据课程设计情景剧脚本，要达到表演的效果，还要录制成课件，1小时的课件可能需要一周的时间才能制作完成。目前，童程童美教学研发教师的数量已经超过了200人。"

与K12类课程相比，少儿编程教育虽不属于应试类，但其课程内容并不单薄。学习这类课程，并不只是认真听、记笔记、背诵、做题这么简单，除了这些必要的流程，学习少儿编程时，还很考验学生的动手能力。比如，机器人编程课程可以让学生在实操过程中学到知识点，提高逻辑思维和创新能力。

"双师课堂"除了可以解决优质师资不均衡的问题，还可以改变"一刀切"的集体化教育，真正实现"以学生为中心"和"因材施教"。同时，"双师课堂"可以让教师除了"教"授知识之外，还有更多的时间和精力能从事"育"人部分的工作。

在线下助教教师的选择上，童程童美倚靠达内教育集团，具有先天的优势。参加达内教育集团成人 IT 培训的学生，在毕业后可以自主选择是否有意愿进行少儿编程教学，童程童美会对有意愿的毕业生进行考核，考核通过后可以在童程童美的校区任教。这在少儿编程行业的发展初期，无疑是一个巨大的领先优势。

并购好小子机器人

2018 年是我国科创教育市场规模发展较为快速的一年。因为在 2018 年，教育部印发了《教育信息化 2.0 行动计划》，明确提出"推动落实各级各类学校的信息技术课程，并将信息技术纳入初、高中学业水平考试。"这一政策的出台，吸引了大量的创业者、传统 K12 培训机构、职业培训机构、互联网巨头下场。同时，国内的一线投资机构红杉资本、经纬创投、高瓴资本、招银国际、新东方、好未来等也都相继入场，促使少儿编程真正站在了投资界的风口浪尖之上。

据睿艺《2018 年素质教育行业分析报告》显示，2018 年科创教育赛道是教育领域发生融资事件最多的赛道，共有 66 起，其中少儿编程赛道全年公开的融资案例共有 34 起，累计融资总金额达 9.5 亿元。虽然少儿编程的累计融资金额并不是最多的赛道，但是发生的融资案例数却是所有教育赛道中的第一名。

在此背景下，达内教育集团也通过并购、加速拓展线下校区、增设线上业务等方式，增加了市场占有率。

2018年1月，达内教育集团正式对外宣布，已完成对青少儿机器人培训机构"好小子"的战略收购。

当时，韩少云表示："达内教育集团将通过自营、联营、收购等多种模式，加大在少儿编程行业的布局，进而推动编程思维、编程素养在中国青少儿中的普及。"

但后续，达内教育集团并未再尝试并购、联营。

"当时，选择并购好小子机器人，是达内教育集团对于并购模式的一种尝试，也希望借此加快童程童美的扩张步伐。但收购完成后，在尝试将好小子机器人与童程童美整合时，发现对比童程童美自主拓展校区的时间，整合好小子所花费的时间更长，需要从包括招生、运营、管理在内的所有环节进行改革和优化。"韩少云说。

达内教育集团对于好小子机器人的整合，直至2019年年中才真正完成。目前，好小子针对小学生开展的机器人课程，用的是他们原有的课程，初中以上的机器人课程和编程课程，则用的是童程童美的课程体系。"好小子在长沙的14家校区，今天可以做到8000万元左右的现金收入。"韩少云说。

对于未来是否会再次进行项目并购，韩少云表示："对线下少儿编程项目出手的可能性不大，因为整合阶段太耗费精力。对客户资源较多、价值较高的线上项目，可能会考虑出手。"

祭出了另一把"武器"——线上教学平台

2018年7月8日，童程童美在北京启动首届"少儿编程节"，并宣布邀请演员佟大为担任首届"少儿编程节"的传播大使。

在启动会上，童程童美又祭出了另一把"武器"——正式对外推出已经经过内测的线上教学品牌"童程在线"。

据童程童美官方介绍，通过童程童美自主研发的云平台为学生提供小班（4~6人）直播编程教学。学生在云平台上可以根据教师的指导完成编程创作和学习。同时，教师可以共享学生的学习界面，实时查看学生的学习情况，及时帮助学生解决代码 Bug（计算机程序缺陷）。

韩少云对于童程童美推出线上业务平台给出了三点原因。

第一，虽然童程童美线下校区扩张的节奏已经非常快，但相对而言，所覆盖的地域还不够广泛。童程童美希望让更多线下校区没有触及的学生可以有机会接触到青少儿编程教育。

第二，年龄稍长、有扎实基础的学生，是可以在线上完成编程学习的。这能帮助学生节省往返线下校区的路程和时间，让学生做好时间上的规划。

第三，伴随智能手机、平板电脑的广泛普及，线上学习成为未来的发展趋势，线上青少儿编程教育的市场将具有很大的发展前景。达内教育集团一直在用"双师课堂"进行教学，从某种意义上讲，达内教育集团既不是一家纯粹的线下公司，也不是一家纯粹的线上公司，而是一家线上、线下互动的公司。因此，童程童美推出线上教学业务，实现线下课程和线上课程的嫁接，是顺理成章的事情。

从少儿编程业务流程的角度来看，线上教学与线下教学有相同和类似之处，两者同样要经历课程研发、体系设计、内部打磨、招生、教学、结业等过程，只是将教学场景从校区搬到了线上，相对应的是录播、直播、搭建教学平台等。在业务流程有着高度重合的前提下，线上、线下在教研、师资、获客、转化等方面，都有着深入协同和复用的可能性。

因此，童程童美内部认为，虽然童程在线推出的时间相对较晚，但是基于两年多的线下积累，线上业务是可以快速形成一定规模的。

"目前，童程在线的正式学生数量已经超过 6000 人，单月营收也已达到千万级。"齐一楠说。

事实上，线上和线下一直都不是对立关系。

目前，互联网红利殆尽，导致流量成本上涨，于是线上教育机构开始寻求更加便宜的流量，此时线下校区就成了一个重要的流量渠道。

对于很多纯线上培训机构而言，在规模化过程中，最烧钱的环节莫过于获客。线上获客实际上可触达的用户是有限的，且获客难度较大、获客成本较高。然而，对童程在线而言线下是一个很重要的入口——倚靠童程童美的线下门店作为相对高效的流量入口，建立品牌认知，可以快速起量。

与此同时，对于童程童美来说，童程在线的一部分学员其实来自线下校区没有覆盖到的市场。"我们线下的资源转化率大概只有 10%，还有 90% 没有转化，其中有相当一部分家长是有意愿为孩子选报编程课程的，但是受时间和地点的限制，没有办法到线下校区上课，为这些家长提供线上的解决方案，他们是愿意接受的。因此，通过线上业务从 90% 没有转化的人群中继续转化用户，这大大降低了童程童美整体的获客成本。如果没有线上，这部分资源就被浪费掉了。"潘公博说。

而对于线下校区的销售人员而言，线上、线下执行相同定价，充分保证了销售人员对两种模式相同的营销动力。

随着童程在线的推出，童程童美的授课模式覆盖了线上和线下。"既可以在线下参加三师教学，也可以在家中接受纯线上的教学，所学课程内容完全一致，只是上课地点、方式不同。"齐一楠说。

对于未来线上和线下收入占比的预期，齐一楠坦言，达内教育集团内部在2018年对于线上业务并没有过多地强调增长，虽然在线项目的增速有着很大的优势，但达内教育集团还是希望至少在2019年下半年，把更多的精力放在产品打磨、提升教学效果和用户体验上。"这是一个厚积薄发的过程，我们相信只要产品足够好，客户体验足够好，再加上我们有线上线下的协同优势，增长一定没问题，反倒没有设很高的增长目标，而课程要迭代多少个版本，用户体验达到什么样的程度，将会是我们关注的。"

未来线上和线下的发展，究竟有着怎样的不同？

教育行业发展这么多年，线下的机构有几万家，并不存在一家通吃的情况。韩少云其实研究过怎么能把童程童美做到一家独大，但最后发现线下教育机构永远做不到，永远会有第二名、第三名存在，你可以做得比别人快、比别人好、比别人强，但是永远做不到一家独大。

至于是线上走得快，还是线下走得快，韩少云很肯定的是，同一个学科线下的教育机构要快一些。因为决定线上教育机构和线下教育机构发展速度的是获客能力，而线下教育机构的获客能力比线上教育机构更高，获客成本更低，这是毋庸置疑的，它也决定了教育机构的营收规模和增长速度。

值得一提的是，2018年也是童程童美走向独立发展的一年——经过2016年、2017年两年的发展后，童程童美已经呈现出了规模化发展的趋势。因此，达内教育集团开始将童程童美与成人业务的共用校区资源以及管理层逐步进行拆分。

达内教育集团从2018年初开始将童程童美原本与成人业务共用的校区进行业务独立与地域拆分。潘公博介绍："童程童美在发展初期，其校区和达内教育集团的成人IT培训校区大部分是在同一栋楼，乃至同一层楼里。"2018年下半年，达内教育集团又将城市总经理和省份总经理这个层级的管理资源进行业务独立和拆分。

2018 年年末，韩少云在童程童美的年会上动员全体同事："从 2015 年至今，童程童美和成人业务一样，在重点发力前端的校区拓展、推广、获客，但从 2019 年开始，童程童美的发展基调和方向要从重视前端调整为大力开拓前端同时比以前更重视后端的服务和教学。"

韩少云在年会中提到的后端服务，包括学员和家长的满意度、口碑转化、续费率、增值服务（赛事、游学）等。此前，在 2018 年 2 月，达内教育集团就曾与美国 CodeCombat[1] 正式达成战略合作，双方将在 Python[2] 课程设计和赛事方面共同合作，学员毕业并通过国际认证考试后，美国 CodeCombat 将为其颁发 CodeCombat 的国际认证。

潘公博透露，截至 2019 年 8 月，童程童美的后端收入已经超过了前端收入。从 2019 年开始，童程童美在持续保持拉新的前提下，会更加注重教学服务的质量，这表现在口碑的转化和续费等环节的提升。同时，童程童美也会组织全国甚至国际性赛事和研学活动，在培养学生编程素养的同时，给予学生更多锻炼、展示和交流的舞台。在 2019 年上半年,童程童美的海外游学业务营收已经超过 3000 万元。

逐渐转为精细化运营，提升各项效率指标

2019 年，对于童程童美来说，是充满挑战和充满期待的一年。

---

[1] CodeCombat 是一款基于游戏互动和项目式学习的计算机科学课程，学生可在其中编写真实代码并查看自己英雄角色的实时反应。

[2] Python 是一种跨平台的计算机程序设计语言。是一种面向对象的动态类型语言，最初被设计用于编写自动化脚本 (shell)，随着版本的不断更新和语言新功能的添加，被越来越多地用于独立的、大型的项目的开发。

2019 年 2 月 11 日，春节后上班的第一天，韩少云向达内教育集团的全体员工发出了题为《2019 是一个让达内人充满期待的年份！》的新春致辞公开信。

他在信中称："达内教育集团的股价已连续两年大幅下滑，下滑的根本原因是业绩不达预期。这背后的原因是有些板块负责人、大区总、中心主任、产品线教学总监、一线伙伴等没有完成任务。因此，在这个开年的第一天，我想给伙伴们更多的是警醒和鞭策。"

"往常韩总给大家更多的都是鼓励，但是在 2019 年春节后的第一个工作日，韩总给了大家警醒和鞭策。自身的业绩没完成，一定是自己在执行的快速坚决落地、团队的建设与管理、工作的智慧与创新、'努力，不亚于任何人的努力'等方面的某一些环节上出了问题。因此，韩总希望集团同事们向优秀的一线中心管理者学习，不断提升自己，改变自己，升华自己。"齐一楠说。

在公开信中，韩少云还讲道："2019 年达内教育集团也会在管理体系、组织架构、运营督导、风险管控等方方面面做出革新和变革。任何的革新和变革，都会让一些伙伴们觉得不适应、不理解，甚至不舒服。为了全体伙伴们的共同利益和长期目标，我们必须学会适应和服从。"

韩少云曾在一次采访中感慨道："面对达内教育集团的现状和未来，我们面临着大量外部和内部的挑战。但其实外部的挑战并不可怕，可怕的是我们内部出现了挑战，但却不自知。因此，希望可以警醒大家。"

对于童程童美，韩少云还是一如既往地保持着信心。在新春致辞公开信中，韩少云将少儿、社招、渠道三个板块称为驱动达内教育集团发展的"三驾马车"，并期待 2019 年这三个业务板块能全面实现盈利。

想要快跑，就一定要有"压力"和"动力"。

对于达内教育集团的成人业务团队和少儿业务团队而言，2019年的确是充满着挑战的，但也有着对于完成目标的期待。无论是齐一楠还是潘公博，在提及韩少云对于少儿业务的期许时，都非常坦然。

"在我们内部看来，韩总提出的期许是给我们设定了一个目标，压力肯定是有的，但是并不是像外界描述的那样。我们内部很清楚，经过了三年多的发展，无论是少儿编程行业，还是童程童美自身，都已经被更多的用户所知道，我们的确是需要有一定的突破。因此，我们一直都在优化运营效率，提高童程童美的营收和盈利率。"齐一楠说。2019年童程童美的运营效率相比2018年同期已经有了30%~50%的增长。

2019年，童程童美校区扩张的策略是"在已开设校区的城市中，继续增设新校区"。

另外，童程童美内部的一些运营指标也一直在提升。潘公博介绍说："2018年，童程童美新开校区第一个月的营收达到60万元就可以被称为优秀校区。但是，到了2019年7月，新开校区第一个月的营收要达到120万元才能被称为优秀校区。"

目前，童程童美的单店成熟周期在一年左右。韩少云透露，新开校区达到正向现金流的时间周期在3个月左右，10~12个月可以实现成本打平，开始盈利。

那么，对于2019年的目标，以及韩少云提出的"三个三年"计划，童程童美现阶段完成得如何呢？

童程童美官方统计的2019年7月份业务报表显示，现金收入已突破亿元。其中，排在营收前几位的城市分别是北京、长沙、广州、深圳、济南、天津和昆明。

由此看来，达内教育集团在开年做出的警醒、鞭策以及革新，似乎已经有了效果。"截至2019年8月，童程童美已在全国60多个城市开设了210多家校区。

其中，60%的校区已有了正向现金流。"韩少云说。

而提及童程童美 2019 年的营收目标，韩少云表示："2019 年，童程童美的营收目标为 11 亿元。截至目前，童程童美已经连续几个月实现了单月现金收入破亿，6 月 30 日之前更是已经实现了现金流打正。"

韩少云后来给出的营收目标，已经远远超过了其在 2018 财年第四季度财报分析师会议上给出的"实现现金收入同比增长 100%，达 8.5 亿元以上"的预期目标。由此可以看出韩少云以及达内教育集团对于童程童美未来发展的重视和信心。

潘公博曾毫不避讳地说道："童程童美之所以能快速发展，就是因为站在了达内教育集团的肩膀上，与达内教育集团成人业务的协同效应发挥了重要作用。达内教育集团深耕成人 IT 职业培训行业 17 年，对各项过程性管理指标的拆解、监测、诊断，对校区精细化运营的方法，对团队的管控等都有着成熟的积累。这一切都让童程童美省去了初期对业务逻辑繁杂的探索和磨合过程，可以更快步入正轨。"

◎ 结语

目前，国内的少儿编程已然是一门超过百亿元市场规模的生意。

《2017—2023 年中国少儿编程市场分析预测研究报告》显示，当前我国少儿编程渗透率为 0.96%，预计每人每年在编程培训领域消费为 6000 元，粗略估计目前国内的少儿编程市场规模达百亿左右，且随着普及率每提升 1%，整体市场规模就有望扩大 100 亿。

随着政策的推进、家长关注度的提升、学生接受程度的增强，市场的需求和规模会快速增长和扩大。相信随着市场的进一步发展，以少儿编程教育为代表的科技类素质教育会从"非刚需"逐步成为"刚需"，未来的市场规模也有望发展到千亿级。

创立至今四年多的童程童美，在少儿编程这个市场发展空间想象力极大的赛道中，背靠达内教育集团充足的资金资源、师资资源、渠道资源，已经逐渐形成了从线下校区，到线上平台，再到赛事、游学等较为完善的业务体系。并且，无论是营收规模，还是用户体量，童程童美目前都领先其他玩家，给达内教育集团看到了一个可以带来利润的未来。

属于童程童美的故事才刚刚开始。而未来在少儿编程赛道，童程童美能切得多大的蛋糕，又能为达内教育集团带来多少收益，时间会给出答案。

精锐教育的素质教育尝试与布局：下一个战场▶

成功的企业总是能够提前预见和洞察到潜在的新市场、用户的新需求，并适时推出相应的课程和产品。

素质教育就是精锐教育谋定的下一个需要征服的战场。

2019年4月26日，精锐教育在北京举行"AI赋能·精锐加速"战略发布会。会上，精锐教育集团董事长张熙宣布，精锐教育未来将全面转向素质教育。

张熙认为，目前中国的教育行业正在逐渐回归理性，进入精细化管理和合理利润时代。同时，在线教育、素质教育等细分领域的市场巨大，教育培训行业将迎来新的爆发期。

精锐教育先后通过自营、投资、并购等手段，开始在素质教育领域布局。目前，精锐教育旗下已拥有"精锐·至慧学堂""小小地球少儿英语""精锐教育·佳学慧"等素质教育类品牌。

素质教育的布局将成为精锐教育"未来的收入增长引擎"。张熙表示："在倡导素质教育的今天，人才的全面发展已成为社会共识。因此，精锐教育希望快速布局素质教育赛道，与 K12 教育业务形成互补，完善产业链生态。未来，精锐教育将打造 K12 教育、素质教育领域高端多元化综合教育集团。"

2019 年 11 月 13 日，精锐教育发布 2019 财年第四季度及 2019 财年未经审计的财务报告。从报告中可以发现，精锐教育将精锐·至慧学堂、小小地球少儿英语与目前精锐教育营收占比最高的精锐·个性化一起，并称为三大主要事业线。未来，精锐教育将利用在高端 K12 一对一辅导中的运营优势来实现精锐·至慧学堂和小小地球少儿英语的增长。

精锐·至慧学堂的发展路径

从 2018 年开始，我国的教育主管部门开始对中小学校外辅导机构进行专项整治。在发布的整治政策中，明确鼓励发展素质教育。因此，各家教育机构纷纷紧跟政策，将业务重心逐渐向素质教育转移。

同时，当前家长的年龄越来越年轻化，其对于教育的理解正在逐渐升级，慢慢从选择刚需式的教育转向选择对学生进行更全面的素质培养。因此，当下教育市场中的素质教育类机构和产品，都得到了飞速的发展。

精锐·至慧学堂作为精锐教育旗下最早成立的素质教育品牌之一，从 2009 年至今一直保持着良好的增长态势。精锐教育 2019 年 11 月 13 日发布的财报显示，精锐·至慧学堂 2019 财年全年的营收为 5.14 亿元，同比增长 43.2%。其中，从 2018 年 3 月上市以来，精锐·至慧学堂业务有连续六个季度的时间，保持着 40% 以上的净收入增长。

创立之初，精锐·至慧学堂主要专注在少儿数学教育方面，后续经过 10 年的发展，延伸出大语文、STEAM 教育、AI 编程等多类课程。截至 2019 年 5 月 31 日，精锐·至慧学堂的校区数量已达 93 家。

"数学是一门非常重要的学科，但也是一门非常枯燥的学科。因此，我们的创始人张熙采用了一个非常新颖的方法——将哈佛案例教学法融入对幼儿的数学教学中。让学生在参与活动和游戏的过程中，获得对于数学的感知，而非枯燥的刷题、计算。"精锐·至慧学堂负责人说。

而对于拓展出的大语文、STEAM 教育、AI 编程等课程，精锐·至慧学堂负责人表示："我们认为培养孩子的数学思维能力非常重要，但素质教育并不仅仅在数学方面。因此我们推出了大语文课程、STEAM 课程等，希望以此培养孩子的综合能力。"

在线下课堂中，为了让教师可以关注且照顾到每一名学生，提升学生在课堂上的专注力和学习效果，精锐·至慧学堂并未选择精锐教育 K12 业务成熟的一对一模式，而是选择了 8 人小班教学。

精锐·至慧学堂负责人说："一对八的小班模式更适合幼儿阶段的学生。因为 1 对 1 教学更注重师生互动，而小班化教学，在师生互动之外，学生与学生之间的互动会更加显著。"

1. 增加教具，推出双语课程

当然，面对素质教育的发展，精锐教育也在寻求新的突破。

2019 年 8 月，精锐·至慧学堂与小小地球少儿英语联合在北京举行发布会。会上，精锐·至慧学堂宣布根据让·皮亚杰的儿童发展理论对课程进行了全面升级。同时，在线下课堂中，精锐·至慧学堂还将结合华东师范大学教育学部副主任、中国教育学会学前教育专业委员会常务副理事长黄瑾教授及其团队所设计的"慧玩教具"进行授课。

精锐·至慧学堂官方提供的介绍称，黄瑾教授及其团队所设计的慧玩教具拥有近 50 种品类，这些专业、科学的教具可以让学生在游戏活动、动手实践的过程中获取知识，同时锻炼数感思维。

黄瑾教授表示："从发展心理学来看，3~6 岁的儿童还处于具象思维阶段，不可能像学龄阶段的孩子一样，通过一个公式或者概念获得数感思维能力。他们需要通过更直接的感知、操作才能够建构数感思维经验，而教具就成了为幼儿转化数字抽象概念的工具。"

同时，在课堂中结合慧玩教具进行教学，也可以培养儿童的推理、验证、交流、团队合作等方面的能力。因为，在教学过程中，有可能是一名幼儿操作慧玩教具，也有可能是二名、三名甚至四名幼儿协作操作，共同完成一个慧玩教具，这会形成一种教学的互动。

目前，慧玩教具仅限在课堂中与教材配套使用，并不适宜学生带回家中使用。

另外，在 2019 年年末，精锐·至慧学堂还将在数学思维课程的基础上推出"至慧双语 VIP 思维课程"。

精锐教育集团至慧学堂事业部上海区总经理陈瑛介绍，至慧双语 VIP 思维课程是精锐·至慧学堂用两年时间进行市场调研后，在原有的思维课程体系基础上，参考美国的 *Mathematics*、*Go math*，新加坡的 *Learning* 等教材设计而成。至慧双语 VIP 思维课程致力于提升幼儿的数学思维能力，同时学习和锻炼英语口语，一举两得。

教授至慧双语 VIP 思维课程的师资团队均是从美国、英国、加拿大等国家留学归国的教师。他们会在课堂中用双语（中文＋英文）进行授课，每节课都有提高英语能力的部分。

除此之外，精锐·至慧学堂还增加了线上配套课、i 至慧云学堂 App 以及线上直播课。"我们希望通过线上线下相结合的方式，打造教学闭环，帮助孩子开发和提升学习力，拓展综合素养。" 精锐·至慧学堂负责人说。

2. 探索 AI 技术，进行标准化扩张

"AI 赋能"是精锐教育新阶段发展的关键点，这在精锐·至慧学堂的产品上体现得尤为明显。

"难以量化学习效果"是素质教育行业一直在面对和探索的难题。对此，精锐·至慧学堂在 2019 年 8 月正式对外推出了全新的"AI 行为习惯跟踪评测系统"，系统中包含记录学员上课情况、人脸和人体识别、学生的精彩瞬间、教师评价以及专家建议五个环节。

基于全新 AI 行为习惯跟踪评测系统，精锐·至慧学堂会在教室中安装两台高清智能摄像头，用以记录学员上课的行为习惯。

其中，在课堂规范方面，AI 行为习惯跟踪评测系统会对人体进行 14 个点位的定位，包含对 35 种正确坐姿、52 种错误坐姿，以及课堂行为（如举手、书写姿势、执行教师要求等）进行追踪和判定，培养学员正确的课堂行为。

AI 行为习惯跟踪评测系统还会根据录像，通过智能抓取、持续追踪、定量分析、数据统筹等一系列技术手段，分析学员的课堂学习状态和学习习惯，辅以教育专家的定期建议报告和系统出具的分析数据，助力学员循序渐进地培养良好的学习习惯。

精锐·至慧学堂负责人表示，培养学员的学习习惯非常重要，但学习习惯在学生的学习过程中很难量化。因此，教育机构也很难将课堂中学员的学习习惯反馈给家长。针对这个问题，大部分的教育机构都是通过考试、评测来量化学生是否掌握了要学习的知识。

通过 AI 行为习惯跟踪评测系统，精锐·至慧学堂对课堂进行跟踪，可以得到每个学生在学习中的学习习惯。"后续，我们会和老师、家长进行沟通，让老师在课堂上提示学习习惯不佳的学员多参与活动、积极提问并引导其参与讨论，把注意力拉回来。"精锐·至慧学堂负责人说。

AI 技术只是测评手段，真正具有难度的是教育机构的干预措施。

精锐·至慧学堂目前正在探索 AI 测评后，如何对不同性格、水平的学员进行分层，根据不同类型学员的不同特点重新设计课程。

十年的教研经验，成套而完整的课程体系以及对课后、服务等环节的标准化，是精锐·至慧学堂在数学思维赛道相比其他"单兵作战"玩家的优势。

这样的课程体系、教学方式乃至商业与标准化模型，让精锐·至慧学堂获得了成功，也让精锐教育看到了精锐·至慧学堂较为明朗的未来，成为精锐教育三大主营业务板块之一。

如今，精锐·至慧学堂正快速走在标准化扩张的路上。

并购小小地球，扩大素质教育版图

早在 2018 年上市之初，精锐教育就定下了发展的模式。张熙曾在 2018 年精锐教育上市后对外宣布："未来，精锐教育将通过不断扩展新的学习中心和升级现有学习中心，吸引更多学生来开展更多科目的学习，大力投资和孵化线上线下新业务，在适当的时机进行更多收购，进一步加快收入增长，扩大精锐教育在中国市场的整体份额。"

收购小小地球少儿英语就是精锐教育在"适当的时机"做出的动作。在完成收购后，小小地球少儿英语在精锐教育的支持下，的确取得了非常优异的成绩。

精锐教育 2019 财年前三个季度发布的财报显示，小小地球少儿英语在 2019 财年的前两个季度（2018 年 9 月 1 日—2019 年 2 月 28 日）同比增长达到 542.5%。另外，小小地球少儿英语在 2019 财年的前三个季度（2018 年 9 月 1 日—2019 年 5 月 31 日）一直保持着 70% 以上的净收入。

2019 年，小小地球少儿英语在上海、苏州、深圳、北京等一线、新一线城市稳健发展。

对于小小地球少儿英语在 2019 年的快速发展，精锐集团英语教育群全国市场总监魏乾坤认为这主要取决于精锐教育集团和事业部对于小小地球少儿英语在资源、战略定位、产品、运营模式等方面进行的支持和创新。

小小地球少儿英语全国产品总监郭小颖表示，小小地球少儿英语将"哈佛案例 9 步教学法"的主动预习、入门检测、互动教学、案例分析、成果展示、出门测试、课后练习、及时反馈、复习巩固融入教学体系，让学员可以更好地掌握学习的知识。

与此同时，在 2019 财年小小地球少儿英语在教学和服务中融入了 i-makii[1] 家校沟通服务和教学平台，通过 AI 云算法及硬件升级实现教学质量可视化，帮助家长及教师掌握学员中英文使用比例、核心词汇频率及听讲状态与效率，在提

---

[1] i-makii 是家校沟通平台的名称，其中，makii 是小象 IP 的名称。

升学生学习满意度和学习效率的同时，解决学习效果评估的难题。

1. 推出"STEM 英语课程 3.0"

目前，国内的少儿英语培训市场已然是一片红海，无论是线上还是线下的，各家机构在发展方面都非常快速。与市场中的玩家相比，小小地球少儿英语在课程中全面融入了 STEM 主题内容。

2019 年 8 月 24 日，在与精锐·至慧学堂联合举行的发布会上，小小地球少儿英语推出了"STEM 英语课程 3.0"。

郭小颖介绍，STEM 英语课程 3.0 一改传统英语教学简单模仿的形式，利用导图编程、3D 构建和科普实验等智能教具，注重启发式、互动式教学，打造有特色的教学模式。另外，STEM 英语课程 3.0 体系涵盖了 20 种不同类型的丰富游戏，增加了学习的趣味性，帮助少儿提升学习力和综合素养。

"小小地球少儿英语课程经过了三次迭代，已经升级为 STEM 英语，这个品牌和产品定位在少儿英语业内是独一无二的，非常具有特色。"魏乾坤表示，"在课堂中，孩子除了学习和 STEM 相关的词汇以外，还会通过小实验和活动，探索科学、科技、工程及数学知识，全面培养孩子的沟通、交流、合作及思辨能力。"

目前，小小地球少儿英语的课程分为 Basic 基础课程、Intermediate 进阶课程、Advanced 高级课程三类，每节课都是由中教和外教联合教学的。

小小地球少儿英语在这三类课程的每个阶段都设置了公开课（Open House）和阶段性测试（Learning Assessment Test）。

通过公开课，家长可以进入课堂，和学员与外教一起完成游戏，体会英语学习的乐趣。阶段性测试完成后，小小地球少儿英语推出的"i-makii 贴心管家"

会生成学习测评报告，帮助家长更直观地了解子女在每一阶段的学习成效。

i-makii 贴心管家涵盖了家长课堂、课堂视频、课堂报告、校长邮箱等服务。通过 i-makii 贴心管家，家长既可以观看课堂中孩子的精彩表现，又可以了解孩子的学习报告，还可以进行课程预约和意见反馈。

与此同时，小小地球少儿英语还宣布对品牌进行升级，提出"哈佛妈妈的选择"这一全新品牌口号。

魏乾坤表示："现代社会亟需的高端人才除了有优异的成绩外，更重要的是要有综合素质和学习力，这也是我们所注重和倡导的。就目前而言，哈佛大学的人才培养体系是教育行业的标杆。所以，我们希望帮助家长们把学生培养成能进入哈佛这样世界顶级学府的国际化高端人才。"

2.坚持线下、面授

小小地球少儿英语从 1998 年在美国波士顿诞生至今，主打的课程皆为线下教育。随着行业的发展，在线教育模式受到了市场和资本的追捧。2019 年 8 月开始，小小地球在线上复习平台的基础上，也陆续开设了线上课程。

魏乾坤坦言，对于三年级以上的学生，线上课程的确会有很多优势，但对于年龄较小的学生，特别是学龄前儿童，线下课程是无法取代的，不过可以加入一些线上课程环节作为辅助。

因此，小小地球少儿英语基于现有课程推出了线上课程，无论从产品角度还是从线上导流角度，魏乾坤认为这都是与线下校区的课程相辅相成的。学生完成线下课程的学习后，可以参加线上课程，更好地应用在绘本以及阅读等方面。

"未来，我们会不断迭代目前的课程内容，更好地结合线上线下的教学模式。但是，小小地球少儿英语不会开辟线上业务线。"魏乾坤说道。

在校区扩张方面，魏乾坤表示："我们目前主要选择在一线城市进行直营校区的落地，并继续辐射华东区域。"对于三、四线城市的市场，小小地球少儿英语则选择以联营的模式进行拓展。

在教师培养方面，魏乾坤介绍，全国的小小地球少儿英语的教师都需要经过校区教务主管、总部人事招聘负责人及总部教务督导三轮考核，才能成为各校区的教师。

除了对新教师的培训之外，各校区每周都会有在职培训，希望不断提升教师各方面的能力，让教师在实践中获得进步。同时，小小地球少儿英语总部每月还会安排教务督导和培训师到校区或远程监控教师的教学情况，实时保证教学质量。

对于小小地球少儿英语的联营业务，精锐教育成立了联营事业部，专门服务联营校区，为其在开业、培训、运营、市场、教学等方面提供支持服务。

对于联营校区，小小地球少儿英语有着明确的要求。"我们根据校区的面积，配备相应的教师和服务人员。每家校区最少需要配备4名教师，其中必须有外教。"魏乾坤介绍。

现阶段，在少儿英语赛道和少儿编程赛道均有机构在尝试以"双师课堂"的模式进行品牌和课程的输出。比如，好未来旗下的励步英语一直在探索"双师课堂"的教学模式。

对此，魏乾坤表示："双师课堂是目前'互联网+'时代的一种趋势，线上外教娴熟的语言表达技巧和丰富的肢体动作与线下中教的控班和课后服务相结合，两者都能发挥自己的优势。这对于一些外教缺乏以及招聘困难的城市而言，无疑可以满足家长对于外教授课的需求，同时教育机构也节省了往返的时间和金钱成本。"

但是，相对于全线下教学而言，双师模式仍存在着需要完善的地方。

第一，在进行双师教学的前期，需要耗费一定的成本进行平台搭建。

第二，双师模式对于教师的要求非常高，想要保证高质量的教学，外教教师必须有良好的互动方法吸引学生的注意力，中教教师需要有丰富的控场经验，两者需要有良好的默契度，才能共同完成一节课的教学。

第三，对于年龄较小的学生来说，上课时注意力容易分散，相比之下，全线下教学能更好地展现教师丰富的肢体动作，和幼儿有更直接的互动，吸引幼儿的注意力，双师教学在这点上略显不足。

因此，小小地球少儿英语现阶段仍然会以全线下的模式进行教学，不会尝试以"双师课堂"的模式输出教学服务。同时，为了保证学生的学习效果，小小地球少儿英语还将班型进行了缩减，从原来一个班级最多14名学生，缩减到目前一个班级最多10名学生，均为其配备"一中教、一外教"两名教师，让每名学生都有更多的机会和教师互动以及上台表现。

3. 营收目标：三年超十亿，五年超二十亿

从近两年国家各相关部门印发的教育政策中可以发现未来素质教育的重要性。其中，包括少儿英语在内的语言类培训成为家长为学龄前儿童选择的主要领域。

这是一个非常大的市场，也存在很激烈的竞争。小小地球少儿英语负责人表示："目前，少儿英语教育赛道正处于优化和洗牌的过程中，那些没有正规资质

以及不符合行业发展的小机构一定会被淘汰。2019 年，已经可以看到有很多这样的机构倒闭。未来，少儿英语市场将会越来越规范，留下来的品牌和机构都是消费者所信赖的。"有着精锐教育完整体系的小小地球少儿英语，可以最大限度地保证教学效果，获得家长的青睐。

对于小小地球少儿英语未来的发展，从精锐教育发布的财报中就可见端倪。"未来，精锐教育将利用在高端 K12 一对一辅导中的运营优势来实现小小地球少儿英语营收的增长。"

目前，小小地球少儿英语在精锐教育内部的各项业务中，是未来的发展重点之一。未来，精锐教育将会进一步加大对小小地球少儿英语业务的开拓和支持力度，包括对软硬件环境、课程、技术等方面的升级，计划实现"三年内营收超十亿元，五年内营收超二十亿元"的目标。

目前，小小地球少儿英语取得的业绩和精锐教育可复制的商业模式密不可分。凭借精锐教育良好的品牌效益、课程产品的研发能力以及线下的运营能力，小小地球少儿英语未来还有着更广阔的发展空间。

◎**结语**

对于教育企业而言，保证持续发展离不开赛道有充足的发展空间，保证用户学习效果，与时俱进地调整课程与服务体系以及促进行业发展进步等。

国内的素质教育在政策利好、市场认知升级、资本加持的背景下，正在走向发展的黄金时代。在精锐教育的支持下，精锐·至慧学堂和小小地球少儿英语两大素质教育品牌，也处于高速发展状态。未来，保持精细化运营来提升教学品质和用户体验，是保证精锐教育持续发展的重要因素。

纵观国内素质教育行业，新东方和好未来在发展过程中也在不断扩张业务边界，将素质教育看作未来业务增长的重要板块。

对于精锐教育而言同样如此。不论是内部孵化多个素质教育品牌，还是并购素质教育项目，抑或是通过投资进行布局，都体现了精锐教育对于素质教育这个赛道的看重。

从市场发展空间来看，K12 行业是一个巨大的市场。从精锐教育自身的业务发展来看，精锐·个性化业务在精锐教育总营收中占比超过 70%，但精锐教育依然着力布局素质教育，这是因为其还有着更大的"野心"，即"打造 K12 教育、素质教育领域的高端多元化教育集团"，精锐·至慧学堂的诞生与对小小地球少儿英语的收购皆来源于此。

上市两周年，瑞思英语的素质化教育发展之路 ▶

2019 年是瑞思英语成立的第十二年，距离用"学科英语"撬开中国市场的破冰之举已经过去了十余年。在资本与市场的推动下，少儿英语赛道愈加拥挤，厮杀不断，而瑞思英语在上市之前走得也并不容易。

一个月时间就收回投资成本的瑞思在初入市场时一鸣惊人，十个月开了 34 家学习中心，并在成立一年后获得了美国 EMPGI 公司的投资。然而，在此后的四年中，瑞思英语的营收增长速度显著降低。2011 年左右，瑞思创始人之一退出团队，独立创业；2013 年，贝恩资本收购瑞思，新的管理团队入主瑞思，外资大股东 HMHG 借机退出。这一系列事件使得瑞思在这几年的时间里一直都处于动荡状态。如果说创立之初的瑞思是在平原上疾驰，那么 2010 年左右的瑞思就是走上了一道条山路，略显颠簸。

2013 年，对于瑞思来说，是一个"迎新"的节点，在这种新旧融合的氛围下，瑞思迎来了第二次发展。四年后，2017 年 10 月 20 日，瑞思在这支独特团队的带领下，登上了美国纳斯达克市场，敲响了上市的钟声。

2019 年 10 月 20 日是瑞思英语上市两周年的日子，纳斯达克的开市钟声渐渐远去，而瑞思深耕中国少儿英语市场的脚步依然没有停止。

更名"瑞思英语"，转舵发力素质教育

早在十二年前，倡导素质教育的"学科英语"像一颗石头砸入了平静的湖面，并迅速在中国市场形成了一股风潮——利用英语学习语言、艺术、数学、自然科学、社会等学科知识，瑞思借着独特的教育理念很快奠定了自己在中国少儿英语领域的地位。

然而，时代在变，理念在变。英语教育也在经历从应试教育到素质教育的转变。

2019 年 2 月 26 日，瑞思学科英语宣布，去掉"学科"，正式更名为"瑞思英语"。

瑞思教育 CEO 孙一丁表示，此次更名更多的是为了突出瑞思基于英语学习框架下的素质教育理念，并更新品牌主张为"用英语，练思维，筑能力"。

2018 年被称为素质教育的黄金年，不论是利好的国家政策、巨大的市场规模，还是多元化的用户需求，素质教育赛道都是一个被广为看重的领域。对于素质教育，孙一丁表示瑞思必须赶上这趟快车："瑞思既有品牌优势，也有学员优势，在这两个优势的基础上，其实能够拓展出来很多新的领域，未来我们也会进行赛道的扩充。"

经过两年的调研，数十遍的课程打磨，11 月中旬，瑞思在部分北京校区正式开放了 STEAM 课程，这可以说是瑞思在素质教育领域扩科的开始。

关于 STEAM 产品的研发，瑞思教育学术高级副总裁袁雪非常自信地表示，课程研发一直都是瑞思的强项。STEAM 课程的研发不以单科学习为目的，而是

紧密结合现实中的实际问题，注重跨学科学习，强调在学习过程中培养学生的创新思维，从而培养具有创新意识的未来领导人。

袁雪以编程学习为例指出，瑞思打造的编程课程并不是"学习编程"，而是"用编程去学习"，即用编程去锻炼学生的项目搭建能力和解决问题能力等，她特别指出，要先把"Project（项目）"搭建起来，里面会涉及 Science（科学）、Math（数学）、Coding（编程）、Engineering（工程）、Communication（沟通），将它们贯通起来才真正有利于学生的成长。与此同时，关于 STEAM 产品的教研则与英语教研一脉相承，同时也会引入国内外的专家作为新的有力支撑。

从目前试行的课程来看，STEAM 并没有成立单独的校区，而是利用英语校区的闲置空间进行独立设计，孙一丁表示这主要出于两种考虑，一个是安全性比较好，另一个则是可以利用剩余空间，使得平效利用最高化。

之所以选择从 STEAM 领域开始，袁雪认为，STEAM 是与瑞思本身的血脉最为接近的素质教育领域之一，在瑞思的英语课程里原本就含有科学和数学的基因，此外，她强调英语是目前世界通用语言，而编程则是未来世界的通用语言，瑞思发展这两大语言也很有必要。孙一丁也曾表示，近百亿的市场需求和资本的频频押注也是吸引瑞思投身于此的原因之一。

瑞思英语的投资布局之道

上市之后，瑞思英语就开始有意识地进行投资布局。

2017 年 12 月 14 日，上市后不到两个月，瑞思英语即宣布收购香港领峰教育"The Edge 高端留学项目"，这是瑞思出手的第一起收购案例。正是在收购领峰之后，瑞思英语的触角才向全年龄段用户实现了进一步延伸，产业链也得到了进一步扩展。

2018 年，瑞思英语对石家庄加盟校进行控股型收购，目前尚未完成财务并表。收购加盟商对于瑞思来说似乎是顺其自然，早在 2017 年上市前提交的招股书中瑞思即明确表露出了该想法，即"未来将考虑收购机会，以补充或加强现有业务，和有利于瑞思实现长期目标的业务，例如，具有战略意义的教学地点或者运营良好的加盟学习中心"。瑞思教育高级副总裁杨立力也谈及，对于收购加盟商早在几年前就有考虑，在与加盟商的联系中也会涉及收购话题，一方面，为了扩大直营区域和业绩，总部收购加盟商也是一条比较快捷的路径；另一方面，加盟商被收购也可以迅速变现。之所以现在才开始推行，是因为未上市之前对于估值、尽调等各方面都不成熟，没有实例可以借鉴，而现在时机成熟，也就迈出了收购石家庄的第一步，收购动作在顺利进行中。

收购加盟商变为直营算是接手一个新的直营城市，这和北上广等从头做起的城市并不一样，杨立力表示希望能够平稳过渡使得石家庄继续做大做强，而不是产生中途的破坏。而他也透露，总部还有新的标的在接洽之中，可能 2019 年还会有继续收购的计划。在收购计划中，一个愿意卖，一个愿意买是前提条件，在此基础上，对于瑞思而言，规模利润是否达到千万级别以上且所在城市未来是否有大的发展空间，是衡量买卖能否进行的两大因素。

"瑞思未来的市场重点方向之一即收购加盟商，"瑞思教育集团董事长、贝恩投资私募股权董事总经理王励弘表示，"收购加盟商，扩大直营体系，能让管理更深入、更渗透。"在她看来，把重要的市场拿回来做直营可以进一步加快瑞思直营校区的发展速度。瑞思加盟体系里，有很大一部分加盟商是家长本身，而对于这种背景起家的加盟者，一至两家的校区可以经营得非常优秀，但是要将一个城市内的校区进行规模化的运营，对他们来讲挑战巨大，而瑞思拿回来自己经营显然会更有经验。这对于直营体系的下沉也不失为一种好方法。

不论是对香港领峰教育的收购还是对加盟商的收购，这一部分的对外投资并购，瑞思始终停留在英语业务本身，并未真正跳出英语的圈子。严格来说，战略入股 NYC 纽约国际儿童俱乐部才真正迈出了瑞思跨领域投资的第一步。

"瑞思英语战略投资早教品牌'NYC 纽约国际儿童俱乐部'"，2019 年 7 月的一则消息在教育市场引起了关注。瑞思在向外界传达一种信号——跨出英语领域，寻找更大的增长和发展空间，素质教育拓展势在必行。

为此，孙一丁和纽约国际儿童俱乐部总经理 Frank 举办了媒体见面会，表示双方将在流量获客、校区中心运营管理以及课程产品研发等方面展开深入合作。

孙一丁坦言，其个人与 Frank 已经有数年的交情，而在金宝贝的工作经验也使得自己对中国早教市场一直保持关注，早教在中国属于刚需，尽管竞争激烈但是跑在前头的并没有几家；此外，瑞思在 3~18 岁这个年龄段耕耘许久，而早教集中的年龄段在 0~3 岁，与瑞思可以形成非常天然的衔接。孙一丁透露，在众多的加盟商中，有不少加盟者除了瑞思英语之外，还同时加盟了 NYC 等早教品牌。基于上述考量，在经过数轮董事会沟通之后，瑞思团队达成了对 NYC 纽约国际儿童俱乐部的投资意向。

不仅仅是瑞思，包括线上线下在内的很多教育机构在近两年都面临获客成本攀升的问题，而瑞思与 NYC 的这种联合发力对于未来的生源提供有很大的帮助。Frank 强调，在 NYC，80% 以上都是英语授课，剩下的 20% 则用中文补充，NYC 的家长本身对英语学习就有很明确的需求，未来在品牌引导上可以更早地给家长提供一个选择。瑞思自身也在研发一些适合更低年龄段的英语启蒙课程嫁接到早教课程，为后期专业的英语学习做衔接。不过对于如何帮助意向用户从前期的启蒙转换到瑞思体系，还需要更多的模式来探索。

除在流量上形成协同外，瑞思和 NYC 未来在合作商体系上亦能进行渠道的互补与帮助。目前，瑞思已有校区四百余家，NYC 也在全国六十多个城市布局了百余家早教中心，且双方总部都在北京，直营校覆盖区域重叠度较高，未来双方在合作商资源上可以进行共享，即加盟瑞思英语的机构可以进行板块衍生加盟早教，而拥有早教中心的机构也可以考虑加盟瑞思英语。和瑞思相同，NYC 采取的也是"直营＋加盟"的模式，加盟模式以品牌和管理输出为主，投入并不大，因此 NYC 的加盟利润尚不错，基于对未来市场和发展情况的考虑，孙一丁表示，不排除增资扩大股份占比的可能。

王励弘也表示，对 NYC 的布局并不是一个简单的股权投资，而是瑞思整体对外素质教育布局的一个有力探索。同时，王励弘非常坚定地表示，瑞思接下来会有更多的投资动作，通过投资布局去形成自己的生态圈，而究竟是小股权还是买团队，或是买优质内容，王励弘表示各种方式都有可能纳入考虑范畴，目前这几种方式很多大企业都在践行中。

以头部教育机构新东方和好未来为例，仅在 2018 年新东方就进行了 7 起投资，在艺术、早幼教以及 STEAM 等领域展开了布局；而好未来在同年更甚之，一共进行了 11 起投资，同样是在艺术、早幼教以及 STEAM 等领域。

王励弘特别提到，类似于 AI 教育类的产品或技术是瑞思很难自生的东西，所以，对于新的教学工具、教学模式或学科等，如果有好的创业企业或教研体系，瑞思会考虑投资，并通过瑞思的运营能力和学生规模进行协同发展，这是未来的发展方向。提及未来的投资，王励弘也强调成立专门的投资部门是很有必要的，因为在她看来，投资是很专业的一件事，跟单一的运营文化不同：在投资中，不仅要考虑价值问题、团队整合问题，还要考虑作为小股东或大股东不同的权益与风险控制问题，这与一般的教育机构运营不同，要有专门的团队操刀。

打破隔阂，拥抱加盟商

2019 年 4 月，瑞思教育加盟商大会在成都落下了帷幕。自 2014 年起，加盟商大会就成了瑞思每一年的盛会，从北京雁栖湖畔到海口观澜湖，到杭州钱塘江边到银川腾格里沙漠，再到 2019 年的成都青城山上，六年不曾间断，而当年那场不到 200 人的"吐槽大会"如今也发展成为 600 多人的年度盛会。

对孙一丁来说，2013 年是他职业生涯的转折点；对瑞思来说，2013 年是它发展的新起点。从国美到金宝贝再到瑞思英语，孙一丁开启了新领域的职业征程，与他同年到来的还有包括副总裁杨立力在内的新团队成员，而原先的学术教研以及直营管理团队均被保留了下来，新旧团队全部就位，瑞思也开始了新的发展之路。

"瑞思的直营和加盟体系属于一种隔阂关系。"孙一丁在来到瑞思之后发现了这个问题，这对于整个加盟的发展几乎是致命的。尽管瑞思在创立之初就有了直营和加盟两种模式，但是直营和加盟受到的待遇却是不对等的，如 2007 年北京大恒直营校区和重庆加盟校区几乎同时落地，但加盟校区跟直营校区没有太多联系，教师大赛和瑞思实践活动都只在北京地区进行，并没有形成全国性的活动。此外，2013 年以前，瑞思呈北京独大的局面，北京地区的营收占比甚至超过 90%。

因此，初到瑞思，孙一丁就制订了两个战略：一，直营和加盟并重；二，框定北京、上海、深圳等一线城市做直营，其他城市则开放加盟进行扩展。要想做全国性品牌，必须对加盟敞开资源，加盟和直营同样重要，而之所以框定部分城市做直营，是因为这些城市体量大，又处于政治和经济的核心，只有收归自营，才能更好地保证品牌稳定和管理统一，形成一个整体。以北京为例，这样的体量无疑需要六七个加盟商才有能力去分配，这样一来就很难形成一个整体，由直营去做就可以避免这样的问题并快速起量。

新战略的提出自然而然地在团队内部引起了部分疑虑，如何将直营城市之外的加盟建立起来，如何消除直营与加盟的隔阂，重新获得加盟商的信任成了新的问题。

在解决这些问题之前，孙一丁率先做了另外一件事。

在上任之前，孙一丁去部分城市进行了走访，他认为瑞思在当下面临的首要问题是已有老旧店面的整改——早期瑞思的店面都在写字楼中或是街边店，消防难以合规，尽管地价相对较低，但是自然客流量极少，且品牌无法得到最大限度的宣传。

于是，孙一丁第一时间与团队商议，将VI（视觉设计）、CI（企业形象）以及SI（店铺形象设计）均进行了调整。2019年是孙一丁在瑞思的第六年，而VI、CI以及SI也已经更新到了第五版，他指出这些要素必须与时俱进，不能给家长以一成不变的概念传递。在一番紧锣密鼓的整改下，瑞思的校区发生了巨大的变化，原有的校区基本都已撤离出来，新开的校区基本都设置在大型商超中，尤其是在上海地区，2013年开设的5家校区现在已经完全迁离写字楼等封闭的环境，实际上，当下上海的17家校区均属于后期新开设的。

当局者迷，旁观者清，孙一丁为展开这些改革与团队的负责人有多次的沟通与争执，他表示一直沉浸在原有的环境确实很难做出改变，但是从另一个环境来到瑞思，再整体地看瑞思，就会感到这些变化不得不进行。他透露瑞思也正在与波士顿咨询公司接洽，希望对企业整体"把脉"，做出一些调整，安永·帕特侬也在合作中，将为瑞思梳理招生过程等专项内容，提高转化率。"成本很高，但必须跳出日常，通过外界来看清瑞思当下的发展现状。"

对瑞思校区提出整改意见后，瑞思开始从加盟商入手，尝试缓和加盟与直营间的冲突关系。可以说，真正为瑞思加盟业务带来"新生机"的就是召开加盟商大会，瑞思加盟与直营并重的舞台也由此拉开了序幕。

"那时候挺紧张的，因为本来就知道瑞思和加盟商关系比较对立，非常害怕大会现场直接有人吵起来甚至打起来，"杨立力显得有些心有余悸，他笑着回忆道，"因为压力过大，大会开完之后竟然得了甲亢，不过幸好后期效果不错。"他总结道，现场加盟商提了很多问题，但归结起来就一条——总部给予不够。

"给予"这个词被杨立力反复提及。瑞思之所以开加盟商大会就是为了缓解加盟商与总部的关系，而造成紧张关系的原因即前期总部非常封闭，信息不通畅，尽管直营体系有很好的经验和优质的学术沉淀，但是真正给到加盟商的支持却少之又少。因此"给予"贯穿了整个大会的始终，而后期瑞思也一直坚持这个理念。

会上，瑞思传达了很多信息，不断阐明总部立场，以期达成互相的信任与理解。未来，瑞思承诺不论是品牌活动、市场运营还是学术管理等方面，均会给到加盟商与直营体系同等的支持，尤其强调，"瑞思实践活动"、"瑞思小达人"以及"教师技能大赛"这些以前只局限于直营校区开展的活动将全部开放给加盟伙伴。

后来，有加盟商回忆，那一天给他们留下最深刻的印象就是加盟伙伴"得到了最大的尊重"。

除加盟商大会外，加盟商还自行成立了加盟委员会，委员会成员由加盟商自行推举，由最开始的5人到现在的7人，每两年一次进行换届选举，在每个季度都会选择到不同的城市去召开会议，瑞思总部则借此机会向各位加盟商汇报正在做的以及准备做的一些工作。这些代表着加盟商声音的委员定期和总部密切沟通，就瑞思加盟体系面临的问题和政策展开探讨，通过种种方式，瑞思与加盟商的关系终于得到了缓和并逐渐走向契合。

自那以后，加盟商大会成了瑞思加盟伙伴的一大盛典，参与大会的人员也越来越多，同时加盟商也愿意带更多的伙伴加入。

目前，大会一般持续两到三天，其中一天到一天半的时间用于正会，包括运营、品牌、学术甚至IT技术在内的团队均有成员参与进来，除了学习内容之外，大会也会将公司对过去的总结和对未来的期望呈现出来，剩余的时间则用于团建活动，2019年。

说起印象最深的一次加盟商大会团建活动，大多数人都回忆起2017年在银川徒步腾格里沙漠的经历。王辉作为瑞思早期的加盟商之一，他也参与了那一年的徒步活动。

"二十千米的沙漠徒步，后来成为了很多人的回忆。"据他介绍，活动当天近90%是女性，大多数人严重缺乏锻炼，几百人的团队全部走完全程几乎是不可能的，但最后大家还是咬咬牙完成了。他回忆，活动被分成小组进行，每组都必须保证自己所在的团队无人掉队。中途原本有人想要放弃，但在团队的鼓励下，所有人都互相扶持，王辉他们小组耗时近5个小时左右到达了目的地。"对于大多数人来说，这个活动太具挑战了，但是对于团队意志的磨炼，对于团队归属感和合作精神的养成，却得到了最好的强化作用。"

王辉在瑞思的加盟体系中是一个非常有代表性的角色，从瑞思成立那一年起，他就选择了加盟，一直到今天，王辉在瑞思的整个加盟商内做到了最大的规模——他目前经营着三十余家校区，遍布湖北省的各市县区，在湖南长沙以及江西南昌两地也有少量分布。

王辉非常看好华中地区的市场，他坚定地相信，瑞思在这片市场上可以做到八十家，甚至九十家。作为一个雪山攀登爱好者，他在2019年5月将瑞思的旗帜插上了珠穆朗玛峰顶。"七年了，我每一年都去各大洲完成自己的登山计划，2019年完成珠峰的登顶后，世界七大洲的最高峰我都攀登完了！"他的声音通过电话传来，即便隔着上千千米也能感受到他言语间的自豪与兴奋，他认为，在世界的顶峰插上瑞思的旗帜是对瑞思最好的祝福。

瑞思加盟商大会和瑞思加盟商委员会这两个平台的出现，无疑给瑞思加盟体系的发展带来了新的生机。一方面，瑞思总部对外表明了一个态度，愿意很平等地与加盟商实现对话；另一方面，基于这样的平台，加盟商在现实中遇见了难题和挑战或政策适配等问题，都可以第一时间反馈，瑞思总部会积极优化和调整，帮助其快速解决问题。同时，加盟商之间也可以借由平台相互学习、相互沟通。

相应地，瑞思总部的加盟管理团队也在不断调整，从过去单一的业务人员慢慢发展到包含市场运营团队、学术团队和职能团队在内的一个完整团队，已超过40人。其中市场运营团队主要负责加盟商开业、招商以及市场活动等；学术团队负责学术指导和学术管理；职能团队负责瑞思杯等活动的对接、业务系统的上线与后期管理、家辅考试等一系列的运营、数据整理工作。

在开放的态度与大力的支持下，瑞思在全国的品牌建设与校区经营愈加稳定，加盟规模也逐渐扩大，从2013年几十个城市的105家加盟校发展到2019年的110个城市的328个校区（据截至2019年第二季度的财报数据显示）。

标准化运营，数字化发展

截至2019年6月30日，第二季度财报数据显示，瑞思已经在全国布局了408个校区，其中直营校区80个，加盟校区328个。如此大的区域，如此多的校区，瑞思该如何管理，又该如何做到高效管理？孙一丁将其归纳为标准化运营和数字化管理。

凭借在上市公司国美多年的管理经验，孙一丁很快开始对团队进行操刀重整，他将整个公司分成三级管理，一级在总部，总部集权，学术、管理、人力都占主要部分，扮演着决策的角色；一级在分公司，即执行层面，快速把总部的想法落地；一级在分校区，他强调基层非常重要，他们最靠近客户、最接近学员，瑞思很多分公司的总经理都来自于三级分校区管理层的校长，这种管理方式也巧妙地促成了后备人才梯队的建设。

在这种分级管理下，不论是直营还是加盟体系，瑞思都形成了一套标准化运营方式。瑞思教育运营高级副总裁朱清凌将这种标准化运营分成了两大切入维度，其一为业务模式，所有业务均在统一平台流转，确保统一；其二则为人员的培训和管理，她以瑞思2019年推出的企业大学为例，校长、各级校区的中层管理人员以及教师的技能培训都是通过这个平台进行标准课程的设置和学习的，以确保所有校区人员的行为和培养方向都符合标准。

朱清凌也表示，瑞思发展到如今的规模和业绩离不开标准化的运营，在其看来，差异化太大是很难形成规模效应的。

从北京初步建立管理部并实现数据核算口径和规范上的标准到业务模式固化，再到人员培训体系标准化，瑞思的标准化体系在不断地丰富和迭代。对标准化未来的发展，朱清凌提出了三个方向：随着时代的发展和规模的扩大，标准本身需要优化和改善；如何兼顾城市的差异，寻找最核心的标准，也是一个亟待解决的问题；人员培养的标准化需要更细致，以期提高成长速度和质量。

瑞思的直营和加盟运作基本保持一致，而这种一致很大程度上是基于瑞思始终坚持以校区为基本单位运营而形成的。以单校区模型起步，从招生、教师培训、教学教研等各方面建立起一套完整的标准化运营体系，对班型设计、教师与学生的数量配比、单校区的面积、教室的数量、市场关单动作，甚至电话热线、微博微信等都制订统一的标准，再将经过验证的单校区模型推广到全国。这些细化到最小单位的标准化对于瑞思整体品牌质量以及美誉度建设都有潜移默化的影响。

针对教学方面，瑞思所有的教师都需要经过总部统一的培训，除入职培训及考核之外，教师每一个阶段的教学都需要经过严格的升级培训，此外，总部也会通过聘请国外教育专家ICP（国际教学研修项目），开展全国教研会议等方式对教师进行专业辅导。教师需要在授课校区进行内训，集体备课、课堂巡检等总部的标准化运作也自上而下进行了传递。

基于"单校区模型"和"教师的体系性培养"，瑞思保证了无差别的统一标准化运营。不过，在加盟业务上，加盟区域遍及全国，管理半径过大，因此在贯彻标准化运营之外瑞思也另辟蹊径，老加盟商带新加盟商、区域规划、跨区域同类型加盟商管理（如有一家店的加盟商归于一类，有两家及以上的再归于一类）等不同的管理方式交叉进行。随着加盟商的不断扩大，管理方式也在不断地微调。杨立力进一步补充道："加盟商从一家开到两家很简单，到第三家肯定就存在一个运营问题，有一个门槛要过，如果开到三至五家，甚至五家以上，那就要建立中层管理架构，即分公司，此时的职员搭配、KPI（关键绩效指标）定量也会有所不同。"

在各种标准化运营的背后离不开数字化系统的支持。为了实现高效的标准化运营，瑞思在技术上的投资是千万规模的，先后建立了COS[1]智能管理系统和教师综合培训平台，并于2019年上线了一站式智能学习平台。其中，COS智能管理系统用于前端销售和智能排课，已经经过了数次升级迭代；教师综合培训平台包括e-Learning（数字化学习）、eHR（数字化人力资源）系统、运营系统、考试系统等，让关于教师的每一个环节都实现了标准化。

一站式智能学习平台在2019年正式上线，提供在线教学系统、智能练习系统、考试系统、家校通……全年龄段课后家辅体系的打通，使得校区、家长以及学员三者之间实现了紧密的结合，这对于家长和瑞思来说是互惠互益的，教师在此基础上可以更好地追踪学员学习的情况，提升教学水平，家长则可以更加了解子女在校学习情况，加强沟通。

"企业经营就像是带兵打仗一样，"孙一丁这样形容企业的运转，"有统帅的同时还要有很好的执行能力，这才是一个好的架构。"随后，他补充道："但是你要能保证这些事情良好、一致地运作，标准化、数字化也非常重要，所以我们这几年也在不断地推出一些标准化的模式，来保证大家的这种口径、行为方式以及运营能力的一致。"瑞思也顺应科技的潮流，用科技赋能教育，不断提高校区运营、教学能力和师资培养上的效率和水平，实现了跨区域的标准化管理。

线下线上联动教学，双师或辅助下沉

自成立以来，瑞思始终坚持以传统线下教育为主。早在2015年，瑞思内部

---

[1] "COS系统"全称Center Operation System，是瑞思数字化智能管理系统的中台系统，包括市场管理、销售管理、教学管理、异动管理。

就开始了对在线教育的探索。2015 年瑞思推出 Rise Up[1] 在线美国初中课程；2017 年又推出了线上口语课程"侃侃说（Can-Talk）"，针对 4~12 岁小学阶段的儿童；同年 12 月又推出了 Rise Up 在线美国高中课程，打通了全年龄段课程体系。

袁雪表示，在 2019 年年底会再一次推出课程升级，同时启动素质教育尤其是在思维培养方面的评价体系，并将其教学策略进行标准化、课件化。在将来，瑞思主体课程也会充分结合线上线下教学的优势，线下突出能力培养，线上突出知识与技能的强化练习，在形式上也会有新技术的引入，如 AI 和双师等。

"实际上，集团对在线业务的定位一直都是'线下业务的良好补充'。"孙一丁说。他认为，瑞思的线下基因决定了其在线业务并不占主导，但是在线教育的出现解决了距离、时间和场景的限制，因此线上搭配线下，并在各个年龄段做出最佳适配比例是最适合瑞思的一种教学模式。目前瑞思在线课程还是偏向高龄段的学生，这部分学员学习时间紧张、自我学习能力比较强且碎片化时间多，更适合在线补充的形式；而 3 至 6 岁的低龄段幼儿则是以线下为主，这是基于该年龄段学员自主学习能力尚不足以及家长群体对于电子设备使用的担忧等原因。

瑞思在线业务基本在内部实现招生，但是这部分的利润依然不是很好。孙一丁坦言："目前我们的在线业务几乎都是内部学员转化招生，这样基本上没有什么招生成本，盈利还是有但是比较困难。"不过，他对当下部分启蒙产品通过社群营销、录播以及其他辅助产品等方式切入市场的做法比较看好，但是未来是否能够长久运用这个方式去做产品，他依然怀有疑问。

从纯粹的商业角度来看，孙一丁并不看好纯在线的教学模式。尽管近些年资本不断涌入在线教育领域，但瑞思对在线业务依旧保持谨慎的态度，王励弘亦持相同观点，以一种线上线下相互补充的模式继续推进英语教学。

---

[1] Rise up 课程是同质同步的在线美国初中课程，它涵盖 2 个等级的学习课程，即 Rise up level-1 和 Rise up level-2，按照美国国家课程标准体系（Common Core State Standards）编写。

从入主瑞思以来，王励弘本身的角色重心也在变化，近期她关注的核心是如何提升瑞思的品牌和运营能力，其中就包括如何将线上与线下统筹发展："现在竞争多了，以前瑞思是特别独特的一家公司，比较容易被大家认可，也比较容易招生。但是现在竞品多了，竞品也在进步，包括提供线上的教学体验。我们也应该做好线上教育，但我认为线上是必备课程但不是独立课程，应该将线上线下做好结合。"

在王励弘看来，在线教育的出现是一个很好的探索，可以称得上是和教育搭配的一个新领域。但是在线并不是一个独立的业务，从教学理念和教学效果来看，并不能验证某一方优于另一方，线上和线下如何把握各自的位置，如何适当地结合，依然是一个难题。尤其是英语，中外教的结合，听说读写的分配，这些课题依然需要探索。此外，线上教育模式并未实现真正的盈利；而过热的投资使其陷入了一种错误的逻辑，她呼吁教育投资要回归合理的估值。她相信，线上线下相结合会是教育的标配模式。

此外，瑞思也考虑推出双师模式，形成另一种线上与线下结合的教学，即以线下为主，线上通过 AI 或外教辅助。谈及近期火热的网校模式时，杨立力直接对其进行了否定，基于英语学习特有的语言互动需求，他认为网校尽管好但是并不适合英语教学，尤其是针对 3~8 岁年龄段的儿童，相反，双师小班课反而比较合适，这种小班课不会以上课为主，而是以复习和考试为主。

孙一丁表示双师平台自主研发、合作研发或者收购都有可能，之前已经与第三方平台探讨过双师问题。此外，在他个人看来，双师还无法下沉，只能是辅助，先考虑在北京等地区进行试验。

◎结语

瑞思已上市两周年，孙一丁总结，这两年瑞思的发展基本符合整体预期，学员增长保持在每年 20% 以上，2019 年的目标是 25%。

上市对于瑞思来说是一把双刃剑，它使得瑞思这个品牌得到进一步传播和提升，仅上市一年后，瑞思就增加了 98 个校区；同时，上市也使得所有瑞思人更具有向心力，促进其朝着更加规范化的方向发展。然而，上市也让瑞思走向了公开与透明，一切都处于公众的视野之中，推出新产品、新理念或者改革原有产品都要能满足不断变化的新需求 。

"这两年尽管发展符合预期，但是确实面临着不小的挑战。"王励弘进一步补充道。不仅有新模式、资本市场以及技术等问题，更有监管带来的巨大市场冲击。从出发点来看，监管对于市场是非常有帮助的，但是在实践操作中会带来比较大的挑战。以"三个月收费"[1] 为例，它给机构的运营和现金流都带来了极大的挑战，对于瑞思来说，基本 12 个月就可以恢复正常，但是对于部分小机构而言，很容易因此被淘汰出局。

教育相关政策依然会继续出台，而孙一丁认为已经上市的瑞思有足够的风险抵抗能力，随着趋严的市场准入和市场监管，他感受到教育将越来越回归本质。未来，"教育＋互联网"将成为一种趋势，而瑞思将坚守线下校区的布局，继续扩大城市规模，和加盟商保持更好的沟通，保证更充裕的现金流，朝着"素质化教育"的方向继续深耕、发力，去迎接属于瑞思的下一个十年。

---

[1]　国务院办公厅于 2018 年 8 月印发《关于规范校外培训机构发展的意见》，强调要规范收费管理，明确提出要"严格执行国家关于财务与资产管理的规定，收费时段与教学安排应协调一致，不得一次性收取时间跨度超过 3 个月的费用。"

操盘者双重身份，秦汉胡同匠心独运的经营之道 ▶

穿过一片喧嚣，在岔道口不远处就是秦汉胡同。闹中取静，不流俗，不浮夸，安处一隅。

"秦汉胡同，百年人文"，这是秦汉胡同为自己立的标语，即便是外部的装潢也在践行着这一点。步入其中不难发现，旧时光里的书院气息扑面而来。木花格、古亭台、老楹联，悠悠转转的长廊里字画书卷错落有致，目之所及，均是古色古香之韵。

秦汉胡同所传递的正是一种国学氛围，一种国学精神。作为中国青少儿国学行业的先行者，秦汉胡同用十八载光阴，从一个纯粹的艺术品空间，渐渐探索出一套商业模式，发展成一个拥有众多分馆的教育培训企业，它所书写的不仅是企业自身破茧成蝶的故事，也有国学行业向前奋起的一份责任。

2019 年 2 月，秦汉胡同公布了其第二轮融资，由一村资本领投，沪江教育、苏州汇利华等机构跟投。一亿元人民币的融资规模，在国学行业是非常可观的，秦汉胡同也再一次被推进了教育同行的视野之中。

从默默无闻，到一声巨响，是什么造就了秦汉胡同？又是什么塑造了秦汉胡同创始人王双强？

打破教育内容局限，打通国学全产业链服务

"大者君子"，这是王双强眼中的国学，也是秦汉胡同践行的国学。

在他看来，"大"尽管只有简简单单的三根线条，但是每一根承载的都是国学至关重要的一环。"人"的一撇，即以毛笔书写为代表的国艺课程，涵盖琴、棋、书、画、民乐、戏曲等课程；"人"的一捺，代表着国文课程，涵盖了从三岁半起，由《三字经》《弟子规》《千字文》《千家诗》等，到识字训诂，再到诗词启蒙、四书精读、诗文写作、文言文、作文等六阶数十门的文类课程；从人到大，要加一横，这一横，作为国学三角体的塔尖部分，即秦汉胡同所倡导的艺术人文通识课程，目前尚未正式上线，从已有的产品研发计划表来看，物证、文布袋以及对联里的中国字将成为最先推出的内容。

随着时间的推移，少儿国学起家的秦汉胡同在深扎少儿领域的同时，又拓展了另一块市场——女性国学。

2019 年 1 月，秦汉胡同发起了新项目——好研社。

好研社精准定位 22~45 岁的白领女性，部分项目兼及男性。严格来说，成人国学业务并不算全新的业务项目，在好研社团队组建之前，成人国学业务的增长在内部已经不容小觑，营收占比达 30%。

目前，好研社已经实现独立运营，但是其中占比较大的毛笔书写部分尚未从少儿国学中剥离，茶艺、插花、古琴、笛箫等已经先一步独立招生运营，主要依托媒体、全生活学习服务、社交、产业四个模块开展。其中，全生活学习服务以

仪式感为基础，融呈现、修养、研学、社交为一体。

王双强对女性市场充满了信心。他认为，家庭国学的普及至关重要，伴随物质文化消费的提升，女性对精神文化的消费热情也逐渐高涨，然而从当下的市场现状来看，女性国学的供应和需求难以匹配，自然而然地也无法形成相互促进。

相比于其他学习品类，女性国学市场份额不算大，但未来的增长趋势并不弱。

就秦汉胡同用户年龄而言，拓展成人国学业务，能够帮助其实现全年龄段覆盖。就市场方向而言，除对女性国学市场的开拓外，好研社在更深层次上亦是对家庭教育的一种浸润。2019年暑期，好研社协同上海市非物质文化遗产保护中心发起的"第一期暑期非遗艺术班"落下帷幕，花艺体验、古琴艺术、书法传拓、京剧昆曲、皮影等系列体验课程，为儿童与家长提供了家庭艺术氛围。

继好研社之后，秦汉胡同又很快推出了"第伯乐"项目，取义"人生及第靠伯乐"。

双项目的推出给企业带来了一定的压力，尤其是在人力等资源配置上，但就项目本身而言，王双强认为前者针对女性生活，后者致力于为儿童提供更优质的服务，两者服务人群并无冲突，甚至可以形成恰当的协同关系。

第伯乐围绕"才艺、名师、个性、结伴"的核心价值，强调名师严选概念以及人生导师理念，为青少儿及其家庭提供更具品质的名师才艺教育服务。第伯乐已经通过与国内外艺术名校进行链接，整合了近百位优质名师的资源，以历经十余载开发的原创物证通识课程为根本，辅以古诗文、说文训诂、语言、写作等为主的体系化文类课程，兼及各类名师才艺课程。

不同于打造小而美的好研社的初衷，王双强对第伯乐寄予了更大的期望，他将其定义为未来素质教育的一种可能。

第伯乐的目标是打造一个完全开放的平台。就大多数教育企业而言，教师成长、晋升空间受限是普遍问题，第伯乐的出现为这一问题提供了一种解决方案。借助第伯乐的平台，名师可以搭建个人工作室，单独进行展览、课程销售、平台直播等。而名师筛选标准则综合了教学年龄（至少五年以上）、消课率、学生满意度以及个人能力等方面。好研社未来也将采用该模式，在保持教师资源供给的同时保证内容优质。

除对内部教师开放外，第伯乐也将以"平台＋创客"的模式向整个社会开放，即符合名师标准的人才均可以申请与第伯乐进行合作，创办个人工作室。截至目前，上海浦东与闵行地区已开设两家第伯乐旗舰店，而更多有意向的名师也正在洽谈过程中。

基于互联网技术，第伯乐将采用绝对的合伙人绑定制度，在严选名师的前提下进一步助推企业发展。一直以来，秦汉胡同都是以直营模式在全国发展的，"平台＋创客"的出现似乎提供了一种别致的加盟模式。相对于常规的门店加盟，"平台＋创客"的模式在提高加盟门槛的同时也减少了因教师品质无法保障带来的低质教学问题。

除好研社与第伯乐之外，秦汉胡同还推出了为传统文化素质教育机构进行线上、线下赋能的品牌"线条派"。多条业务线卡位、合理协同的秦汉胡同在国学教育领域的布局更加多元和丰满，截至 2019 年 10 月 1 日，线条派已在北京、上海、深圳、广州、杭州、南京、合肥、娄底、临汾等城市开设 70 余家线下教学点。

除教育板块外，秦汉胡同在艺术空间和文创以及艺术品两个板块上也形成了独特的发展方向。以艺术品为例，经过近二十年的沉淀，秦汉胡同围绕"文字的力量"展开收藏和研究，在碑帖、全形拓、文人手札以及古籍善本收藏上成绩颇丰，已具备设立主题博物馆的基础储备条件，在展览发布、艺术家经济以及艺术品流转等方面也具备一定的商业运营能力，即形成了艺术经济、主题博物馆和研究转化三大细分业务。与此同时，人文旅游板块也在积极布局中。从艺术品到人文旅游，从教育到艺术空间和文创，秦汉胡同正在朝着集团化的方向发展。

混沌的市场初期，执着的探索

在国学教育培训行业，秦汉胡同的集团化发展战略使其头部品牌的地位进一步巩固。然而倒回十余年前，在混沌的市场初期，以艺术空间起家的秦汉胡同也许并没有想到可以成长到如今的规模。

时间回溯到 2002 年，那时的秦汉胡同还仅仅是一个艺术空间，在这里可以品茶、读书、作文……王双强在这方空间里过着一种古朴的书房式生活，一边亲近中国文化，一边进行艺术的沉淀。一心想要打造艺术空间的王双强独守七年光阴，然而无论是茶品还是艺术品，都显得有些"孤芳自赏"。

日升月落，春去秋来，在车水马龙的街道上，往来人群的目光渐渐被艺术空间的环境氛围所牵引，有很大一部分人群主动询问这里是否可以为孩子提供学习服务。

在这样的问学场景重复多次后，王双强深刻感受到了国学教育的机会来了："关于国学或者传统文化的回归，青少年的教育是一个极大的入口。"正是基于这个想法，秦汉胡同才真正开始有了商业模型。

2009 年 10 月，王双强组建团队，在上海闵行区正式启动了第一家专门的青少儿国学培训机构——古美馆。古美馆的萌芽或许不算是创举，但是谈及青少儿国学培训，业内人士普遍认为，秦汉胡同的先锋角色作用当仁不让。

创立初期，秦汉胡同带着先发优势，进军国学教育培训市场。然而，相较于 K12 教育，部分家长对国学培训始终保持一种谨慎的观望态度。作为首批国文老师，伍智见证了秦汉胡同国学培训从 0 到 1 的全过程，从早期的学员招生，到教师储备与培训，再到教研内容体系化，秦汉胡同在不断实践中探索国学发展模式，为日后国学的兴起奠定了坚实的基础。据了解，秦汉胡同目前在读活跃学员数已达 3 万，全职专业教师已近千名，教学内容体系臻于成熟。

从党的十七大开始，"'弘扬中华文化，建设中华民族共有的精神家园'是推动社会主义文化大发展大繁荣的重要组成部分"成为明确指示，中央电视台首个以国学为主题的系列特别节目《开学学国学》在全国掀起了国学热潮，国学教育培训也水涨船高，借着这股大势，秦汉胡同也渐渐在上海地区打开了市场。到2013 年，上海地区的分馆已达十余家。

2013 年，对秦汉胡同来说，是饱经风雨、历经成长的一年。

在这一年之前，王双强并未全面介入企业管理，无论是行政、选址还是日常运营，他完全信任并放权给了手下的几员大将，而个人更多的时间用于读书、写作。然而，这种将整个后背都交付的信任似乎没有得到同样的反馈。

经过几年平稳的发展，秦汉胡同突然被一个大浪掀起。核心人物一波接一波出走，在《喝酒》一文中，王双强写道："我有些不安，甚至还有些无助与沮丧。"

前几年，国家政策的助推已然为国学市场带来了极大的红利，2014 年，教育部发布了《完善中华优秀传统文化教育指导纲要》，强调要以推进大中小学中华优秀传统文化教育一体化为重点。正是这种利好下，国学市场涌入了越来越多的竞争者。早期的秦汉胡同对知识产权的保护意识不强，从某种程度来看，秦汉胡同为国学行业输送了不少人才，它的存在，算是国学教育培训行业的"黄埔军校"。

外患内忧，除了焦虑还是焦虑，这是秦汉胡同创办以来第一次遭遇如此大的打击。很快，王双强行动了起来，面对还坚守岗位的高管，王双强拿出自己最大的诚意，他希望每一个胡同人都汇聚在一起，拧成一股绳。确保人员稳定后，面对仍然存在的诸多运营难题，重新接手企业管理工作的王双强连续数月奔波在各大总裁班、商学院、创业营之中，他表示，学习的目标不是模仿，更重要的是观摩，是发现新鲜事物，再因地制宜进行实践操作。

三个月后，秦汉胡同负资产转正。

2013年离职潮带走了大批的核心人员，而填充这一部分人员的正是王双强高薪从各个知名外企请来的高管人员。然而跨行的管理显得有些局促，短线销售离教育的本质太远，那一段时间，王双强明显地感觉到整个团队变得功利而浮躁，这与王双强的发展愿景有些出入，这一部分人员在一段时间后也选择了离开。

所幸，这一波的离职未对公司整体发展造成元气损伤。经历了两拨离职潮的王双强开始下定决心，全面介入公司的管理，其个人角色也由读书人转变为一个企业的经营者。

企业巨变，行业快速更迭，王双强不得不脱离潜心创作的状态，开始专注企业的管理和运营。在他的管理下，秦汉胡同短短几年内在上海地区实现了快速扩张。这种转变，对于其个人而言是转型、蜕变；对于企业而言，是修炼内功，保留人才。

华北市场几番换帅，从初探到大步进军

在王双强的带领下，2014年以后的秦汉胡同进入了快速发展期。在接下来的时间里，秦汉胡同的发展重心主要集中在上海。截至2016年，上海分馆数已经达到26家，秦汉胡同针对上海绝大部分市辖区都有战略布局，牢牢抓住了每一个市辖区的消费流量。

不仅仅是地域上的扩张，秦汉胡同的品牌知名度也在迅速提高。"雅集"作为颇受关注的社群活动媒体，为秦汉胡同聚拢了一大波流量，从2016的"'十钟余音'丙申新年雅集"开始，几乎每月一次的有关诗词鉴赏、琴棋书画的雅集活动的直播关注量从几千到几万，人民日报都转发支持。

很快，秦汉胡同成为上海国学教育培训领域的"领头羊"，其影响力可以辐射大半周边城市。然而，在距离上海一千余千米的北京，则是另一片广阔的星辰大海。秦汉胡同想要真正地辐射全国，发展成为全国性企业，进军北京、扩兵布阵势在必行。

筹备打入北京市场之前，除上海 26 家分馆外，华南地区也已经开设了近 10 家分馆，而华北地区依旧为零。2016 年 10 月，北京市朝阳区秦汉胡同天鹅湾分馆正式开馆，这是初探北京市场的第一步。然而，在上海地区甚至华南大部分地区都风生水起的秦汉胡同，第一次北上的效果有些不尽如人意，营收并不可观。经过一番斟酌，总部派出了上海地区的优秀馆长，希望能再现上海的辉煌。

2017 年 9 月通州万达开馆，10 月增设朝阳北苑馆；2018 年丰台方庄馆、亚运村馆、太阳公馆接连开设。但是伴随扩张而来的是与日俱增的运营压力，面对北京本土品牌的死守，秦汉胡同遇到了瓶颈。

北京作为经济中心，教育需求、消费能力与上海不分伯仲，为何发展如此艰难？现华北市场负责人李争认为，"水土不服"是北京市场的病根所在。他将北京市场遇挫的原因归结为三点：第一，在北京，"秦汉胡同"的品牌势能弱于南方市场；第二，管理幅度太大，远距离的沟通成本和效果都不尽如人意；第三，北京人才储备供不应求。

秦汉胡同在北京最缺的就是品牌优势——在南方深耕多年，已经形成的品牌和价值优势在这片全新的战场需重新起步。这里有最大的蛋糕，也有最强的竞争，不仅是同类国学品类的竞争，每一个抢占用户群体有限学习时间的品牌都是对手。

天鹅湾总部正是李争目前的驻扎地，为了打响2019开学第一枪，天鹅湾馆区二楼的空地已经满载，为了迎接开学和中秋而准备的市场物料摞了一层又一层。而这些仅仅是供第一周使用，后续还将持续跟进。他们的目标是趁着开学和节日，让秦汉胡同的标语闪现在北京的大街小巷。

李争，生于北京、长于北京，在毕业后一头扎进了教育市场，从K12上市公司转向国学领域，在渠道市场浸润多年的他，在公立学校等方面也积攒了不少资源，他对北京市场熟悉又敏感，不论是家长喜好、竞品的常规玩法他都了然于心。

这位新上任的负责人充满了干劲，但压力并没有让他冒进，基础市场团队还是先行者，围绕校区和馆区，李争发动全员做推广，开学季被他视为全员市场季，原先忽略的最基础的宣传工作被重新拾起。到中秋节前后，李争尝试了另一种品牌宣传，与各大商场进行合作，以联办中秋晚会的形式最大范围地实现品牌宣传。

百废待兴，北京市场对于李争来说，是−1到0再到1的过程。

除了在北京市场扩大品牌知名度和影响力外，李争强调"地区性差异化打法"同样重要，不论是内容还是运营，要因地制宜进行调整。

在课程内容上，北京放弃了一味的硬性同步，新的课程研发和开展在慢慢纳入规划。在李争看来，北京地区的家长群体对于教学消费更看重一种实际成果展现，即不仅可以陶冶情操，也要有实物可见的价值体现。

针对这个消费需求，北京地区与中国传媒大学合作研发课程，如对于语言表达技能的培训，天鹅湾场馆摒弃了传统课堂式的教学，融入了录音棚、校园参观、舞台表演等元素，这些可视、可触摸的内容得到了家长 的认可。而与高校的合作，也能够为秦汉胡同提供更好的品牌背书，实现更好的传播效果，这对于课程的引流也不失为一个好方法。除品牌造势和差异化运营外，李争也强调未来要加强两地的沟通，并做好人才培养和充足的人才储备。

近两年，国家对于校外培训机构的监管趋严，尤其是针对 K12 领域。而针对素质教育领域，北京特长生的取消也让众多机构遭受打击，在一系列政策的对冲下，国学反倒得到利好，加之国家对传统文化复兴的重视与肯定，不论是总部，还是华北区负责人李争，都对北京市场给予了厚望。

从提升品牌势能到整合人力资源，李争带领北京团队，在一个月的时间里，实现了各市场最高完成率，他说："总部从未放弃北京市场，北京是不得不打且必须打下的市场。"

打造全战略小组，全面推行数字化运营

有力的数字化管控后台建设以及开放的互联网能力建立成为秦汉胡同这两年最重要的成就。针对上述两点，王双强认为前者决定企业未来盈利能力，后者决定其未来发展高度。

王双强曾专门撰文谈移动互联网。在他看来，现代互联网的所有特点，在千年前的中国传统社会中早就体现得淋漓尽致。老子的天人合一、万国来朝的辉煌历史以及由汉字开枝散叶的诗文快意正是连接、开放以及传播互联网思维的古老写照。

作为一家传统的线下国学教育培训机构，秦汉胡同提出素质教育实现全面数字化的目标可以追溯到 2012 年，在这一年，秦汉胡同专门成立了技术服务公司——抱元科技。

抱元科技旨在提供全面的数字化建设，目前在移动端 App 开发、智能工作平台、数据分析系统建设等方面取得了长足的进展，并在不断探索文化电商、内容电商、人文教育数字化等领域，未来也将在连接线上线下业务，提供更流畅多元的学习交流空间上发挥巨大的作用。经过几年不懈地打磨，抱元科技正在发挥强

有力的后台支撑作用。

依托抱元科技的支持，秦汉胡同数字化建设成效初显。秦汉胡同在 2017 年全国扩店 15 家，2018 年全国扩店 14 家，其战略布局的脚步进一步加快。然而，2018 年对于教育行业来说并不容易，频频出台的监管政策、严峻的资本环境都影响着整个行业的发展。在紧张的市场氛围下，秦汉胡同的运营也并不轻松，尤其对大多数新馆而言，经营情况难以达到预期，营收低迷、教师流失、员工士气受挫……新旧问题不断浮出水面。

为了调整现状，达到健康运营的状态，王双强在一番考量下，推出了一个"全战略小组"，小组成员由四人组成，分别是统筹者、超强大脑、馆长和助理。其中担任统筹者的正是王双强近十年的好友林雷平。

林雷平加入秦汉胡同后主要负责"易养"项目，2018 年 10 月被抽调负责全战略小组。团队组建完毕后，全战略小组迅速奔赴一线，一个月的时间，他们每天都深扎一线，往来于上海各个分馆间进行调研、总结、反馈……经过一段时间的摸索，团队渐渐发现了问题。

林雷平在第一时间召集团队成员进行分析，抱元科技也出现在了这场讨论之中，他们发觉这个原本就一直致力于数字化后台建设的兄弟单位，在数据上拥有巨大资源，然而此前却并没有被充分利用，这些恰好为全战略小组提供了一个新的"突围"方向。庞大的数据支撑，加之前期充分的调研与实践，"全数字化运营方案"逐渐清晰。

尽管有了明确的方案，但是复杂的业务场景一度让小组陷入崩溃，林雷平表示前期压力非常大，面对数据误差问题，小伙伴甚至彻夜地开始人为录入和校对。在数据误差解决后，问题浮出水面，在秦汉胡同，"仓库"（课程逻辑）到"卖场"（销售环节）之间缺少一个连接环节，而现在暂时缺少转换器去打通两者，从这个点开始切入，林雷平将抱元科技的资源充分利用起来。

与此同时，林雷平发现另一个棘手的问题，他们手中的权限并不足以落实已经探讨出的解决方案。随后，王双强行文向全公司下达了文件，全战略小组将代他本人行使权利："应该让听到炮声的人呼唤炮火，让一线直接决策。"

拥有"上帝视角"的全战略小组终于拥有了"上帝之手"。在获得授权后，全战略小组开始真正地全面发力。不过，这个拿下最大权力的小分队，也不得不面对质疑。

从排消课梳理、教师梳理到市场线索梳理，从初始销售到后期薪资结算，全战略小组在线上打通了整个运营环节，尽可能地减少人力干预，他们以青浦馆、星宝馆以及华漕馆作为首批试点馆，这三家馆几乎是垫底馆所，是所有问题的缩影。数月后，在全数字化运营的帮助下，三家试点馆均完成服务号与学员端绑定，合同、排消课实现同步运转，营收数据也从五位数迅速攀升至六位数。

正是这样一份漂亮的成绩，让大家消除了对全战略小组的质疑，以行动证明了全战略小组的关键作用。

林雷平指出，现在处于小试牛刀阶段，全数字化运营的基础逻辑和预警方案已经得到了验证，未来还将不断进行优化。它所解决的不仅是细枝末节的问题，更可以从整个战略上调整市场投入、人员分布等资源匹配问题，降低成本，达到最优组合。理想状态下，这套系统可以达到三种预期：第一，产品投放前可通过拟合数据模型预测后期营收和走向；第二，分馆可按照已建成模型配置教师数量、场馆地址及大小；第三，通过系统定期体检，精准把控各分馆盈利平衡点。

上海试点馆的成功运营有目共睹，在当下的经济环境下，全数字化方针显然为秦汉胡同的运营提升了信心，然而如何去复制具有同样能力的团队却成为一大难题。

以北京地区为例，上任不久的李争另一身份即北京区全战略负责人，在上海跟随林雷平等人学习一个月之后，他回到了北京。"上海以林总带头的全战略小组的人力模型无法复制，"他坦言道，"不过，就目前来看，占据重要作用的馆长角色可以进行培养复制。"回到北京之后，李争就提出了两种替代方案，经过一轮会议商讨后，最终决定采纳第二种，即重新招聘三人组成新的团队，然后逐馆落地调整。

李争也发现，在北京的 6 家分馆中，有 3 家几乎可以完全与上海试点馆匹配复制——亚运村馆、太阳宫馆、通州万达馆分别对应高端消费人群、新馆、郊区馆三个特征，不过北京当下的落地需求没有那么迫切，在解决基础工作之后才会开始逐一落地，这给李争进行人员培养留出了一定的时间。

国学的教育与传播并不能固化，必须不断接受时代洗礼，通过组建优秀的团队，积极应变，以柔性对接世界。技术给予社会丰富的想象，不管是抱元科技还是全战略小组，秦汉胡同也在不断丰富并给予自身更大的进步空间。

扎根线下，发力线上

多年前，在全面介入企业运营之际，王双强就已深刻感受到技术的进步，"在线教育"一时间成了他关注的重点领域。

"线下要深扎，线上也要有"成为秦汉胡同发展的一大目标。

对于一个只有线下基因的培训机构而言，发力线上充满了挑战，他直言："在线教育是秦汉胡同的软肋，是短板，无论是产品还是技术，秦汉胡同都没有先发优势"。

王双强对在线教育保持极大的关注，在他看来，在线教育无法支撑持续重收费，相较于纯粹的 C 端服务，B 端（企业端）反而更有突围可能。作为线下教育的补充环节，在线也是一个很好的选择。他发现，在秦汉胡同学习的部分学生，或多或少都同时报了一门或者几门在线课程，在线也许难做，但市场空间大却是不争的事实。

于是，扎根线下的秦汉胡同开始了线上教育的探索。产品打磨则成为秦汉胡同在线出发的第一步。

作为一个初出茅庐的项目，秦汉胡同在线初期仅对内部学员开放，且全部免费，在线项目作为线下学习的补充，在输出形式上以音频和视频为主。在视频层面，大多采用了动画或动画与真人教学场景相结合的模式，为学员提供包括文化常识、历史、成语、唐诗以及童谣等学习内容。此外，借助在线平台，国学产品和文创产品的售卖也成了另一个特色。

一直到 2018 年底，秦汉胡同在线业务才准备全面拉开战线。这个在内部悄然孕育数年的业务线终于迎来了发展的春天，在 2019 年 10 月，秦汉胡同各大在线业务以付费形式向市场推开。据官方数据显示，目前服务的在线人群已经达1000 余万，且还处于持续增长态势。

以"伍老师说历史"栏目为例，这是在线内容全面开花的代表性作品。

伍智正是这个栏目内容的总负责人，她解释，"伍老师说历史"于 2017 年12 月在总部配置齐全了录制设备，2018 年 1 月正式立项策划，在经过专业历史专家和编剧团队长达一年的内容打磨后，由伍智本人担任主讲，在 2019 年 5 月正式在喜马拉雅 FM（广播）上线。

截至 10 月 1 日，该栏目播放量已达 243.4 万次，订阅量达 2.3 万人。除"伍老师说历史"之外，喜马拉雅 FM 还上线了"未央老师讲神话""眼镜哥哥读童谣""沫沫老师讲'孝德'""弟子规""三字经""千字文"等栏目。

无论是伍老师，还是未央老师、沫沫老师，秦汉胡同在线内容正在慢慢塑造属于教师个人的 IP，即做内容的同时兼顾教师在平台上的个人成长，实现一边输送内容，一边培养名师；一边为学生提供增值服务，一边为教师创造更多的收入来源的多重目标。

另一方面，随着在线业务的成熟，伍智表示，有声读物的教材出版可以成为变现的一个渠道。"伍老师说历史"在喜马拉雅平台上显然已经成为一个 IP，且已经有出版社伸出了橄榄枝，想将其打造成爆款产品，而节目本身也将慢慢向付费形式转变，以较为平价的方式交付给听众群体。在未来，秦汉胡同在线业务也会更多地融入直播形式，但是宗旨只有一条——轻付费、低价、高频。此外，也会打造自己的智能硬件设备，推出胡小同机器人。

在线化升级成为秦汉胡同的一件大事，王双强表示："秦汉胡同的基因不在线上，但是在线化会成为一大趋势。"尽管如此，秦汉胡同对线上教育的定位始终都是"补充"，只做线下的辅助，不逾矩，即线上配合线下，协同促进竞争。

线上对线下的配合主要是为了给线下场景创造增量，提供一个低价的流量入口。伍智谈到，无论如何，当下家长对于线下教学的安全感始终高于线上，因此线上只是一个漏斗，终极目标依旧是线下。

此外，线下时间、空间、人员都会达到饱和，对于更深的内容很难进行进一步拓展，线上可以对此进行补充，即把优质的线下资源复制到线上的同时去开发更有深度的在线内容。对于线上资源的复制，伍智则表示，未来教学环节中"补课"这一行为将全部迁移至线上，教学的完善对人力、空间等成本的节约都将发挥最大的功效。在线内容成熟之际，秦汉胡同转舵的方向则正如王双强所言，对其他培训机构、学校等 B 端群体进行内容输送。

孵化了多年的在线业务为何迟到了多年才走向市场？教育在线化并不是另起一行的突发奇想，而是做"乘法"，只有当线下内容的基数积累和沉淀到了一定的规模，才能逐步发展线上，再借助技术反哺线下，提升经营效率和服务体验，进而真正实现长久的运营。对于教育而言，核心竞争力终究还要归于内容，而几年前的秦汉胡同并不认为自身线下积累已经达到充分的程度。

"基于内容的互联网增值服务"才是在线发展的核心目标。厚积薄发，沉淀数年秦汉胡同才开始发力在线业务。纵观市场上纯在线的素质教育，即便是跑在市场前列的企业，盈利困难依然是不解的难题。相反，越来越多的在线企业在逐步尝试补充线下场景，这与王双强线上线下结合发展的期待不谋而合。与此同时，他也一针见血地指出，线上扩充线下更为艰难，"从空中落地"是一个艰难而漫长的过程。

北冥之鱼，正蓄势而变

王双强的办公室并不是保守的冷硬风也不是小众的工业风，反倒是像一间书房。

木质的大门上兽面衔铜环，入门是一座端正的石雕，绕过一盏屏风，书桌才映入眼帘。书桌上，两侧各摞着一堆书籍，桌面上还摊开着一本，笔挂的前方两面鲜红的国旗旗帜静立一旁。

2019年1月25日，在这张书桌上，王双强写下《致秦汉胡同同仁书》，内文写道"我期待与大家一起，迎接我曾经反复讲过的国学元年，2020年。北冥的鱼儿，正蓄势而变。"

早在数年之前，王双强就预测2020年会是国学元年。肃清混乱，告别萌芽，这是王双强提出"元年"的前提条件。在他看来，这几年国学市场的发展一片喧嚣，但仅仅处于一种初探阶段，对国学培训的认知并没有真正形成；而到2020年，中国国学市场会出现一个正确的价值观——教育的核心不是AI而是好教师、好先生；国学氛围会渐渐浓厚；社会对"中国心"的养成会有更高要求，会有更多自我的真知灼见。

提出"国学元年"命题之际，秦汉胡同已经做好了充分的前期铺垫。从概念崛起到学术成就，秦汉胡同在为即将到来的国学元年开创平江与旷野。

2018年，秦汉胡同提出了"把中国心交给中国文字"的使命，发布了"大者君子"的视频，在概念上给出了对国学的定义；王双强本人在学术上也将有一个突破，预计2019年年底到2020年，《又见老虎》与《纸乘以笔》两本书将面世。这位从乡土中走出的文人兼企业经营者，从2012年开始几乎保持着一年一本书的高产速度，目前已出版五本书，并集结成《有万熹》书系。

在这个特别的过渡期，作为秦汉胡同的操盘者，王双强认为自己文人与商人相叠的矛盾身份反倒得到了奇异的融合。相对于商场的杀伐决断，读书人的柔软属性似乎给企业的经营带来不一样的火花碰撞。

国学不仅是读诗、写字，从根本内在散发文化与精神的国学才是原汁原味的国学。在王双强带领下的秦汉胡同，在打造以诗教为核心的国学内容基础上，赋予了国学更多的内在含义。此外，在培养用户并把传统文化变为生活必需的行为上，秦汉胡同尤为擅长，传统的商人反而很难达到这种春风化雨的效果。

秦汉胡同专注的不仅是内容输出，还有文化输出，如对道德文章的追求以及"大者君子"理念的沉淀，然而，内容和文化这两者却往往在商业的掩盖下被割裂，王双强这样形容现在的国学市场："本来是一片春色的花园，结果只剩一个盆栽，随意挪放。"他认为，如果一个教育企业做得不好，那么当下最吸金的教育企业领导者就有可能变成他日儿童教育的刽子手。

"国学教育培训有特殊性，"王双强解释道，"它的隐性需求大于客观存在的需求。"

近几年，有关中华优秀传统文化的政策不断出台，国学综艺节目盛行，国学文化愈加深入人心，在物质富足的同时有越来越多的人注重精神文化修养，学习国学成为更多人的选择，市场需求不断被放大，这种巨大的扩张弹性也许也是他认为国学元年即将到来的原因之一。

相比其他教育品类，国学教育的消费拥有一个较长的周期。随着市场的不断开发，秦汉胡同下一步的目标是挖掘隐性市场，而隐性市场的挖掘离不开用户意识的转变。这个转变的背后必然离不开对国学的传播，王双强认为不论是自己还是企业，未来都应该肩负这个责任。

挖掘新的潜在客户目前还属于"诗和远方"，要拥抱这个目标的前提，王双强指出，"活下去"是眼下最根本的任务，秦汉胡同尽管已经跑在了国学行业的前列，但是面对瞬息万变的市场，依然不敢掉以轻心。"规模可观、用户群体庞大、行业话语权充足，当这些要素具备时，秦汉胡同就可以放手去追求目标了。"

◎ **结语**

2002 年起步，2009 年摸索出商业路径，2018 年完成天使轮融资，2019 年完成 A 轮融资，从 1.0 版本到 3.0 版本，秦汉胡同坚持"让世界柔软"的价值观，坚持数字化的运营，一柔一刚，走出了一条匠心独运的特色经营之道。

从 2002 年到 2019 年，近十八载的发展历程中，对秦汉胡同而言，最大的障碍不是市场，不是资本，而是自身。王双强认为，是对道德文章的坚定不移，意志力和激情从未熄灭，才让他、让秦汉胡同一直走到了今天，并且走到了这样的位置。同时，他也清醒地认识到，仅仅有内在的这些还不够，只有借助外部充满想象力的技术，与扎实的内在相乘，得出来的结果才是真正要一直面对的问题，而其中的优劣只有自己才知道，若要保持持续上升的曲线，必须比同类机构付出更多的努力。

谈及秦汉胡同下一步的走向，王双强认为"修内功"是对未来的概括。

经济进入转折点，国家的目光也更频繁地聚焦在教育培训行业。在这个时期，很多企业开始重新思考这个行业，如何符合国家未来的价值取向，怎样面对新鲜事物的冲击成为创业者的一致心声。而在王双强的心里，做好自己的企业总归会是好的，因此"内修"成为秦汉胡同的一个中心点，拒绝猛增曲线，保持持续和缓的上升，做一个有价值、受尊重并为大家所记住的企业是秦汉胡同的发展目标。

垂直赛道冲出来的 VIP 陪练，能否跑赢在线陪练这场马拉松？ ▶

临近 2019 年春节的时候，睿艺曾邀 VIP 陪练创始人葛佳麒为素质教育创业者推荐三部影片。

葛佳麒的推荐中有两部是他当时在看的纪录片，在其中一部——《谁建造了美国》的推荐语中，他写道：

"这部纪录片从宏观的角度看到了美国的整体进程，记录了几大家族对于美国的贡献和他们所经历的产业变革以及不同产业是如何走到今天这一步的。而和这些大佬所遇到的斗争、挫折相比，我们所遇到的这些，都只是'改变'上必经的道路而已。"

推荐语中交织着葛佳麒复杂的心境。创业三四年来，个中艰辛不言而喻。尽管 VIP 陪练已在 2018 年年底完成了素质教育领域最大的一笔融资，但从公司内部来看，依旧还有很多问题需要解决，不敢掉以轻心。

团队扩张迅速，组织能力提升

2018 年 11 月 2 日，VIP 陪练宣布完成 C 轮融资，金额达 1.5 亿美元，再次刷新了由自己保持的艺术教育赛道的最高融资纪录。这是 VIP 陪练自 2016 年成立以来拿到的第五轮融资，融资后估值达 6 亿美元。

近四年斩获 5 轮高额投资、数据连年翻番，在外界看来，VIP 陪练能取得如此耀眼的成绩应当可以松一口气了，然而，2019 年资本市场急剧转冷，随之而来的是经济形式相对严峻起来，这份压力在 VIP 陪练面向二级市场时越发明显。

从资本的角度来看，过去教育行业融资面对的都是一级市场投资人，他们更关注 GMV（成交总额）的增长，然而，过分关注 GMV 势必会导致企业忽略一些效率问题。而在二级市场，投资人更关注的是确认收入、效率以及模型是否健康。

究竟是烧钱换取 GMV 的大增长，还是稳扎稳打、做一个健康的生意？从长期战略角度出发，VIP 陪练选择了后者。葛佳麒说："百度、头条、阿里、腾讯、美团面临的都是看不到边界的战争，它们基于流量和用户群，不断跨越着边界；但是你会发现，教育行业是有非常明确的边界的，因为教育本身是一个服务型的生意，边际成本随着规模的扩大而正向扩大，同时用户对教育行业有明确的品牌认知，一旦有了这样的边界，就意味着你首先要有一个健康的生意，然后才能考虑怎么可以做得更大，两者对应的打法是完全不一样的。尤其在我们这样一个垂直赛道上，壁垒足够高是优势，你会有更多时间去深度思考怎样做出一个健康的模型，然后再延展出垂直赛道中的其他业务。"

从管理的角度来看，公司人数随着业务的增速而急剧扩张，管理能力成为提升企业效率的一个重要指标。

葛佳麒说："其实我们的合伙人共有三位，除了我之外，还有徐豪骏和姚立嘉。在 2018 年完成融资之后，我们发现随着公司的迅速扩张，很多管理指令的传递产生了障碍。而在管理上，我有天然的缺失——过去的职业生涯里并没有管理过那么多人，于是我们在今年年初做了一个调整，让擅长管理的徐豪骏来做整体的运营管理。"

2019年徐豪骏做了很多管理上的补漏，建立了内部沟通机制，逐步优化信息传达和团队融合，帮助员工增强主人翁意识。

在管理上，徐豪骏增加了很多管理细节。"企业做到这个规模，组织结构很难完全扁平化，但决策和沟通可以扁平化。这里有两个核心抓手：一是对于周报、月报制度的严格把控；二是加强高管和中层述职，及时复盘，并在企业内部达成工作优先级的共识。战略同步只喊口号是没意义的，应该让每个员工知道在面对多个任务时应该先做什么。同时，加强高管之间的信息透明度，实现实时共享和沟通，从而方便决策。我们围绕这些细节做了很多工作，以保证公司战略的落地。"徐豪骏说道，"我们需要让内部高潜力的人才成长起来，我们提供'公开、公平、公正'的环境与评价体系，我们可以保证没有黑箱操作，比如所有产品、研发计划全部上墙，完全透明化。不论资排辈，给年轻人更多的关注、辅导和跟进。我们要求高管和主管对于向下两级要严格管理，一定要做复盘，主要考察员工的两个维度：意愿和能力。这样才能让有高潜力的人才把整个公司运营撑起来。"

在此之前，这些问题是一路快跑的VIP陪练不曾考虑的，但在企业规模不断壮大和精细化运营的要求下，管理上势必需要做出上述跟进。

"这对任何一个上规模的公司来说都是一个必须跨过的坎。"葛佳麒说，"同时，创始人要清楚自己的短板，想办法让擅长这块的人才补齐短板，才是创始人应该做的事情。"

跨过个人转型又遇难关，历经三次失败、一次过桥贷款

2013年是葛佳麒职业生涯的分界线。

音乐学院毕业的他，在此之前从事的工作大多与音乐设计及制作相关，他在2007年获得世界手风琴锦标赛奖项，并开始学习电子音乐作曲，曾担任过上海之春手风琴艺术周音乐总监、第64届世界手风琴锦标赛音乐会总策划，为《中国好声音》《中国达人秀》《舞林大会》等综艺节目以及众多奢侈品品牌设计音乐，统筹大量广告片音乐设计和音乐会项目的策划执行工作。

一路成长为音乐制作人的葛佳麒在音乐领域的发展愈发顺风顺水，薪酬也是一路攀升，2013年就已拿到百万年薪。稳定之余，他却逐渐感受到职业道路上面临的瓶颈："期间也尝试组织了一些音乐交流活动和音乐节，形式再变也跳不出这个行业，一个以音乐为主业的人很难迈进管理层。"纠结中，葛佳麒开始思索个人转型。

如今作为公司合伙人之一的姚立嘉是葛佳麒在音乐学院的师哥，他有着十多年的钢琴教学经验，毕业后的葛佳麒一直与师哥保持着联系，两人茶余饭后的谈资自是离不开音乐。

谈论中，姚立嘉吐槽最多的就是课后练琴难的问题，他告诉葛佳麒，回课是在教学体验中遇到的最大痛点——肌肉记忆形成的一个习惯性错误，往往要经历4~5周的纠错过程，而学生一般练到两三周时就已经腻了，练琴错误长此以往得不到及时解决，日积月累反而会挫败学生的学琴热情。

而在此过程中，不懂音乐的家长无法起到有效的监督作用，因此送子女去琴行、培训班预约陪练教师，或是邀约陪练教师上门提供服务成为家长解决问题的途径。但家长对课后陪练的重视程度低，学生投入的精力、频次很难保证，在学音乐、懂音乐的葛佳麒和姚立嘉看来，缺少系统的课后练习是影响琴技提升的主

要障碍之一。

究竟如何更好地实现课后陪练？如何提升练琴效果？这两个问题一直在两人的心里萦绕不去，随着问题讨论的次数越来越多，爱钻研的两人对于解决课后陪练问题愈发有了使命感，非要找到解决方式不可。明确创业方向后，围绕如何提高练琴效率，两人开始了多次尝试。但没想到的是，光业务模式就面临三次大的转型，资金困难时甚至靠一笔 20 万美金的过桥贷款渡过……

第一次尝试了一套以技术驱动的自动识别监测系统，该系统通过 Pad 自带的麦克风收音，经过数模转换将音频信号转化为数字信号并与媒体信号做对比，系统根据研究出的算法自动辨音，等于是一个人机交互的纠错过程。这个系统面临的最大的问题就是技术障碍，因为语音识别是一个单频率的波形，而钢琴弹奏拥有很多的复合音，监测系统往往会采用过滤掉高低频、取中间频率的算法。这种算法并不适用于乐器辨音，测算精度最高只能达到 70%。这意味着要想主打音频识别技术，就要采集大量的音频样本，并不断提升整套算法的精准度，这对于当时的公司体量和资金能力来说都是做不到的。

第二次尝试避开了技术问题，将常见的错误及纠错方案进行了模块化处理，批量录制了 3 分钟的教学视频并开放给用户。但新的问题是视频的剪辑、制作要耗费大量的时间和精力，作为儿童教学产品其交互性也远远不够，虽然产品刚上线时收获了一批种子用户，但用户基本不会将同一个视频点开第二次，转化、留存、复购渠道都很难打通。

2015 年他们再次发起尝试，以作业批改为切入口，启动新项目"陪你练"——家长为子女录制练琴的音视频并上传至陪你练 App 待点评，后台教师以语音或文字回传的方式进行批量纠错指导。该项目初期效果不错，在 2015 年底拿到了蓝驰创投的 60 万美元天使轮投资，客户量得到翻倍增长。但几乎每过三个月，数据就会呈现一次大幅下跌，究其原因发现，一是大部分家长不懂音乐，无法通过这种方式判断子女是否会弹、是否改正了错误，而且很多错误回到课堂中依然存在，导致家长对于 App 带来的实际练琴效果存疑；二是点评速度满足不了用户及时互动的诉求，使得好不容易积累起来的用户逐渐流失。

在经历了音频自动识别监测、教学曲目视频化示范、师生作业系统三种模式的失败验证后，账面资金伴随着陪你练的夭折渐渐收紧，团队士气也越跌越低，葛佳麒和姚立嘉决定带着他们的新项目"VIP 陪练"找天使投资人蓝驰创投再搏一次。

"蓝驰创投给了我们很大的支持，虽然我们在早期的尝试中花费了大量的资金，但是蓝驰创投一直和我们保持沟通，不断想办法。"当时，公司的资金因为陪你练这个项目几乎已经见底了。前三次的失败经历使得新的投资人不敢轻易给 VIP 陪练投资，但是蓝驰创投却一直支持着团队不断做新的尝试。"庆幸的是，因为我们一直是在这个垂直行业里探索，所以越到后面，我们对这个行业的理解就越深入，发现问题、发现瓶颈的速度比较快。前三次失败给了我们不同的经验，这些经历并没有白费。"葛佳麒感慨道。

2016 年 5 月，依靠贷款渡过难关的 VIP 陪练正式上线，以在线一对一钢琴陪练试水打造共享教师平台，通过其特别研发的鱼眼摄像头与 Pad 连接，实现让钢琴陪练教师 360 度无死角观察到学生的指法，并进行一对一在线指导用户课后练琴。公司启动该项目三个月即达到收支平衡，成单量过千，其中 70% 的业务来自钢琴陪练，30% 的业务来自后期上线的小提琴、手风琴、古筝等陪练服务，服务地区也已延伸至海内外 70 多个国家和地区。

2016 年 8 月，VIP 陪练得到金沙江创投的青睐，拿到 100 万美金的 Pre-A 轮投资；2017 年 5 月，VIP 陪练获得长石资本、蓝驰创投、金沙江创投的数百万美元 A 轮资金；2018 年 1 月，VIP 陪练完成 B 轮融资，由腾讯和兰馨亚洲双领投，老股东蓝驰创投、金沙江创投、长石资本全部跟投，总融资金额达到数亿人民币；直至最新一轮 1.5 亿美金融资，再次刷新了其于 B 轮创造的艺术教育领域的最高融资纪录。

2017—2018 年，VIP 陪练已经度过了早期探索业务模式的阶段，进入快速发展阶段，教师质量亟需得到提升。为进一步筛选出符合 VIP 陪练诉求的陪练教师，VIP 陪练放开了招聘入口，在全国建立了上百个基地。一旦放开招聘入口就意味着要迎接市场对于 VIP 陪练师资水平的质疑，因此前端优化筛选体系尤为关键。

合伙人姚立嘉主要负责 VIP 陪练的教师供应链，他为 VIP 陪练建立了标准化的教师培训体系，并负责全流程的质控和考核，为教师提供完整的进阶通道。新进人员需经本部考核、入职培训、模拟课训练等环节的筛选才能进入试用期，而最终的合格率控制在 20% 以内。2018 年 11 月，VIP 陪练宣布联合一百所高校成立"妙克艺术人才基地"，并投入 6000 万元成立了基金以支持高校科研建设，助力中国音乐教育产业的发展。

2019 年 7 月 11 日，国际钢琴大师郎朗成为 VIP 陪练的签约代言人，并担任 VIP 陪练音乐大使。VIP 陪练还启动了《天才小琴童》节目的第二季，郎朗将担任节目的特约大师。

从数据表现来看，2017 年暑期 VIP 陪练实现正向现金流，单月流水千万元以上，年营收过 8000 万元；2018 年，VIP 陪练年营收增长至 5 亿元，单月最高销售额 7000 万元，单日最高销售额 1350 万元；目前，VIP 陪练拥有超 3 万名陪练教师团队，在读学员逾 12 万人，其中 5~12 岁用户占 80%，平均客单价在7000 元左右，用户复购率保持在 70% 的水平。

作为在线陪练赛道的明星企业，VIP 陪练近四年的发展可谓亮眼，然而受到资本青睐的 VIP 陪练看似光鲜的背后也面临着重重考验。

建立行业教师标准化体系，新制度改革势在必行

2019 年 4 月 30 日，五一劳动节放假前夕，也是公司成立三周年之际，VIP

陪练过得有些波澜。

当天上午，公司内部发布了教师管理新规《关于调整陪练老师规章制度的公告》，公告表示鉴于公司成立已有三周年，企业进入了新的发展阶段，为提升家长和琴童的课程体验需要调整规章制度，而调整的内容主要涉及教师薪资结构、请假制度、违纪行为的处理等，新规将从 2019 年 5 月 1 日起正式施行。

新制度刚一发布就引起了争议，争议点主要围绕在时段费取消、违纪处理力度加大等条例。

所谓时段费，其实是公司此前为解决学生临时约课无教师的情况而设置的特殊条例，即公司开放一些时段供陪练教师额外选择，在选定的开放时段内，教师必须待命等候上课，但即使未产生上课行为教师依然可以得到时段费补贴，而在新制度中，公司统一取消了时段费；此外，对于请假、迟到、早退的扣费金额较此前也有提高。这些落差使得部分陪练教师认为制度过于严苛……

调整规章制度以适应公司长远发展本无可厚非，但作为艺术赛道的头部企业，VIP 陪练的一举一动都会很快引来外界关注。

发布公告的当天下午，质疑声铺天盖地，压得人透不过气来。事情一经网络发酵变得愈发不可控制，葛佳麒的微信也收到了各方向他求证的信息。

说到这儿，葛佳麒笑了笑："实际上这次事件出来之后，我没怎么参与解决，都是团队在处理。从 2019 年起，我已经大量放权给团队，以前我会焦虑团队能否处理好，后来我发现团队的表现很令人欣慰，这次我只是听他们汇报了结果。这次小波澜，反倒让我看到了团队的成长，这是我们从 2018 年完成融资后就一直在力图解决的问题。"

2019 年 5 月 1 日，VIP 陪练迅速发布声明，就以上问题做出正式回应。声明中强调取消课时费并不等同于降低教师收益——教师收入将通过增加有效排课量等方式提高；对教师上课迟到、早退、旷工等违纪行为的处罚虽然力度加强，但这是对教师责任和操守的基本管理。

五一过后，距离暑期仅剩不到两个月的时间，往年这是 VIP 陪练销售数据增长最快、用户需求最旺盛的阶段，2018 年仅暑期两个月销售额就接近 1.4 亿。对于这次波动，团队并不担心 VIP 陪练的暑期业务会受到影响，一方面，因为面对接下来的暑期高峰，VIP 陪练已经做好了充足的准备；另一方面，新规发布后，有强烈抵触情绪的教师只占一小部分，绝大多数教师对新规都表示理解。与此同时，公司内部也及时与一些带有负面情绪的教师进行了沟通，了解负面情绪产生的原因，尽可能听取教师意见，更清晰地进行规则传达等。

这次波动很快平息了，对团队而言，这次制度调整所带来的影响和波澜在制度制订之初早已预见，一切可能性团队都曾考虑过。之所以坚持推行新制度，是因为 VIP 陪练坚持"让每一次练琴都有价值"的品牌观念，"我们两手都要抓，一方面要给教师好的体验，另一方面也要给用户好的体验，我们要以对用户负责的态度，为用户创造更高性价比的产品和服务。"葛佳麒说道。

2019 年暑期，VIP 陪练再以暑期销售额 3.3 亿元的佳绩远超此前的销售纪录。

加固多重壁垒，奠定市场地位

虽然 VIP 陪练在产品技术和融资经历上已处于该赛道的领先地位，但是一家公司的壁垒永远达不到足够安全。

"真正的壁垒其实是对这个行业的思考和认识，并选择做正确的事。在线教育需要解决的难点还是技术问题，我们将围绕技术加大投入，未来，希望我的团队既能兼具互联网和传统行业角度的深刻认知，又能在试错和反馈中逐步沉淀用户体系、教师运营体系和教研体系，并以在线化、网络协同以及智能化三方面为抓手，提高自身市场竞争力。" 葛佳麒说道。

2018 年初结束 B 轮融资后，VIP 陪练将融资资金用在了提高产品内容及服务质量上，同时开始加大对 AI 和大数据的建设力度。为配合教学、加快教学进度，VIP 陪练通过 AI 和数据化分析将音乐教育转变为结构化模式，将学员没有掌握的部分加以解构，并加强有针对性的练习和反馈。

对于 AI 在陪练场景的运用，葛佳麒坦言这其中想象空间与矛盾并存："这是一条在音乐教育领域上，没有人走过的路，我们也是在不断探索中。"在不断尝试的过程中，VIP 陪练确立了未来将运用 AI 技术更好地帮助教师的发展路线。

从一开始反复验证陪练模式到 2016 年底逐渐清晰，到进行教师供应链的标准化生产和培训，再到逐渐将在线陪练模型放大，VIP 陪练用了三年半的时间。2019 年，公司逐渐明确了未来的发展方向，这一年 VIP 陪练不再以单纯地冲营收为目标，而是更侧重以良好的单位经济模型来面对未来二级市场的考验。

2018 年暑假，在线教育获客成本明显增长，好未来、猿辅导开启第一波暑假攻占，2019 年愈演愈烈。流量焦虑下，VIP 陪练依然保持高速增长，2019 年 1—6 月，VIP 陪练新增用户保持在每月 6000~8000 人；2019 年 7 月实现新增 1 万人；截至 2019 年 9 月底，VIP 陪练累计新增用户 7 万多人，距其全年 10 万人的目标越来越近。

教育公司的流量并不受自己控制，尤其是在到达一定体量之后，流量由 BAT 等几大巨头掌控，很难找到特别优化的获客方式，也很难依靠 BD（商务拓展）、异业合作、线下带来高比例增长，依赖于品牌溢出的自然流量、好产品带来的转介绍数量以及复购能力才是自身增长的动力来源。目前 VIP 陪练的线上购买量只占其 30%~40% 的获客比例，更多的是来自其自有流量的补充，这些都极大增加了其在市场上的优势。

在葛佳麒的原则里，现金流健康是首先要保证的，好的数据不一定通过好的过程得到，但没有经过好的过程得来的数据一定无法维持长久。"即使达到一个好的结果，如果过程不对，这个好的结果是否还会延续？如果每一步过程都做到了最佳，但结果依然不如预期，大家就要探讨清楚在过程与过程之间，哪些环节还有改进空间。"

对于陪练这件事，葛佳麒并不陌生，在创业之前音乐专业出身的他自幼接受过密集的线下陪练，回忆起自己当初的音乐启蒙教师，葛佳麒感慨从五年级就跟随老师习琴，老师教会他的已经远非专业知识，更有对待人事物的世界观、经济观和价值观。"我几乎没见他发过脾气，他一直都很随和，他教会我不要去争。"时至今日，两人依然保持着良好的师生互动，创业的艰辛与喜悦葛佳麒也常与老师分享。

但在管理这件事上，葛佳麒坦言自己一向不擅长，在 VIP 陪练的合伙人中，葛佳麒、姚立嘉、徐豪骏三人评价各自是非常互补的铁三角：葛佳麒属于战略型CEO，擅长逻辑与规划；务实的姚立嘉负责拓展和夯实教师供应链；徐豪骏则擅长管理和过程把控。

姚立嘉的保守总是将葛佳麒的想象拉回现实，他经常强调下决策一定要慎重，否则就会产生大量的反噬动作，但也正因他负责的是教师供应链，这个环节在保守务实的姚立嘉的指挥下更让葛佳麒安心："他是一个管理能力较强的人，会通过科学的管理方式运营公司，将他的组织能力发挥出最大的价值。"

葛佳麒说："我有较强的想象力，这个想象力可能是源于我之前做的艺术行业，我会对五年、十年之后的教育产业产生一定的想象，根据想象去倒推我们今天所做的事情在未来五年、十年会产生的变化，而那就是我们需要去找的未来方向。至于我不懂、不擅长的事情，授权给合适的人是明智的做法，千万不要因为自己是 CEO 就对不擅长的事情妄下决断。"

在三个人的办公室里，挂着一幅同样的布偶画，画中布偶欣喜地奏着乐，这幅画是在公司完成C轮融资后，姚立嘉带给三位合伙人一人一幅挂在办公室内的。三个人还以画为背景拍了张合照，葛佳麒感慨："三年多过去了，一路走来不容易，也特别感谢一同前进的战友们，感谢我的两位合伙人。"

◎**结语**

2019年10月9日，在VIP陪练教师管理新规正式施行5个月后，VIP陪练上线了一部微电影。

拟人化处理的河马老师经过建模渲染，以小河马、中年河马、老河马三组形象陪伴了小琴童一路的成长，在河马老师的鼓励和陪练指导下，小琴童成为了青年钢琴家，而青年钢琴家的扮演者正是VIP陪练的代言人郎朗。影片结尾，青年钢琴家为河马老师献上了一座奖杯。"在VIP陪练的心里，每个孩子都是天才"的口号对影片做了升华。

慢热型互联网选手，亲宝宝如何后发制人？▶

七年长跑，亲宝宝跑出了一条与其他母婴平台截然不同的路线。这里，亲宝宝更像是为母婴用户建造的一座城，城里的居民是年轻父母以及孩子的亲属，他们在亲宝宝平台上浏览内容、社交和购物，现在，亲宝宝还上线了儿童教育产品。

深入了解这座城的构建历程，才能真实地理解这家公司的内核。

把握两波红利趋势，切入一个差异点

在创立亲宝宝之前，创始人冯培华在美国虹软公司工作了十四年。

在这十多年的时间里，冯培华从一线技术人员到高级工程师、产品总监，最后做到副总裁。从最初做 PC 端的多媒体处理软件；到为三星、诺基亚、LG 等大型手机厂商开发多媒体处理应用；再到后来，为智能硬件和智能手机厂商提供多媒体处理的解决方案。

冯培华在虹软的这段工作经历，可以说历经了互联网从 PC 端转向移动端的重要时期。

在这场互联网变化的时代浪潮中，智能手机的普及起到了至关重要的助推作用。根据调研公司 Gartner（高德纳）的调研数据显示，2013 年，智能手机销量首次超过功能机，占 2013 年全年手机总销量的 53.6%，仅 2013 年第四季度，智能手机的销量比重就已经达到 57.6%，而这个数字后续还在不断攀升。

智能手机的普及，也带动了移动端各类 App 的兴起，这其中不仅有传统 PC 端平台、应用软件相继开发出移动端版本，抢占移动端用户市场，更有各种全新类型的 App 不断涌现。时代变迁过程中，也让不少目光敏锐的创业者觉察到，这其中蕴藏着巨大的发展机会和空间，创业者的纷纷加入，引得移动端互联网行业硝烟四起。

冯培华正是这一拨移动端互联网创业浪潮中的先行者，在与虹软的几个老同事一起辞职后，他决定出来自立天地。

谈及开始创业时是否有过对未知的担忧，初创团队成员之一、现任亲宝宝 CTO（首席技术官）的金炎芳表示："初创团队的几个成员都是技术出身，也都已经在大公司工作多年，当时并没有顾虑太多，更多的是想做一些不一样的事情，一切仿佛是一次新的出发。"

硬核技术出身，在多媒体应用领域从业多年，刚好又处于互联网 App 创业时代，冯培华决定一切还是从最拿手的多媒体应用软件开发出发。

"当时只是想做一个跟 Path[1] 技术背景、产品背景比较相似的应用，后来研究了一圈发现，在家庭中孩子的成长记录似乎没有什么人做，刚好自己也经历了

---

[1]　Path 是由 Facebook（脸书）前高管 Dave Morin（戴夫·莫林）创建的简单并且私密的社交网络。

孩子成长的整个过程，就希望打造一个有照片上传、点评、分享功能的 App，解决一部分人的异地育儿问题，于是就有了亲宝宝的最初构想。"冯培华说道。

2013年，亲宝宝 App 正式上线。最初，亲宝宝仅有照片上传、记录和分享功能。同时，亲宝宝采用了邀请制，只有受到邀请的亲友，才有权限加入并查看宝宝的情况。亲宝宝以家庭为单位设置共享机制，不仅很好地解决了宝宝照片记录的私密性问题，同时也在最开始就奠定了亲宝宝的核心优势——以婴幼儿家庭为切入点，构建用户圈。

在亲子育儿行业，亲宝宝入局不算太早，在 PC 互联网时代，市场上就已经出现了一些玩家。但是当时市面上的母婴育儿产品，更多的是以妈妈为主要对象，而亲宝宝选择以家庭为单位构建用户群体，也就是说，当一个宝妈成为亲宝宝用户之后，会把身边的孩子的爸爸、爷爷、奶奶、外公、外婆等亲属成员都邀请进来，最多的甚至可以带动十几个人。

家庭成员们登录亲宝宝 App 上传宝宝的照片和视频，进行成长记录，从婴儿期孩子的身高体重变化，到疫苗接种等日常事宜，再到一些重要时刻的记录，比如宝宝第一次叫妈妈、第一次游泳、第一次坐车等，这些共同构成宝宝的成长记录。在形成以宝宝为中心的私密家庭共享空间后，App 由多个家庭成员共同维护。就算出现父母出差、隔辈异地教养等情况，每个亲宝宝用户的家庭成员都不用担心会错过孩子成长的重要时刻。

亲宝宝最初的用户积累，可以说完美地把握住了移动互联网发展的两波红利期。智能手机的普及也加速了移动端 App 红利期的到来，2013—2015 年可以说是这两波移动互联网红利期叠加的鼎盛时期，使得亲宝宝迅速积累了用户量。截至 2015 年，亲宝宝注册用户数已超过 1000 万人。

五年只为商业化城池奠基

然而伴随着用户的成长，亲宝宝发现，只提供宝宝照片的记录、分享功能已无法满足家长们日益增长的婴幼儿养护需求。怎样让一个婴儿健康地长大是第一次当爸妈的父母们非常焦虑的问题——怎么带孩子、怎么哄孩子、怎么健康科学地养育孩子、遇到问题向谁求助等，这些问题的积压促使年轻的爸妈们产生了愈发强烈的学习欲望。

而那个时候互联网上提供的育儿知识都是非常零碎的，市面上也没有专门为婴幼儿父母提供系统性、科学性育儿服务的 App 产品。为了满足用户的需求，也为了与用户实现更高频次的互动，达成更高的用户黏度，亲宝宝于 2015 年推出了另一项核心功能——个性化育儿指导。

冯培华对此提出了非常明确的产品目标，那就是为用户提供体系化的科学育儿知识。这个清晰的产品定位，却给自己挖了个"大坑"。因为专业的育儿知识体系的搭建，不仅涉及儿童心理学、医学、早教等多个学科的知识，还需要更加结构化、专业化的知识构成，绝非简单的信息组合。因此，为了弄清楚科学育儿背后的逻辑，亲宝宝在 2015 年成立了由十几名专家组成的育儿团队，团队中的人员来自营养学、儿科、妇产科、儿童发展心理学等各个专业，他们共同搭建起专业的育儿知识体系，为亲宝宝提供科学育儿的理论支持。

"育儿内容的提供这件事急不得，需要静下心来，要有责任心，要基于我们的知识图谱结构，结合用户的需求，持续产出优质内容。"冯培华发现，无论是从基础生命科学的角度来看待生命，还是从人体的大脑发育到动作发展来思考婴幼儿的成长，育儿始终绕不开的一个底层逻辑就是发展心理学。

"发展心理学既有自身的理论体系，又与妇产科学、儿科学、营养学、教育学等学科密切相关，这为我们的育儿知识体系搭建奠定了基础。"认识到这一点，亲宝宝以发展心理学为基础，通过视频指导、百科、问答、食谱、宝宝听听等丰富的产品形态为用户提供专业的育儿知识。几乎公司所有的员工都被要求学习儿童发展心理学等课程，并必须通过内部考试，以此来提升公司整体的专业度水平。同时，亲宝宝还以大数据算法为技术支撑，根据每个用户不同的育儿需求和关注点，为用户智能推送个性化专业育儿内容。

育儿是一件需要温度和交流的事情，考虑到用户的社交需求，亲宝宝进一步设置了App的社区功能。不过，冯培华对社区功能的态度是"合理引导，顺其自然"。

冯培华认同《乌合之众》里所说的，一个普通的社区，思想永远是分散的，也容易产生焦虑以及负面情绪。亲宝宝的核心始终要放在空间及育儿两个功能上，主要帮助家庭更科学、更高效地解决育儿问题。

有了成长记录空间和育儿知识体系这两项服务功能的加持，亲宝宝用户量再一次实现了高速增长。截至2017年，亲宝宝注册用户已超过5000万人。据易观数据显示，2017年亲宝宝平均月活跃用户数超过千万人，远超其他育儿产品的同期平均月活量。

取得这样的成绩，亲宝宝用了五年的时间。在这五年里，亲宝宝将全部精力都投入在对两大核心功能的打磨上：围绕用户需求，升级产品体验。除了敏锐地洞察到用户需求的变化外，亲宝宝还不断地对产品功能和体验进行优化，满足甚至超越亲宝宝用户的需求。比如，亲宝宝不断在照片上传的清晰度和速度上进行底层技术支持的优化；在照片上传方面已经支持人脸识别、一键上传的功能——在授权亲宝宝访问手机相册的情况下，家长可以从大量的手机照片中迅速抓取宝宝的照片进行识别，上传后将自动按照拍照时间排列出来。

在育儿知识的提供上，除了根据用户需求进行个性化推送外，随着用户学习习惯和学习方式的转变，亲宝宝也在同步升级内容输出的形式——为了帮助家长与婴幼儿进行更好的互动，亲宝宝自建视频团队，摄制了1000多个视频，免费为用户提供更加丰富并且更具实操性的育儿指导。

这种全方位为用户考虑的用心，最终反馈到了用户的增长和留存上。直到现在，亲宝宝的用户积累有很大比例仍然来自于口碑传播。

对于以快制胜的互联网行业来说，花费五年的时间去精细打磨产品的功能，还不考虑任何收费，可以说这是不可思议的。对于亲宝宝来说，这五年更像是为了之后要筑建的商业城池奠基。而这座城池之下最大的两块基石就是亲宝宝的两大核心功能。

对于为何选择这种与主流互联网公司截然不同的方式，冯培华表示："在创业初期，亲宝宝的大体逻辑就是先把功能做好，有了足够多而精准的用户之后，我们总能找到适合的赢利模式的。"

随着用户的积累，家长使用亲宝宝平台的频次增多、时间增长，大量的家庭使用数据和宝宝的成长轨迹在亲宝宝平台上被留存下来，这也让用户对亲宝宝的信任度越来越高。

不过，亲宝宝的客服经常会碰到一些令人头痛的问题，比如有的夫妻双方闹离婚，吵着要分割家庭的亲宝宝账号；孩子的爸妈吵架，妈妈一怒之下把爸爸删了，爸爸跑来要求客服恢复他的相册权限等。

诚然亲宝宝仍然在为解决这些问题寻找更好的方案，不过，从另一个角度来说，亲宝宝已经成为用户家庭生活的一部分，在亲宝宝上记录的内容已经成为重要的"家庭精神资产"。用户使用亲宝宝的年限越长，对平台的感情就越深。这些对情感的记忆和留存，就像黏度剂一样，让亲宝宝的底层基石更加牢固。亲宝宝用户使用平台的时间越久，留存的照片、记录的内容就越多，跨平台转移的成本也就越高，因此亲宝宝的用户留存率就越来越高。

亲宝宝的舍与得

有了高黏度的用户基数，亲宝宝从 2017 年才真正开始考虑商业化。

"一方面，不能一直用投资人的钱，想要企业持续稳定地发展，必须拥有自身的变现能力；另一方面，亲宝宝通过前五年对精准用户和数据的积累，已经对用户需求具备一定的把控能力。我们需要通过更多优质的产品和服务去增强我们与用户之间的良好互动，在庞大的用户流量池上打造一个良性的商业圈。"亲宝宝首席运营官冯禹说道。

然而，首次尝试商业化的亲宝宝发现，一切并没有想象中那么顺利。

如同大多数母婴平台一样，亲宝宝最初采取了 POP（Platform Open Plan，平台开放第三方卖家）的运营模式：直接对外开放平台流量，吸引母婴类商家入驻，并通过这些电商在平台上销售纸尿裤、奶粉、玩具等，从而赚取中间利润。

由于精准的垂直流量，亲宝宝电商业务的月销售额很快做到了千万级。然而，每天都要盯着用户反馈，时不时还要亲自当客服的冯培华做了一个艰难的决策——关掉电商业务。

"长远来看，垂直电商这条路走不通！"冯培华非常坚定地说。

首先，吸引母婴类商家进驻平台后，亲宝宝不具备像天猫、京东这些大平台那样的优势。如此一来，亲宝宝没有了渠道优势，就自然没有了价格优势。有时候为了让商品尽快完成销售，还得配合一定的促销活动，原本就很微薄的利润根本覆盖不了营销费用，做到最后往往还得倒贴资金。

其次，在 POP 模式下，作为平台方的亲宝宝对入驻商家的产品质量、服务质量以及物流发送等管控能力有限，没有办法充分保障用户体验。从长远的角度来看，这种模式对亲宝宝来说并不是可持续发展的，对用户体验的消耗最后势必会导致用户流失，长此以往反而会影响用户的留存率和良性增长。

当机立断砍掉平台电商业务，从头开始做自有品牌，这份敢于归零的勇气，在后来亲宝宝布局教育业务时，同样体现得淋漓尽致。

通过第一次的尝试，亲宝宝团队认识到平台用户购买母婴产品的强烈需求。走访了全国母婴产业带的近百家头部制造商后，亲宝宝发现国际知名母婴品牌中有 90% 的产品都是中国制造的，但售价却是成本的 3~8 倍！

基于用户的诉求，亲宝宝在走访行业进行调研后决定自己做一个实实在在的国货母婴品牌，为亲宝宝的用户提供品质有保证、比肩国际母婴品牌、价格更厚道的产品，让更多的中国家庭给宝宝们用上好东西。就这样，抱持着为用户提供"成长必备，好而不贵"的产品的初心，2018 年初，亲宝宝正式组建了"亲宝优品"业务团队。

与同为 ODM（原始设计制造商）品牌的"网易严选"稍有不同，亲宝优品采用爆款模式，严控 SKU（库存管理商品的单位，又称单品），库存周转天数控制在 25 天左右。亲宝优品专注于为宝宝提供成长必备品，为妈妈提供生活必需品。从选品、设计、选材、生产到供应链环节，亲宝宝全程自己把关，中间不经过任何经销商，让亲宝宝在商品质量和价格上都保持了竞争优势。以亲宝宝平台上庞大的用户基数做支撑，亲宝优品既保证了产品的起订量，又去掉了中间环节，保持了低毛利，最终提供给用户高性价比的产品。

"这个模式现在看起来负担比较重，但这种商业模式的逻辑是可持续的。"冯培华表示，自己做任何事情都喜欢从逻辑的角度考虑问题。在对产品的挑选和质量的把控上，冯培华一直都很严苛，他喜欢追求极致，每一个产品的设计、选材、打样到最后的批量生产，都必须经过他亲自审核通过才能出现在亲宝宝平台上进行售卖。

亲宝优品在选品和生产环节的把控上尤其严格。在选品上，并不是市面上所有热卖的母婴产品都会被列入亲宝优品的产品开发计划中，比如婴儿床围这个热销产品，亲宝优品就没有产品的开发计划，因为在亲宝宝的育儿专家团队通过过往的案例，发现婴儿床围对于还处于无自我安全意识的婴儿来说存在一定的窒息危险。于是从安全角度出发，亲宝优品果断移除了婴儿床围的产品开发计划。

对于生产环节的质量把控亲宝优品也从不含糊。曾有一批纸尿裤，在制作完成后被亲宝优品团队的成员发现了一个小疏忽——纸尿裤的塑料包装残留有少许味道。核查后发现，产品质量没有问题，但是包装袋的晾晒时间不够，导致了味道的产生。虽然已经做了预售，但亲宝优品还是将2万包纸尿裤做了销毁处理。亲宝宝为此蒙受了一笔不小的损失，但为了保证产品质量，维护好用户口碑，亲宝宝宁可自己折损也不愿意降低用户的产品体验。这种持之以恒的对产品的极致挑剔和用心，也为亲宝优品带来了极高的用户口碑和美誉度。公开数据显示，亲宝优品上线第一年，在不到8个月的时间里销售额就已经破亿。亲宝优品的纸尿裤更是红遍小红书等社交平台。

"由于用户的口口相传，亲宝优品的纸尿裤成了用户极力推荐的明星产品。所以即便是一点点的瑕疵，我们也是零容忍的态度。我们给予用户的必须是始终如一的高品质体验。"冯培华说道。目前，亲宝优品SPU（标准化产品单元）数量已近200个，据亲宝宝团队提供的数据显示，一个月内发生复购的用户比例超过50%。

好产品是会说话的，在给亲宝宝带来商业利润的同时，还为其赢得了好的用户口碑。而好的用户口碑自然还能为亲宝宝带来更多新的用户流量，这就形成了一个良性的商业闭环。

这或许也能解释，为什么在各大互联网平台为用户留存和增长费尽心力之际，亲宝宝仍然能逆流而上，保持着高速的用户自然增长——目前，亲宝宝的用户数已经超过1亿。

商业化城池雏形显现

也就是在这个阶段，亲宝宝对自己的产品定位有了一个更加清晰的认知——围绕母婴家庭的消费需求进行产品研发，打造垂直母婴养育平台。

在全新的消费时代，消费者结构和理念的双重变革让新一代婴幼儿父母对于母婴用品的需求已经从价格敏感阶段逐步过渡到品质敏感阶段。而垂直平台的优势就是帮助用户对产品的筛选做减法，让用户不需要消耗过多的选择时间。这也是垂直平台可以打造壁垒的地方——开发真正符合用户需求的产品，用心给用户营造一个舒适的消费环境，积累用户对平台品牌的认知度，让用户在垂直平台上持续地留存。

出于这样的产品理念和认知，亲宝宝始终奉行产品"在精不在多"的原则，除了在选品上保持精简的格调，为了给用户提供更精准和极致的购物体验，亲宝宝还借助了大数据、人工智能等技术，采用精准营销系统，将产品直接推送给适龄用户。优质的产品加上简洁轻松的购物体验，让亲宝宝的好口碑得以进一步传播，形成了良性循环。

除了电商业务板块，亲宝宝商业化板块中还包括广告业务，在逐渐积累了流量之后，亲宝宝开始依托平台的流量释放广告的价值。数据显示，在亲宝宝平台上，妈妈占53%，爸爸占24%，（外）祖父母占15%，其他亲友占8%，这种人员构成中显现出的高用户黏性，对广告主而言，是一个巨大且精准的流量入口。

对于亲宝宝而言，广告也可以成为一种产品。在广告商的选择上，亲宝宝也有一套自己的筛选标准和逻辑：首先，无效用、不科学的广告产品，在第一轮就会被亲宝宝淘汰；其次，对于合作的广告，有一些禁区是不可以触碰的。

在广告推送上，亲宝宝同样运用了大数据测算，深度挖掘家庭用户的需求，帮助品牌在亲宝宝平台上精准触达消费群体，并通过硬广曝光、育儿知识、专家支招等场景来教育用户，而亲宝宝内部还有很多的育儿PGC（专业生产内容），包括育儿专家问答、亲子小报等，可以帮助品牌做各种场景化的营销，另外还会在社区里借助一些话题讨论等深度互动的形式，推动二次传播。

严格把控细节，保证用户在平台上的使用体验，同时，吸引头部品牌在平台上相继投放广告。相关数据显示，已经有95%的头部母婴品牌以及80%的头部生活品牌选择了亲宝宝作为广告投放平台。

冯培华曾在演讲中说："亲宝宝的商业化逻辑并不复杂，发现用户需求，构建好产品，直供给用户。"遵循这个信条，亲宝宝逐渐形成了以产品力驱动垂直人群消费的特色商业模式，在稳定的流量平台上构建自己的商业城池雏形。而一波又一波的新生儿家庭则是城中的居民，他们可以在城中记录宝宝的成长，交流学习育儿经验，以及购物消费。

尝试"轻教育"产品

满足了家庭用户对婴幼儿的基本养护需求后，随着孩子不断长大，亲宝宝用户对于教育的需求日渐强烈，要如何更全面地满足用户的育儿需求？亲宝宝开始尝试推出"轻教育"产品。

一开始，亲宝宝选择结合已经搭建的育儿知识体系，推出一款带有轻教育属性的智能化硬件产品——儿童陪伴机器人，它以多年累积的教育理论和育儿内容为基础，结合智能化的推送技术，将育儿内容进行个性化的推送。亲宝宝团队经过反复的产品打磨和内容调试，在准备了一年半之后终于诞生了亲宝宝第一款自主研发的儿童陪伴机器人"亲宝小伴"。

这款猫头鹰外形的软萌机器人，周身以可食用硅胶包裹，在给宝宝柔软触感的同时，符合了宝宝在婴幼儿期喜欢啃咬的自然习惯；幼儿好奇心重，喜欢用手抓挠、触摸感知外界，亲宝小伴研发团队还细心地将猫头鹰的鼻子设计成了调节按钮，采用与外观颜色反差较大的黄色，拉力测试达到8级以上，满足宝宝在玩耍过程中喜欢抓挠的天性；此外，亲宝小伴软萌的外表下还有一个抗摔打的强硬身躯，即使从两米高摔下来，外形也不会出现任何损伤。

除了在外形材质、音质、灯光设计等细节上的极致品质追求之外，在推送的育儿内容上，亲宝小伴团队也进行了精细化设计。比如，宝宝如果刚出生3个月的话，亲宝小伴在儿歌推送时，就会推送一些非常轻柔的音乐，因为这个时期的宝宝对外界事物非常敏感，需要被安抚；宝宝满6个月后，就开始推送一些声音和语言上的刺激，如一些简单的、节奏欢快的中英文儿歌和哄睡故事，培养宝宝对音乐的节奏感，并进行语言启蒙；宝宝1岁以后，亲宝小伴会开始增加一些语言感知和认知能力培养的内容，推送的故事中会增加一些关于生活常识教育的内容等，比如将洗脸、刷牙的习惯养成教育融入故事内容中；宝宝3岁以后已经具备较强的理解和学习能力，亲宝小伴会为宝宝准备各种百科知识、国学和历史故事等，帮助其进一步发展认知。

而在内容品质的打磨上，亲宝宝仍然延续了其一贯的严谨和"细节控"的作风，亲宝小伴负责人万伟甚至用"走火入魔"来形容当时团队打磨内容时的状态。"那段时间，我们团队办公的地方基本上每天都在放儿歌，几千首的儿歌是我们一首一首反复试听后筛选出来的，甚至在走路和睡觉的时候脑子里回响的都是这些儿歌。"万伟幽默地说道。

产品出来后，万伟2岁的小女儿自然成了亲宝小伴的第一个实验用户。抗拒在幼儿期就使用电子产品的妈妈在收到试用品时差点直接将其丢到屋外。"后来，在保姆用亲宝小伴来给女儿放儿歌、进行哄睡时，我太太才发现这个产品和里面的内容确实不错，然后才一直使用到现在。"聊到这段趣事时，万伟毫不掩饰地流露出自己对亲宝小伴获得认可的那份自豪感。

亲宝小伴的制作过程并不容易——仅在外观设计上就反复修改了近 20 个版本。而冯培华对于亲宝小伴机器人在设计上的各种细节的高要求和严把控，也一度让亲宝小伴团队近乎崩溃。

正是这份对高品质的追求，才让亲宝小伴在 2019 年 4 月一经推出就保持着每个月近万台的销售量。

快、稳、狠地入局教育领域

如果说亲宝小伴是亲宝宝进军教育领域的初步试水，那么数理思维启蒙课程"亲宝玩数学"的推出，则可以说是亲宝宝正式入局教育领域的关键一步。

2019 年 7 月，亲宝玩数学正式在亲宝宝平台上开放预售，600 份的预售当天一经开放即被抢光，8 月上线了 1000 份预售名额，再次被一抢而光。亲宝玩数学业务负责人叶正表示，2019 年计划售出亲宝玩数学课程 10000 份。

对于做教育这件事，亲宝宝可以说是快、稳、狠。2018 年 6 月，"扇贝英语"负责群课业务的叶正辞职后，遇到当时正在为筹划教育领域布局而四处募集人才的冯培华，双方都非常看好家庭教育这一板块，一拍即合。

基于亲宝宝的互联网基因，以在线形式切入家庭教育领域成为必然。然而选择什么品类切入则是个问题。在线少儿教育的元年从 2015 年开始，不少创业者纷纷涌入该赛道，各类在线教育产品一时间风起云涌，最先受到资本青睐、市场也迅速起量的是英语赛道，在线乐器陪练、在线编程教育等也相继成为教育赛道的新风口。在 2018 年这个时间点上，亲宝宝若选择进入已经形成市场格局的少儿英语赛道，显然已不具备先发优势，而其他品类的在线教育产品的进入壁垒显然会更高且不匹配亲宝宝的主要用户年龄段。

多种因素的考量之下，亲宝宝决定以在线数理思维启蒙切入家庭教育领域。项目启动初期，叶正就带领团队进行了多方位的市场考察，发现已有玩家更多偏向于学龄段用户，而启蒙阶段的数理思维课程还处于市场空白，再加上亲宝宝主要的用户对象偏向于 0~6 岁的婴幼儿，因此认定这对亲宝宝来说是一个很好的机会。于是在 2019 年三四月时，亲宝玩数学就确定好了产品框架和筹备方案。

在实际的产品打磨中，不同于市场上直播或者二维动画教学的形式，亲宝玩数学采用了定格动画的形式来拍摄制作动画。所谓定格动画，就是摆放一个场景拍一张，变换物体摆放位置后再拍一张，每节 20 分钟的课程基本上要拍摄上万张照片来组成动画。

至于为何选择这样的制作形式，负责人叶正表示："因为数学思维是一种抽象的教学，它应该是三维的。对于 2~3 岁启蒙阶段的小朋友还处于对事物的认知阶段，所以希望通过实物场景，以日常生活中熟悉的物品来形象化地教学，增强小朋友的认知，帮助他们理解。比如说，山我们用的是抱枕，草地我们用的是毛线衣，树我们用的是毛线滚球，树枝我们用的是铅笔。用实物道具摆成拍摄场景，这让最终呈现出来的实物动画更加形象和生动。"

最终亲宝玩数学的课程是由"20 分钟短视频＋实物教具和练习册"的形式组成的，每周安排 4 节课程，实物教具盒子和练习册则分月寄送给用户。上课时，家长只需要陪着孩子，一起点击在线录播课程观看教学视频，并在课后完成练习册作业即可。

在教学难度上，考虑到婴幼儿还处于启蒙教育阶段，认知能力和认知水平还需要被启发，因此亲宝玩数学在课程设置时，将知识点拆分得非常细，难度上也循序渐进地来设置。具体操作时只需家长花几分钟看完课前说明，即可回家陪宝宝一起完成教学。如果家长实在是遇到了教学难题，比如怎么教宝宝都不会，亲宝玩数学还安排了班主任进行课后指导。

在教学内容上，亲宝玩数学不仅有知识点的教学，还有对小朋友学习、生活习惯等方面的培养。以物体配对这节课为例，课前会有视频动画解释小朋友为什么需要学习物体配对——是为了培养他们的物体感知能力。课程通过让小朋友分别对物体的外部形状、颜色和细节特征进行配对，从易到难地增强其对事物的感知力能力。

在课程开始前还有几分钟的短视频会提醒家长要给宝宝创造安静的学习环境，将手机调整成静音，提前带宝宝去上厕所，以免在上课中途干扰宝宝的专注力；给宝宝准备干净整洁的书桌，课程使用的教具要提前摆放好，培养宝宝的秩序感等，这些细节的设计带给宝宝的，除了知识的学习外，还有学习习惯的养成。在这些内容都介绍完之后才会正式进入动画教学的过程。而课程的整个过程操作简单，已购买的用户中还有不少爷爷奶奶辈的家长，他们同样可以在家陪伴宝宝完成学习。

对产品品质的追求让亲宝玩数学的研发之路走得并不轻松。叶正讲到产品打磨的时候提到，亲宝玩数学从课程设计、教具设计到 App 优化，经历了长时间的打磨和升级过程。

作为全公司最大的产品经理，冯培华对亲宝宝产品的挑剔可以用"吹毛求疵"来形容。而深受其产品"洁癖"折磨的各位亲宝宝业务负责人，经受过最多的一句灵魂拷问就是"你懂我的逻辑吗？"，这句话后来也成为全公司流行的口头禅。

冯培华之所以如此重视做产品的逻辑，是因为他完全站在用户的角度，对产品设计是否符合用户需求、产品细节是否够简洁、产品是否会对用户造成困扰等问题不断地进行思考。正是这样一个产品至上、深度为用户考虑、让员工又爱又恨的老板，用严谨较真的态度带领团队打造了被上亿家庭用户喜爱的母婴平台。

从艾瑞最新发布的移动 App 指数来看，亲宝宝的月活跃用户数位居行业第一，是唯一一个月活跃用户数超过 2000 万的亲子育儿类 App。在各大母婴平台为流量的留存和增长而焦头烂额的当下，亲宝宝却保持着每月数百万新用户的增长。

◎结语

其实，每一次出击，亲宝宝都并非是最早的先行者，但每次它都能出其不意、后发致人。也许外界看到的是亲宝宝的慢热和后发制人，但这背后其实是亲宝宝在关键时刻的舍与得，以及对产品极致的要求和用心、对用户需求和市场敏锐的的洞察。走到今天，亲宝宝已经走出了一条与其他母婴平台截然不同的路，它更像是一家极致打磨品质的产品型公司。

延展至教育领域，亲宝宝依然是以产品力追求商业价值。近几年，教育在互联网的助推下进入了快跑期，但好的教育产品仍需要沉下心来打磨，并经受住时间的检验，这一点倒是很符合亲宝宝对产品极致追求的本心，但亲宝宝能否再一次后发致人？

对此，冯培华只用了一句简单朴实的话做了回应："我们只希望踏踏实实地做好产品，服务好我们的用户。"

一家上海外教篮球机构迈向全国市场的

快速崛起之路 ▶

在中国体育产业众多的运动中，篮球可以说是普及率最高的运动之一。

2018 年，腾讯体育与企鹅智库联合发布了《2018 中国篮球产业白皮书》，其中指出，自 2012 年，我国体育产业整体规模逐年增长，到 2020 年，有望突破 3 万亿元。在 20 岁以下和 25~35 岁两个典型群体中，分别有 52% 和 40% 的网民反馈身边的好友喜欢篮球，在所有运动中排名第一。

就现阶段来看，篮球培训机构主要呈现两种市场态势：

一种是将篮球培训做成一门小生意，租一片场地，招收几名学生，几名学校教师或者篮球爱好者来共同运营一家篮球培训机构。这样的机构常常缺乏课程和运营体系，因而服务质量和教学水平相对较差，持续性不强。但也正是因为他们规模较小，对招生的数量要求就小，保障生存并不困难。目前，这种类型的机构在整个篮球培训市场中仍占多数。

另外一种是突破场地和区域的瓶颈，在全国进行扩张，开设教学点，教学体系较为系统，具备较强的可规模化的能力。这些机构往往有较为雄厚的资金支持和良好的资源优势。

YBDL[1] 就属于后者。

篮球培训行业普及率高、群众基数大、进入门槛低，想要将篮球培训做大、做强并非易事。

破釜沉舟，别人口中的"夫妻店"能成吗？

创始人的风格会决定一家公司的底色，如果把 YBDL 这家公司拟人化，那么对于创始人张晋之而言，YBDL 就是与自己性格非常相近的孩子。如果用三个词来描述他们性格的共通之处，那便是"个性、潮流、有格调"。

张晋之本人非常痴迷于篮球，篮球就像是他的挚友，与他形影不离，他最终进入青少儿篮球培训行业也并非偶然。

时钟拨回到 2008 年，作为一名土生土长的上海人，张晋之在根据地上海开始了自己的第一次创业——创办"晃过天空街球之旅"全国赛事。张晋之在三年内做了五个城市赛区，吸引了来自全国 30 多个城市的球队和粉丝。在创办赛事的过程中，张晋之逐渐熟悉了国内的体育产业，积累了体育经纪、体育赛事 IP、场馆运营等多方面的经验，同时还沉淀了一批球队粉丝。

在 2011 年，张晋之不仅带领一帮小伙子打业余篮球，他还会策划一些有趣的主题活动来增强赛事品牌的影响力，再通过视频的形式呈现出来，主要有短视频、长视频、广告等。

---

[1]　YBDL（Youth Basketball Development League）青少年篮球发展联盟隶属于上海梅洛体育文化传播有限公司，致力于青少年篮球教育、篮球赛事、青少年篮球优秀人才培养、海外培训、输送等多方位的服务。

其中有一期活动很有趣，是模仿一个美国篮球小视频的内容所制，当时这个小视频在美国非常有热度——有一位著名的篮球球星装扮成不同的角色，出其不意地出现在一片野球场上打篮球。其中有一次便是装扮成老爷爷的形象。张晋之在看到这则热门视频后，就将自己球队中的一名球员装扮成了一名女生，穿着高跟鞋、涂着口红、带着假睫毛在野球场比赛，并将其拍成小视频放在网络上进行传播。通过一系列的活动策划，这支球队很快就在全国有了很强的品牌影响力，而张晋之本人也慢慢成为一名球队品牌运营的"老手"。

然而到了2013年，张晋之不得不考虑球队未来的出路了，因为他意识到球队的寿命是有限的。"球员都很年轻，在就业之后不稳定因素太大。另外在创业期间，我发现中国赛事与美国赛事之间的商业模式存在着巨大的差异。NBA（美国职业篮球联赛）有60%的营收是转播费，而我们60%的成本是转播费，根本就没办法继续生存，因此我们后来选择和篮球训练营合作，这也为之后创业方向的转变提供了参考。"张晋之说。

正巧在那时候，他看到另外一支球队出现分崩离析的局面。

于是，张晋之重新寻找定位。在这期间，他遇到了两位决定其发展方向的关键人物，并且他们和张晋之一样，都是痴迷篮球的骨灰级粉丝，其中一位是上海体育学院新闻专业的毕业生，对篮球专业有着系统性的认知，另一位是美籍华人，曾经是世界500强公司的高管，他手中握有诸多美国篮球教练的资源。

那时的上海，主打中教的青少儿篮球培训机构逐渐兴起，但主打全外教篮球培训的机构却屈指可数，成规模的机构几乎为零。

伴随着80后家长成为消费主力军，越来越多的家长愿意让子女从小就接触体育项目，张晋之表示："中国孩子接触篮球的平均年龄是13岁，而美国是4岁，中国家长也意识到孩子虽然喜爱篮球，但是缺乏专业的教练和机构。消费水平的提升带动了家长为孩子学习体育去付费的能力和意愿，这是一种良性发展态势。"

一位手握外教资源、一位具备专业理论知识，再加上熟稔于上海市场本土化运作的张晋之，在看到机会后，三个人决定联手进军全外教青少儿篮球培训市场。他们沿用了此前球队的名称"YBDL"，并对此重新做了释义：Youth Basketball Development League。

一年时间内，没有任何广告营销，主要依靠传统的地推方式，5 个人的团队招来了 200 多名学员。然而，辛苦获客的背后，却并未让他们尝到苦尽甘来的滋味。在这期间 YBDL 持续亏损，外教的高成本是其中很大的原因。

2014 年上半年，恰逢一家已经在上海做了五年的外教篮球培训机构要撤出上海，YBDL 便买下了这家篮球培训机构，获得了原机构的外教教练、学员和两个教学点，这无疑为 YBDL 注入了新鲜血液，并加快了 YBDL 的发展速度。然而，这也同时导致资金本就不充裕的 YBDL 面临着更大的资金压力。张晋之决定将自己的婚房抵押出去来缓解资金压力。

在解决了部分资金压力后，2014 年下半年，两个合伙人由于个人原因不得不离开 YBDL。不过，虽然离开了 YBDL，他们却一直帮助着张晋之，比如帮助 YBDL 牵线外教资源、招募外教等等。张晋之说："YBDL 是我们三个人最初的梦，这个梦需要慢慢圆。"

张晋之的妻子俞芳看到张晋之孤军作战的痛苦，她毅然辞掉了自己在上海市公安局宣传处从事了八年的工作，决定陪伴张晋之一起创业，担任 YBDL 品牌中心总监。这个"夫妻店"就在这样困难的时期诞生了。

"我和张晋之一样，骨子里是一个不太安分的人，我除了是他的妻子之外，我还是孩子的妈妈，我从妈妈的视角做教育可能更接近客户。"俞芳介绍。

破釜沉舟的背后，意味着张晋之已做好了全力投入到青少儿篮球培训市场的准备。在创业前期 YBDL 便定位于做全国性的品牌，而非市场上现有的小作坊。

根据客户的需求演变，产品和品牌的更新迭代

除了全外教这一特色之外，张晋之知道，课程和教学体系始终是吸引用户的核心与关键。以兴趣教学为切入点是 YBDL 最先在全外教青少儿篮球培训市场上亮出的一张牌。

2015 年暑期，YBDL 设计了第一版品牌口号——"给孩子最好的礼物"。同年，YBDL 组织了第一次夏令营活动，招收了 200~300 名学员，数量远远超出了预期。

YBDL 的夏令营与当时诸多青少儿篮球培训夏令营的模式完全不同——游戏化的主题设计、真人秀的呈现方式，这些都让家长耳目一新。俞芳介绍："当时很多青少儿篮球培训机构的训练方式很枯燥，模式也很刻板，大多与传统体校的训练方式如出一辙，当时的家长也没有中外教课程体系和教学内容之间存在差异的概念，这个夏令营的小成功为 YBDL 的下一步市场拓展开了一个好头。"

同年，YBDL 拿到了某创投公司 200 万元的种子轮投资，这帮助 YBDL 度过了资金短缺的艰难时刻。拿到这笔资金后，YBDL 首先拿出了一部分用来购置场地。

2014 年，国务院发布了《关于加快发展体育产业 促进体育消费的若干意见》，体育产业的市场化进程随之加快，各方人士开始涌入体育产业，"抢场地""抢教练"成为构建市场壁垒的关键一环。在这期间，市场呈现出了一片"繁荣"的景象，但一切皆为泡沫，虚假繁荣背后造成了培训机构的"乱象丛生"，整个行业危机四伏。

根据国家体育总局《2018 中国篮球产业白皮书》的数据显示，2014 年，中国篮球场地数量已接近 60 万个，且新增场地数量更是大幅领先于其他球类项目。可以说，场地设施的普及对篮球运动的发展起了很大的助推作用。

"虽然有了大量的篮球场地，但是优质场地非常稀缺，伴随着进入者越来越多，所有人都在抢场地，你要是不抢，孩子就没地方上课，我们也不得不这样做。"张晋之介绍。

即使拿到场地，倘若场地不能掌握在自己手中，那么风险就依旧存在。2015年，YBDL第一次因为场地的问题遇到了退费的情况。

"由于这片场地在公立校内，而当时校外培训机构要进入公立校是非常困难的。其实YBDL已经在这所公立校内经营了一段时间了，生源也达到了300人。就在我们将所有材料准备好要提交给校方时，却被通知无法使用该场地了，那时距离在新一阶段的开课只剩一周的时间。这就意味着在YBDL报名的三分之一的学员都将没有上课的地方。家长非常注重便捷性，而当时，公立校周围3~5千米之内都没有能承载这么多学员的场地。"俞芳坦言。最终有三分之一的学员选择了退费或者冻结课程。

获得投资之后，曾经不懂得资本运作的YBDL懂得了资本在一定程度上可以为自己插上快速增长的翅膀的道理。

2016年，YBDL又获得了磐石资本的投资。2017年，YBDL完成了A轮数千万的融资，投资方为达泰资本。2018年，YBDL完成了5000万元A+轮融资，由复星锐正资本领投，老股东达泰资本跟投。

相较于线上教育培训机构，线下培训机构总是需要更多的人力。每开一家店，YBDL就需要招聘相应的团队进行管理运营，拿到一轮轮融资的YBDL从未停止过招兵买马。

从2015年下半年拿到第一笔融资开始，YBDL逐步向正规化迈进，其中关键的一点就是招聘全职外教。当时，几乎所有青少儿篮球培训机构请的外教都是兼职的，导致外教的稳定性和合法性无法保障。为规避问题的发生，进行规范化运作，YBDL 尝试为外教办理了可以在中国青少儿篮球培训市场执教的资质，并且帮助其在中国获得合法的工作签证。

目前，YBDL 已经有专门的团队来负责为外教办理签证了。外教大多来自欧洲和北美，外教库内共有 200~300 名教练。

外教相关负责人唐田乐乐介绍说："相比于中教培训机构，外教培训机构最麻烦的问题之一就在于签证，即使该外教会打篮球，教学质量和资质也满足要求，但教练上岗前的材料准备依旧需要一定的时间。YBDL 经过五年办签证的经验积累，已经能在最短时间内拿到签证了，但这依然需要 1~2 个月的时间。"

YBDL 外教的招聘渠道有 50% 是来自转介绍的，另外 50% 来自于网络。现有的外教库中人才的数量保证着 YBDL 外教资源的稳定性。

然而，招人容易，留人难。外教流失问题和管理问题一度成为体育教育行业的热门话题。

唐田乐乐说："让外教感受到企业温度是机构留住和管理外教的关键。"说出这句话是容易的，而 YBDL 也想办法从各个细节方面去落实这句话。"每个外教来之前我们会进行一个月的岗前培训，从外教来的第一个周开始我们不仅会进行理论方面的培训，也会委派内部外教团队的管理者做现场的实操培训。另外，在后半个月的时间里，我们会委派一名中教作为外教的'影子教练'，进行全天候的陪伴式培训，特殊之处在于，外教不仅仅是在工作方面被培训，在生活方面也会被帮助，包括学着坐地铁、办电话卡等。目前，YBDL 外教的留存率在 60%~70%。"

在 YBDL，中教与外教相辅相成。YBDL 的班型为 15 人小班制，由 1 名外教主教和 1 名中教助教共同进行授课。由于中外教存在明显的差异，YBDL 需要的是不同的选拔和培训机制。

"对于 YBDL 的中教来说，除了承担中教的本职工作之外，他还需要充当部分销售的工作，以及与外教沟通的桥梁。在与家长沟通的过程中，中教起着关键作用。我们的中教必须是复合型人才，既需要会打篮球，又需要为人师表，最后英语水平还要过关。"教研人员介绍说。

然而，复合型的人才并不常见，主动应聘的中教则少之又少，因而 YBDL 针对中教师资制订了区别于外教的培训体系，除了让中教接受与外教相同的培训内容之外，还需要让他们接受一定程度的英语培训。YBDL 将英语进行了分级，并将英语等级考试作为中教考核体系的重要部分。

在团队组成中，有些中教也会是销售。2015 年来面试的第一位销售小伙子至今还留在 YBDL，已经是上海销售团队的销售总监。由于 YBDL 前期团队中没有营销的基因，所有销售话术和技巧都是这群颜值高且喜爱篮球的小伙子从 0 到 1 探索出来的。

2016 年 YBDL 将之前的品牌口号"给孩子最好的礼物"换成了"一起玩"，凸显其区别于其他篮球培训机构"体罚型""军事化"的特点，通过美式氛围和乐趣引导来教育他们。俞芳说："外教与中教不同，他们非常富有激情，教育理念与中国体校的教育理念有很大差别，外教遵循的是鼓励式教育，所以非常适合教低龄段的孩子。"

YBDL 从 2016 年开始探索低龄段课程，定位做 4~18 岁的青少儿篮球培训机构。

除了外教的教学特点之外，YBDL 决定做低年龄课程最关键的原因在于顺应市场需求。经过两年的摸索，YBDL 团队发现 12 岁以上的学员续报率非常低，YBDL 曾尝试过找出课程的问题，但最终发现这个年龄段的学员续报率底大多是由于学业压力大，不得不放弃学习篮球。在无法改变市场现实的情况下，下沉年龄层，延长用户生命周期是 YBDL 顺势而为的举措。

从定位兴趣化教学到向低龄段下沉，YBDL 的课程及教学体系保持着半年一更新的节奏。美式篮球教学与中国的篮球教学体系存在一定的差异，美式篮球落地中国需要强化本地的运营能力。美国缺乏低龄段篮球的培训体系，因而在落地中国时，课程和训练需要根据中国儿童的年龄和身体素质情况进行分阶段处理。因而 YBDL 的培训从 4 岁开始，每两岁为一个阶段，课程难度从低到高，循序渐进。

另外，美国与中国对体育教育的理念存在差异，中国家长常常会让子女报名体育培训之外的其他课程，挤占了学员一定的时间，因此 YBDL 对外统一售卖40 节课，课单价在 200 元左右，每节课 1.5 个小时，让学员每周至少能学习一次。

教研负责人介绍说："目前报名 YBDL 的学员中有 50% 的孩子有出国需求，有很多学员目前正在国际学校里读书，也有一些小学员本身就是外国人，这些学员对全外教教学的氛围融入度很强。"可以说，在 YBDL 报名的学员家长，不仅仅希望子女可以学习到篮球技能，也希望通过双语的环境提高子女的英语水平，而主打全外教篮球培训机构的 YBDL 的优势就在这里。

2019 年，YBDL 将课程进行了调整，专门将英语课作为一个环节融入篮球教学中，教学形式更有针对性。另外，YBDL 也同步更新了 App 内的"Homework（家庭作业）"，上线了英语课程。

在 2016 年，YBDL 的夏令营为配合"一起玩"的口号，放弃了此前夏令营有趣且温情的基调，开始走有趣且炫酷的路线——以超级英雄为主题的夏令营如期开展，以四个超级英雄教练、积分能量池奖励、闯关式训练，趣味性教学的形式在市场亮相。

这四个超级英雄教练是根据美国漫威的超级英雄塑造的，第一位教练被塑造成智慧型和领袖型的"美国队长"，主要负责教授战术、控球技能等。第二位教练被塑造成孔武有力的"钢铁侠"，主要负责体能训练。第三位教练被塑造成身材不太高大，但是速度和技巧非常熟练的"蜘蛛侠"，主要负责速度和技巧训练。

第四位教练则被塑造成"超人"，灵活且防守能力强，主要负责教授运球、防守和投篮技巧。

当时，YBDL邀请了专门从事广告与电影制作的团队和特效化妆团队，其中广告与电影制作团队由华裔导演Jordan（乔丹）搭配外籍摄像组成。

在改变Solgan的同时，YBDL也改变了场馆以时段租赁为主的形式，开始以"直营+加盟"的形式进行市场探索。2016年9月，YBDL在上海拥有了第一家自营场馆，开放全时段运营，一年可招400多名学员。同时，YBDL也以加盟店的形式展开异地扩展，加盟模式主要为区域合伙人。由于加盟模式的不成熟，YBDL初期对外开放加盟店的速度非常缓慢。

张晋之说："做自营场馆，是YBDL选择做全职外教之后的第二大关键性举措。之前场地是时租的，难以把控各校区的营收情况，个别小区的运营情况非常混乱，而自营场馆相较此前采用时段租赁的方式而言，发展更为稳定，财务模型也更好构建。"

除了创业前期因缺乏场馆遇到退费问题外，在建立自营场馆后，YBDL依旧遇到了因场馆问题而碰壁的情况，其中，最大的隐患就在于场馆的用地属性。

"2016年市场中出现了很多青少儿体育培训机构，除了篮球培训需要场地外，其他品类的运动都需要场馆去运作，线下培训机构不仅需要一个场地，还需要一个好的场地，比如附近3~5千米覆盖有学校、社区、商场，以保证人流足够密集，很多培训机构都在抢这样的好场地。YBDL不拿这个场地，别的机构就会进去，你进还是不进？肯定要进。"张晋之说。

然而，疯狂拿地的背后，由于前期没有做充分的调研准备以及场馆用地属性的问题，YBDL在2018年连续有3个馆被迫关闭。这是继2016年退费事件后又迎来的新一波退费潮，600多个学员集体退费，10多名销售人员因扛不住压力选择离职。直到 2019 年初，这件事情才逐渐平息，给 YBDL 带来了非常沉重的打击。

张晋之深刻体会到了疯狂拿地带来的隐患："为了避免以后再次遇到场地问题，今后 YBDL 依旧会做自己的直营店，但是会很谨慎地拿地，速度也会放缓。"

然而成熟的场地数量有限，在优质地段的场馆则更加稀缺。YBDL 在 2019 年尝试自建场馆，场地拓展部经理陈全介绍："YBDL 会选择自建不同模式的场馆，包括商场、园区、社区、住房改造，只要层高在 5.5 米以上，面积不小于 200 平方米的场地都在我们的考虑范围内。"

未来，YBDL 会立足于江浙沪地区做直营场馆，2019 年的目标是建设 9 家直营校，2020 年的目标是直营校的数量翻一倍。

据了解，目前 YBDL 每家单馆的毛利率在 45% 左右，这在整个青少儿篮球培训市场的战绩还算突出。场馆负责人分享了一个位于上海七宝万科场馆的例子——该场馆使用面积在 300 平方米左右，在不到一年的时间里，场馆学员达到了 280 多名，由于场馆可容纳学员的数量有限，有很多孩子想报名，场馆却无法承载，于是 YBDL 与附近的其他场地方合作来承载更多的学生。

2018 年，YBDL 进行了第三次品牌升级，将口号从"一起玩"变为"不止是玩"（More than just playing）。

俞芳说："YBDL 希望通过兴趣化的教育让更多孩子喜欢上篮球，但这也让家长产生了疑问：难道 YBDL 上课就只是让孩子'玩'？他们对 YBDL 的专业度和训练效果方面产生了质疑，因而我们将品牌进行了深化，用'不止是玩'这四个字来更好地诠释 YBDL 的精神——让孩子通过玩的方式，在乐趣中学习到更多的篮球专业技能和篮球文化外延知识。"

2018 年上半年 YBDL 的业务得到了快速增长，直接翻了 2~3 倍，团队人数也持续增加。同年，YBDL 换了新的办公地址，迎来了在上海的第四个新家。

2018 年，YBDL 的获客渠道不再是前期单纯的地推，销售团队也不再是单凭颜值和嘴甜就能让家长买单，这时候，YBDL 的一切都已趋于正规化和体系化。此时，各大线下教育机构也不仅是通过传统线下渠道来获客了，而是通过线上渠道，以多元的方式进行获客。

俞芳介绍："目前大众点评和教育类大号是 YBDL 效果最好的两大线上渠道。其中我们与有赞店的合作比较密切，合作的形式是在有赞店推出 199 元的课程包，其中包括 2~3 节的篮球体验课和一套篮球装备，最终这 199 元归有赞店所有。"

当然，线下渠道依旧是 YBDL 的重要获客渠道，2019 年，YBDL 也在探索另外一种模式——与学校合作。通过帮助学校组织校队的形式来扩大 YBDL 的品牌影响力。俞芳说："2019 年我们已经为 8 所上海篮球重点学校免费做了一季的比赛，校方反馈非常好，其中有几千名学生报名了 YBDL 的体验课，目前这些学员还没有体验完我们的校外课程。"

充满欣喜的背后却迎来了更大的挑战。业务的增长以及员工人数的增加直接导致 YBDL 成本的升高。张晋之坚信"技术能够提高效率、降低成本"的理念。

在创立初期，张晋之就在探索 YBDL 信息化和数据化之路。

2016 年，YBDL 外包了一支技术团队开始尝试做管理系统，取名为"动博士"，由张晋之亲自跟进。但由于张晋之本人不是技术出身，虽然在前期投入了很多资金，却没能达到很好的效果。

使用和升级技术最核心的原因在于业务的增长。在 2018 年 3 月，YBDL 的注册学员数已过万。

于是，在 2018 年初，张晋之组建了一支全职团队来负责系统的日常运作，目前已研发出四个系统，其中两套系统 2B（与企业之间的商务模式）、两套系统 2C（对消费者的电子商务模式）。具体来说，2B 系统面向 YBDL 内部的直营中心和加盟中心，2C 系统面向 YBDL 外部的家长和学员。2B 系统叫作"动管家"（分为 App 端和 PC 端两套系统），2C 系统叫作"动博士"（分为 App 端和 PC 端两套系统）。

从 2014 年一个月投入 1 万的费用，到目前一个月投入 50 多万的费用，足以看出 YBDL 在提升技术方面的决心。至今 YBDL 全职技术团队已有 23 名员工。

在这期间，技术部门在从 0 到 1 的过程中也遇到了种种挑战，挑战主要在于运营层面，而非技术层面。

技术部总监邵志飞说："YBDL 的技术团队大多有 5~10 年的互联网工作经验，而体育培训领域的技术应用并不复杂。但是，加盟商模式之间存在很大的差异性，就比如学员签到这一环节，有些加盟商的学员只会在一个场馆上课，很少出现跨场馆上课的情况，而有些加盟商的学员则很有可能会在不同场馆进行上课，这就需要技术部门通过技术手段来为加盟商做剔除重复的工作。"

令邵志飞印象最为深刻的一个故事发生在业务沟通环节——YBDL 的直营业务与加盟业务存在着场景差异，比如总部的班主任岗位只能由销售岗位的人员负责，而有些加盟商的班主任岗位却不仅是由销售岗位人员来负责，这体现在管理系统上时就会出现错乱。

邵志飞介绍："有一次加盟商用我们管理系统时，并没有说明其选择班主任岗位的同事不是销售人员，我们一直以为加盟商与总部相同，即班主任岗位只能由销售岗位人员负责。因而在这个加盟商使用我们的系统时发现很多权限无法使用，双方一度认为是技术问题，沟通了很长时间后才了解问题的本质。"针对加盟商和直营店运营模式的不同，邵志飞表示，对于 YBDL 技术部门来说，更核心的工作是把所有教学点共同的地方进行统一，然后再做差异化的配置。

打造智能场馆，是 YBDL 借助技术来提高效率的另外一个例子。与传统的管理与服务系统不同，智能场馆更多的是大数据、AI 以及物联网技术的综合应用。

智能场馆是全球体育界的一大发展趋势。在 2019 年的黄金海岸世界体育大会（SportAccord）上，PMY 集团的创始人兼董事总经理 Paul Yeomans（保罗·约曼斯）在城市论坛发表了题为《智能场馆的崛起》的主题演讲，介绍了在全球范围内智能场馆崛起的五大技术主题。

Paul Yeomans 表示，智能场馆可以理解为集成了各种技术系统的场馆。近年来，智能场馆在全球各地的重要性和受关注的程度都越来越高。十年前，在谈到场馆的运营挑战时，人们所谈论的主要还是场内的网络连接和场馆的广告赞助，而现在，谈论场馆的主要话题已经变成技术问题。这些技术问题可以归纳为五种技术上的挑战：网络连接、中心化集成运营系统、无现金支付环境、数据以及场馆与智能城市的结合。

而智能场馆也是 YBDL 在 2019 年集中精力要去突破的方向。

YBDL 希望通过技术的不断成熟来更好地管理加盟商。而对于张晋之来说，技术本身也是青少儿篮球培训的壁垒之一。"YBDL 总部不会对加盟商收取标准的系统使用费。对于 YBDL 来说，未来收取费用的环节可能会在技术服务费用方面，比如向加盟商收取互动手环的服务费用，因为按照预想设计的手环会绑定课程体系、教学系统，最终还会自动生成学员一堂课的学习表现数据和图像与视频，这也是 YBDL 正在构筑的技术壁垒。"

另外，YBDL 也正在以入股的方式来与加盟商紧密联系起来，从轻度合作到深度参与，对于长时间运营比较好的加盟商，也会考虑直接收购。

2019 年，YBDL 将加盟形式从区域加盟变成了单馆加盟，张晋之对此表示："2019 年我们将加盟模式调整为单馆加盟。一方面是出于长期盈利的考虑，另外则是降低未来收购的风险性，因为相较区域加盟模式而言，单馆的可控性更强一些。"

加盟负责人介绍，2019 年 1 月，YBDL 将品牌开放给了一家甘肃兰州的加盟商，他们在 4 月中旬已经正式营业，截至 2019 年 8 月底，其学员已经有 120 多人。从发展速度来看，学员数在一年之内完全可以达到 300 人，而达到 300 人的单馆就满足了 YBDL 的收购条件。

纵身篮球产业，链条上的精耕细作

如今，YBDL 已经不单纯是一家青少儿体育培训机构了——对于张晋之而言，深耕篮球产业才是他最终要做的事情。

然而，中国体育产业的发展依旧不成熟，YBDL 需要探索适合中国篮球产业发展的路径。"中国篮球产业的发展瓶颈在文化和粉丝上——有自己强大的篮球文化和庞大的粉丝基数，中国的篮球才能发展起来。"张晋之这样描述了他对中国篮球产业发展的看法。

YBDL 五年的发展轨迹，正在按照张晋之的规划进行着。以青少儿篮球培训为核心，涉足篮球产业的各个环节，继而构建 YBDL 自身的文化，积累更多的粉丝。

做赛事一直是张晋之的梦想，无论是 2004 年张晋之创办的"晃过天空街球之旅"赛事，还是 YBDL 内部的 YBDL 联赛，张晋之对比赛一直有着自己独特的理解和追求。

"现在这个阶段，赛事没办法进行商业运作，目前 YBDL 的'Y'联赛只能作为我们内部的品牌活动，倘若学员想要参与到赛事里，就需要用课时来抵扣。"张晋之说。

目前，YBDL 的 YBDL 联赛会以不同的形式来开展，主要有月赛和全国总决赛两种。

从 2014 年到 2017 年，YBDL 的 YBDL 联赛较为零散且未成体系，主要是以赛代练的方式，让学员在日常训练中能够有实践的机会，但规模不大且不稳定。直到 2018 年，YBDL 才尝试以上海为试点，开始试水做体系化的赛事，并在 2018 年 10 月针对内部学员举办了全国性的篮球比赛。

"赛事的运营体系、秩序手册、赛程赛制、品牌宣传等多个方面的内容都需要标准化，这样才能让加盟商全部都参与进来。2018 年 10 月，有 21 座城市的实力较强的队伍来到上海参与了'Y'联赛的第一次全国总决赛。"俞芳介绍。

其中，比赛的内容设定加入了 YBDL 独有的特色，包括小学员在比赛现场与美国篮球巨星艾弗森见面与互动。

能请到篮球巨星艾弗森主要是基于前期与他的合作关系。艾弗森是 YBDL 在 2016 年签约的一位篮球巨星，签约时间为 3 年。"签约艾弗森是因为当时有部分篮球机构签约了篮球巨星，为其背书，而 YBDL 恰巧也需要一个大 IP，艾弗森的知名度和格调刚好与 YBDL 非常相契。"张晋之介绍。

以高成本签约巨星后，YBDL 需要自身有强大的策划与运营能力，否则签约巨星只能成为前期营销的一个噱头。而 YBDL 联赛结合"艾弗森见面会"则是一次很好的活动策划。

2019 年 8 月，YBDL 联赛全国总决赛现场，艾弗森如期而至，这场比赛让 YBDL 团队记忆犹新，比赛前一晚，所有人都激动得彻夜未眠。

8 月恰逢广州的台风季，而艾弗森正好在广州，第二天就需要抵达上海来与 YBDL 的学员和家长见面。由于天气原因，当天的航班被迫延误。俞芳说："很可能艾弗森明天到不了上海，所以我们品牌部想了很多方案，方案一是艾弗森拍一段小视频与家长和学员打声招呼并说明不能到场的原因，方案二是让艾弗森坐房车连夜赶到上海。好在最后飞机起飞了，前面两个方案都没有用上。最终艾弗森在凌晨 2：30 到达了上海。"

在赛事举办前，令 YBDL 惊心动魄的事件不止这一件——半个月前，YBDL 决定将场地从嘉定体育馆改到宝山体育馆。

得益于宝山区体育局和"KING OF KINGS 万王之王世界篮球争霸赛"（简称 KOK）的支持，YBDL 顺利地进入宝山体育馆，而这个场馆的硬件设施均为 NBA 级别，且曾是上海女篮的主场，先后承接过大大小小的国家级、国际级的赛事活动。YBDL 决赛举行的时段是当天的 9：00—14：30，而 KOK 决赛就在当晚举办。"没有足够的信任、默契度和执行力，KOK 恐怕是不会让我们进入这个场地比赛的。"俞芳说。

整个赛事的过程让张晋之和俞芳既紧张又激动。在几个小时内要完成场地的切换，而 YBDL 最终做到了。直到赛事结束，YBDL 团队才逐渐放松，下午，有很多 YBDL 的员工直接在会场睡着了，虽然整个赛事的筹备过程意外不断，但也考验了 YBDL 团队联合作战的能力。

在比赛现场，专属 YBDL 的说唱主题曲、服装和周边衍生品成为了亮点，而所有产品的设计都有着 YBDL 独特的格调——时尚和潮流。

在说唱主题曲中，歌词里多次提及"YBDL 不止是玩"，同时，潮流与个性的曲调和歌词凸显了篮球这项运动所赋予儿童的激情和活力。

与其他青少儿篮球培训机构举办的赛事不同，YBDL 除了赛前会做场地筹备之外，赛后还会加入纪录片等宣传形式。

拍摄纪录片这件事是 YBDL 在 2018 年准备 YBDL 联赛全国总决赛时，在赛前三个月做出的决定，而这也是张晋之最为擅长的事情之一。

从 2018 年"3 人纪录片 + 赛事"，到 2019 年"混合磁带旅行纪录片 + 赛事"，YBDL 希望将赛事前的故事通过纪录片的形式呈现给大众。

2018 年，YBDL 选择了 3 位小学员，进行了赛前跟拍。俞芳说："选择拍摄对象是一门学问，既要保证他有足够的实力打进'Y'联赛的总决赛，又要保证他本身就有故事可讲。"

YBDL 挑选的三位学员的确非常有特征，这三位球员是来自宝岛台湾的 11 岁男孩陈冠志，来自成都的张子木和来自广东江门的林煦哲。

陈冠志小时候就对篮球玩具爱不释手，且是一位有天赋和王者气质的孩子。11 岁的他就可以指挥球员，而他的父亲也曾参加过业余篮球联赛。YBDL 刚开始的 100 多名学员中就有陈冠志，直到现在他依旧在 YBDL 学习。

而陈冠志的爸爸也是位很典型的家长，YBDL 的内部工作人员称其为"咆哮老爸"，因为在陈冠志比赛时，他的吼声常常会盖过教练。在这位老爸的观念里，想要学篮球就要认真学，在跟拍纪录片的过程中，YBDL 团队也发现了这位"咆哮老爸"非常细腻的一面——他经常会默默地照顾儿子所有的生活起居。

张子木的父亲也是一位非常热爱篮球的家长，他曾有过 CUBA（中国大学生篮球联赛）的经历，由于种种原因，他不得不弃球从医。从医之后他也因为要常常出差不在国内，陪伴子木的时间很少，而篮球成了连接这对父子的纽带。

到国外工作的时候只要一有时间，子木的爸爸就会去现场看比赛、给子木买纪念品。据了解，子木在家里已经囤积了上百双爸爸给他买的球鞋。

林煦哲则是因为妈妈的原因接触到了 YBDL，因为林煦哲的妈妈是艾弗森的超级粉丝，而且她对于孩子的健康的重视度非常高，她希望通过篮球这项运动来增强孩子的体质。

2019 年，YBDL 将纪录片做成了一个系列，以"混合磁带旅行纪录片 + 赛事"的方式呈现。

混合磁带旅行纪录片的灵感来自于 20 世纪 90 年代的一支美国街球战队，当时这支球队会在全美进行巡回比赛，每到一个城市就拍摄一段视频上传至网络。YBDL 将视频做成混剪风格，其中有野球赛，也有正常比赛，还拍摄有当地的风土人情，因而 YBDL 将旅行纪录片称为混合磁带旅行纪录片。

YBDL 会将 YBDL 联赛月赛中表现突出的学员选拔出来，组织成一支球队——Mixtape Team（混合磁带队），这支球队将会到不同的城市进行两种形式的挑战，一种是球场突袭（路人局）、一种是 Mixtape Team 对阵 YBDL 各城市的 U12（12岁以下）的队伍。

2019 年第一场混合磁带旅行是在洛阳进行的。抵达洛阳的当晚，这群学员就"夜袭"了篮球场，开始与当地的街球手打比赛。呼喊声、掌声，让他们有些自我膨胀。

在第二天正式与洛阳当地 U12 队伍进行比赛时，这支球队以失败告终。

在比赛结束后的晚上 12 点左右，俞芳带着制作团队采访了这支球队的学员，让每个学员接受隔离采访。其中一个学员很坦诚，他觉得在本球队里有其他人的表现好于自己，因此在这场比赛中，他想要更多地凸显出自己。本来投篮命中率很高的他，由于当天状态不佳，导致投球命中率非常低。

最终整个球队因缺乏配合，一团混乱，最终惨败于神都洛阳。

俞芳说："这场比赛让孩子们学会了团队合作，学会了'成就他人才能成就自己'的道理。"

基因决定了 YBDL 是重品牌、重文化的企业——2017 年上半年，基于前期的经验以及市场的需求，YBDL 策划了《晃过天空》系列漫画，主打篮球励志。

俞芳说："那时候，很多孩子刚接触到手机，有些漫画平台也刚在手机端出现，当时的漫画有很多都带有黄色和暴力属性。而 YBDL 的漫画正好符合了妈妈群体的需求。我们这一代有很多人都有《灌篮高手》情怀，包括我们的漫画师，因而当时我们绘制的很多漫画都参考了灌篮高手的风格，不过漫画需要有自己的故事主题，所以每出一版漫画，我们都需要提前两个月准备好剧本。"

第一版的漫画主题故事以一个家庭为主体。这个家庭里有两个儿子，父亲和母亲的角色设定参考了《名侦探柯南》动漫里父母的角色。张晋之希望给予漫画"中国概念"，于是将大儿子取名为诸葛恒星、小儿子取名为诸葛流星，其中小儿子在高安路二小上学——这是为了致敬姚明（此前姚明毕业于上海高安路一小）。漫画故事的结局是大儿子因伤病未能选入 YBDL 学院，而小儿子经过层层选拔，进入了 YBDL 学院，并参与了 YBDL 联赛的全国总决赛，见到了篮球巨星艾弗森，最终成为艾弗森钦点的 MVP（最有价值球员）。

接着，YBDL 又向外衍生了漫画周边，例如漫画勋章、漫画贴纸等。YBDL 会在每节课的 15 个人中选择一位 MVP 授予勋章，勋章集满后可以兑换装备。而原创的漫画贴纸也常常成为销售们在做地推时的小礼物。

一边出漫画，一边增设了自己的服装部——YBDL 正着手设计属于自己的潮服。慢慢地，YBDL 也开始向亲子潮服的方向进行设计。"当时我们就是单纯为孩子们提供日常训练的服装和比赛球服，后来发现阿迪达斯、耐克等大品牌没有亲子类的服装，再加上张晋之本身就非常喜欢潮流，所以 YBDL 就尝试做了亲子潮牌。"俞芳说。

此前，YBDL 的服装主要面向内部学员，有很多内部明星球员成为 YBDL 潮牌的代言人，在 2019 年下半年，YBDL 也会尝试做线上的淘宝天猫店，以面向更多的 C 端用户。

对于 YBDL 来说，赛事、漫画、服装只是其对外粉丝文化的构建。张晋之希望 2019 年可以在 YBDL 的服务号内沉淀 1 万个粉丝用户。

YBDL 对内则强调篮球文化。

"篮球本身就富有很多含义，有团队、竞争、合作的概念在其中。而且 YBDL 的员工都非常喜欢篮球这项运动。"张晋之说。

◎**结语**

回顾 YBDL 这五年的发展，其增速相较其他青少儿篮球培训机构来说是非常快的。目前，YBDL 已经在全国布局了近 200 个教学点，直营场馆有 50 家，自建场馆有 9 家，在籍学员总数共有 2 万余人，其中直营校区的学员有 8000 人，总体续费率在 50% 左右。

伴随着 YBDL 规模的不断扩大，张晋之的心态明显焦虑起来，2019 年，张晋之在员工大会上强调最多的两个字就是"格局"，而不是曾经的"业绩增长"。

张晋之感慨，这两年和他一起进入体育培训领域的人，有些人已经转行做了其他工作，有些人已经消失、联系不到。他曾发布朋友圈说："自从创业以来，我变得十分焦虑，方方面面都很焦虑，但是最焦虑的还是商业模式的问题，因为线下培训机构资源导向的特点，导致了规模扩大的同时，边际效应就会递减，这个问题在大公司也没有得到很好的解决。"

2019 年下半年，诸多篮球培训机构都在寻求发展的增长点，同时也加快了补充"弹药"的速度，为"出征"做准备，因此，这一年对于 YBDL 来说是非常关键的一年。无论是开放单店加盟、选择最优收购，还是做 AI 智能场馆、纵向延长产业链条，都需要 YBDL 有充足的资金和准备。

最近几年，国家对青少儿体育培训的利好政策不断出台，YBDL 作为篮球培训行业发展速度较快的企业依旧还有很多的问题亟待解决，包括能否依靠自身造血能力，实现企业的健康发展，最终"圆梦"？能否走出一条不仅能让篮球培训行业借鉴，还能让整个青少儿体育培训行业借鉴的道路？

YBDL 在篮球产业链上的发展路径还需要时间去验证。

万亿级的新行业周期里，新东方国际游学＆营地教育如何引领未来刚需市场？▶

新东方国际游学是新东方教育科技集团（美国纽约证交所上市 NYSE：EDU）旗下的高端游学品牌。作为中国游学行业高端教育品牌，新东方始终致力于为处于世界观、人生观、价值观成长阶段的中国青少年提供走向世界的机会，作为家庭教育和学校教育的有益补充，新东方国际游学力求让学生在行走中开阔视野、激发理想，为更多家庭带来幸福和希望。

新东方国际游学足迹遍及北美洲、欧洲、大洋洲、亚洲的 40 余个教育大国和地区，拥有独立的海外自主营地，具备诸多高端优质教育资源，开拓了全球高端夏校、世界精英名校、优质语言学校、K12 基础教育、兴趣主题营地等五大游学项目及百余条专属游学线路。目前游学服务网络覆盖了全国 58 个城市，累计已有超过 15 万名学生跟随新东方的老师一起走访了世界各国，参与国际交流，获得超越国界的游学成长体验。

从 0 到 1，是谁做活了新东方游学？

在 2006 年 9 月 7 日新东方教育科技集团在纽约证交所上市之前，新东方游学所属的机构是一个没有盈利并发展停滞的业务，一度被集团讨论其有无存在必要。董事长俞敏洪认为国际游学业务作为素质教育和全人教育的践行者，未来将成为新东方教育产业链上重要的一环，他高瞻远瞩，以个人承担损失为条件，让国际游学业务得以保存并有了后来蓬勃发展的机会。

从商业逻辑来看，国际游学业务的发展需要具备两个基本条件，一是拥有一个具有发展前景的市场——随着中国经济的发展，围绕海外游学可以衍生出一系列商业机会，其中包括国际游学和营地业务。此时只需要满足第二个条件，即找到真正的人才，这个业务就可以继续发展，新东方国际游学掌门人刘婷也是在那个特殊的时期走进俞敏洪的视线，并临危受命。在任命为新东方国际游学掌门人之后，刘婷带领全体新东方国游人，在 2018 年交出新东方国际游学和营地教育管理中心营业收入超 7 亿的答卷，国内泛游学行业排名第一，有力地验证了俞敏洪当初的战略眼光。

创新，是刘婷身上的标签，成为新东方国际游学掌门人的缘起就是创新。新东方早期设有移民业务，由于业务周期的原因，新东方上市前董事会决定关掉移民部，并拿出 1000 万人民币作为对处理剩余 1000 名左右客户的费用。此时担任移民部主任的刘婷凭借对移民政策的了解，从公司全局和用户体验出发，向俞敏洪建议，帮助客户继续做前期的申请，直到拿到加拿大的移民档案号，相当于为客户提供半自助型服务，这个周期是 3 个月到半年，客户可以自我跟踪，业务暂时得到保留。两年后，这 1000 位客户全部服务完毕，还有利润产生，原来准备的 1000 万资金并没有使用。因为这个建议，俞敏洪记住了刘婷。在为新东方国际游学业务物色领头人的时候，俞敏洪找到刘婷，他说了三句话：第一，这个项目是有意义的；第二，新东方有责任和义务，也有机会把这个业务做大；第三，虽然这个业务目前是亏损的，但如果交给你做，一定会做好。

2006 年 4 月 12 日，刘婷正式接手新东方国际游学业务，当时摆在她面前的局面是：上一届只做了 100 人的规模，如何实现增长？团队加上自己，只有 5 个人，如何服务好客户？距离招生截止日期只有不到两个月的时间，而产品却是 14 天左右的高客单价产品，当年要让一个家庭拿出 3~4 万元来购买几乎不被认知的出国游学产品，其难度可想而知。时间紧、任务重、人力少，刘婷在短期内迅速理清思路，24 岁就做到副总的她，凭借自己丰富的管理经验，亲自给团队做培训。那段时间，刘婷用"忙到吐血"来形容。可喜的是，经过两个月的奋战，经历了招生、签证等各种考验，最后游学产品出团 351 人，收入达到 1000 多万，第一年就实现了扭亏为盈，刘婷开局便打了一场漂亮仗。

俞敏洪对 2006 年夏季的市场结果很满意，更坚定了他对市场的判断。他马上提出新的目标，要求下一步要做到 2000 人，并计划成立一个独立的公司来专门运营。在他看来，国际游学业务在未来一定有广阔的发展空间。刘婷很谨慎，说可能需要做到一定阶段的时候再成立公司。那个时候，其他教育机构的国际游学已经做到 2000 人了。

如果说 2006 年对于刘婷来说，是实现了从 0 到 1 的突破，让她看到出国游学业务是一个健康并且可持续发展的优质项目，那么 2010 年，当她真正做到 2000 人的目标后，即将到来的出国游学业务井喷式爆发让刘婷开始了更大胆的尝试。

回到 2008 年的下半年，当时董事会任命集团的常务副总裁周成刚（现任新东方教育科技集团 CEO）兼任前途出国咨询有限公司的总经理。周成刚 1996 年赴澳大利亚留学，获传播学硕士学位，后来进入 BBC（英国广播公司）任亚太部记者和节目主持人，2000 年 8 月辞职回国加盟新东方，并创立了上海新东方学校，被誉为"新东方新三驾马车"之一。

作为集团常务副总裁，周成刚调动集团的资源毫无问题。当时的前途出国咨询有限公司规模很小，共有 50 多人，只有 2000 万的收入，快速增长是他面临的首要问题，占据公司收入半壁江山的刘婷第一次向他提出了大胆的方案："国际游学业务现在已经做到1000人的规模，你想不想做到10000人？"这一次刘婷主动跟周成刚提出了目标。

"我当然愿意，你打算怎么做？"周成刚问道。

"给新东方全国的学校制订一个激励方案，每招生一名学生，算学校5000元的收入。"

"不可能！"周成刚一口回绝了。

周成刚的回绝不无道理，作为集团副总，他考虑的是这样的双重考核是否会造成集团收入的虚高。

新东方是依靠帮助学生考过托福和GRE（美国研究生院及商学院入学考试）之后到美国留学而起家的，当时英国和澳大利亚还不是新东方的关注点，而这些国家把国际留学作为产业来发展，与国内的一些留学机构签署了独家代理协议。新东方后知后觉，晚了一步，此时发展留学业务，也着实增长乏力。看到这个痛点，刘婷第二次向周成刚游说：

"我给您算笔账，新东方已经有几十亿的收入规模，我们很多学校至少是5000万到1亿的收入，假如一个学校做100人的国际游学，每个人算5000元，就是50万收入，50万并不是什么大数目，这个政策不会造成集团收入虚高，更何况这种高端项目做100人还是有点难度的。"

这一次，周成刚同意了。

接下来，刘婷开始马不停蹄地全国出差，与全国30多个城市的新东方校长交谈，第一年下来，有七八个校长看好这个市场，跟着她一起做了国际游学业务。

地域上的拓展，体量从小到大的扩张，带来了那几年的快速发展。然而，国际游学业务始终会伴随着种种国际形势的不可抗力，波云诡谲。比如2009年在墨西哥、美国等国爆发的甲型H1N1疫情曾抑制了中国家长送子女出国游学的需求，新东方国际游学考虑到家长的心情，无条件给退团的家长办理退款，当时已报名3000多人，最后剩下800多人，这些学生最终也都安全归来。

坚守教育初心，赢得市场与用户肯定

到了2010年，受前一年被疫情抑制的出国游学需求的影响，新东方国际游学迎来了市场大爆发。同时，集团看到了出国游学巨大的发展潜力，在2010年11月，陈向东担任新东方集团执行总裁，上任第二周他便找到刘婷，告诉她集团总裁办公会决议将成立国际游学推广管理中心，要求在新东方各个学校成立国际游学部，建立一级管理部门，任命主管，配备团队，在集团中自上而下地正式开展国际游学业务；2011年5月，北京新东方沃凯德国际教育旅行有限公司注册成立，拥有国内旅游、入境旅游、出境旅游等资质。至此，刘婷告别了靠个人拿政策游说各地新东方校长的日子。为了推进集团的战略项目，刘婷又开始了新一轮的全国出差，不同的是，这一次她要帮助各地学校根据具体情况制定发展策略、建立部门、组建团队等。作为新东方国际游学推广管理中心的主任，刘婷大刀阔斧地推进各地学校的招生工作，在2011年，出国游学业务达到近3亿元的收入规模，招生达到8500人。在接下来的几年中，新东方国际游学业务如破竹之势，飞速发展。

2012年，招生12000人。2013年，招生15000人。

刘婷认为，借集团的品牌红利飞速发展，对于企业来说有利有弊：一方面企业可以用最快的速度占领市场，获得客户的信任，占领巨大的市场份额，成为行业领头人，不过，行业的新进入者会紧跟着学习、模仿，甚至抄袭、挖人；另一方面，当企业拥有了足够的业务规模，就有了市场话语权，在海外资源采购上就有足够的议价权，从而降低成本，优质的资源可以为产品的下一步发展提供更大的保障，企业进入良性发展状态。但是必须看到，业务发展速度太快了，人的成长速度就会跟不上业务的发展速度，由于没有标准化、系统化、流程化的管理，这个业务基本靠人力在堆积。例如，每一个成熟的客户经理只能服务 150~200 个客户，而新进来的客户经理经验较少，只能服务 100~120 个客户，在连续的业务增长期，由于来不及做系统的管理，只能不断扩充团队，用刘婷的话形容："就是码人头，只要愿意干，就直接进来，所以那个阶段进来很多人，光客户经理就好几十人。"系统化的管理迫在眉睫，这也是在赢得市场与用户肯定以后，新东方国际游学业务必须要面临的问题。

以产品和科技为核心，苦练内功稳步前行

2013 年，做到上万人规模的喜悦并没有持续太久，新东方集团内部的变动和业务模式的转变就早已暗潮涌动。随着中学市场的发展，国内 K12 教育培训市场的竞争日益加剧，新东方必须扩张业务线，在原有英语占绝对优势的基础上加入多学科培训，转变为一个全学科发展的机构，才能形成一个良好的业务闭环系统和客户闭环系统，这也变成集团发展的一个重要战略部署。发展到今天，单是 K12 教育培训领域，新东方就已经做到了 100 多亿元的规模。中学生教育培训市场的发展当然也潜移默化地影响着国际游学生源的变化——由主要面向有留学目标的大中学生向尚未有明确留学计划的中小学生倾斜，随之而来的是国际游学产品的不断丰富。

2014 年，新东方集团高层陈向东、沙云龙相继离职创业，这成为当年教育培训圈的轰动事件，随后，各地新东方校长出现大面积人员变动情况。据不完全统计，当时校长的更换率在 60% 以上。对于刘婷来说，之前在各地新东方学校里建立起来的国际游学部门也要面临更替。在这个内外巨变的时间，刘婷决定放慢脚步，深层次、系统化地打造国际游学推广管理中心的管理系统，进行人才的梳理和培养，深化企业的科学管理。正是从那个时期开始，新东方国际游学所进行的系统化管理为日后的发展奠定了基础，使得国际游学业务到今天都一直保持着每年 10%~20% 的稳步增长。目前，新东方国际游学 & 营地教育推广管理中心共有员工 100 多人，强大的管理系统使得客户管理人员只有 3 人，就已足够指挥全国，做好后台服务，从客户报名到后期沟通、从人工智能的机器人答疑到系统的推送，从乐语的在线客服可以基本解决客户的常见问题到客服人员工作效率的提升，公司在系统化、组织和人才优化、流程优化、制度优化等方面都得到了显著提升。

在进行内部系统化管理的时候，刘婷强烈地感受到这几年外部市场也在发生很多变化。比如，在十几年前，大多数客户不知道"游学"是什么，要解释很多——作为出国留学的第一步，提前出去看看世界，为未来的留学生活做思想上的准备等。刘婷刚接手的时候，曾经邀请徐小平老师来为家长和学生做游学讲座，题目是"国际游学：通向国际化人才的首个驿站"，来听讲座的人很多，徐小平老师讲得激情四射，场面一如既往的火爆，但是结束后很多人还是咨询着留学事宜。在那个时期，客户对游学的认知非常浅，甚至搞不清楚游学和留学的区别。

10 年之后，从 2015 年开始，随着家庭收入的增加，家长更愿意在教育上进行投资。根据艾瑞咨询发布的《中国家庭教育消费图谱》显示，家长的月收入同子女的教育支出之间成正相关关系，家庭收入的增加将带来子女教育花费的增加。教育是中国家庭的刚需，是中国大多数家庭愿意投资的领域。国际游学也好，营地教育也好，国家鼓励的研学旅行也好，这些都立足于学生的素质教育和全人教育，都体现了教育的终极目标。彼时的新东方游学，已经不再需要跟客户详细解释游学是什么了。

在中国，现阶段的学科教育、教育辅导的目的之一是为了提分、升学，但从未来的幸福指数来说，家长更应该注重的是学生的全面教育，除了全科教育还要有素质教育、全人教育。无论是研学旅行还是营地教育、海外游学，都是立足于素质教育、国际教育、全人教育的，它们被统称为第三种教育。可喜的是，中国的家长越来越重视子女的全面成长，而不仅仅是要提分。在这样的社会发展和认知水平提升的驱动下，泛游学行业普遍被认为未来会经历一个从非刚需到弱刚需、从弱刚需到刚需的过程，当游学行业成为刚需产品的时候，这个产业就会从千亿市场向万亿市场进军。届时会有更多投资者进入，也会有更多人才在这里创业。

作为中国营地教育联盟（CCEA）执行理事长，刘婷提出了一个战略口号，就是成立"百强联盟"。现在，整个营地教育行业规模还比较小，她希望通过联盟的力量，把前100强都发展成为理事单位，树立规则，带动更小的企业向前发展。目前联盟已经发展了30多家理事单位，虽然它们已经是行业的领先单位，但依然只是千万的收入规模，有的甚至处于亏损状态，虽然有融资，发展却很困难。刘婷认为，现在整个行业的需求还没有爆发，从未来的发展趋势来看，爆发速度仍然比较慢，大家现在还处在一个艰难的发展期，仍然需要靠情怀和理念来支撑；从经济效益角度来看，目前营地教育还没有找到明确的商业模式，有理想、有情怀的创业者还未得到很好的经济回报，行业目前正处在艰难时期。

2019 年市场快速变化，以创新迎接挑战

2019 年，虽然中美贸易战的影响波及国际游学业务，但国际游学业务仍然增长了12%，在新业务板块上有一些突破，整体增长了30%，比如海外教师团招生超过1000人，国内营地研学招生800多人，出国海外人数增长了12%。新东方国际游学在2018年增加了国内营地教育和研学板块，2019年暑假新东方第一次做了国内研学和营地产品，共报名800多名学生，反馈良好。新东方国际游学在国内研学旅行上推出的两个主题产品，一个关于人文历史，一个关于自然教育，都是首次尝试；国内营地教育是在依山傍水、风景宜人的金海湖做了全美式营地，3期共报名300人，全部爆满。国内研学和营地教育业务从0到1，从布局思路到运营接管都做到了稳扎稳打，为下一步深入产业布局奠定了坚实的基础。

新东方在泛游学行业拥有十四年的积淀，在全国有着成熟的品牌渠道网络和近300人的团队，刘婷表示，现阶段发展国内研学和营地教育，新东方希望可以

通过资本去整合一些小而美的企业，把优势资源整合到一起，由新东方来做品牌渠道的背书。因为大多数小而美的企业在细分领域有着专业的研发能力，专业的布局和思路，通过资本的力量可以使他们发挥优势，拥有更大的发展空间。

过去十几年，新东方国际游学取得好的发展的原因是有效地撬动了新东方的品牌和渠道的力量。"在杭州，仅一个暑假 K12 上课的就有 10 万名学生，从他们中转化出 1 万个游学客户会很轻松。从理论上来讲，需求是显而易见的。"刘婷表示。现在全国的新东方学校都有国际游学和营地教育部，属于一级部门，有专属团队做市场开拓。从报名数据来看，只有 35% 左右的学生是曾经在新东方上过其他课程的学生，算是内部渠道转化过来的，其余 65% 均是外部渠道招生而来的。一个明显的趋势是，参加完游学回来的学生，又有 35% 会回到新东方的课堂里，他们报了其他课程，因为通过游学，他们开始思考自己的求学路径，原本没有留学计划的学生因为游学的经历，而产生了留学的向往，在发现自己语言能力不足时，会报名学习英语或者其他学科，从这个意义上来说，游学项目又反哺了新东方的很多其他业务链条。

新东方国际游学最早是前途出国咨询有限公司的一个业务板块，当时从大数据来看，已经确定留学的学生大多不会去参加游学，前期咨询的时候就很确定，因为准备留学需要备考、准备材料等，从时间上来说就不允许，另外一个关键点是，已经确定留学的学生对游学就没有太多需求。那游学的目标群体在哪里呢？

与新东方早期发展时的市场情况不同，现在留学趋于低龄化，规划早期化，有些学生计划本科留学，但是他们从初中就来咨询，游学对于他们来说就非常需要，可以先感受一下国外的学校环境和氛围，以便提前做好心理准备和学习规划；还有一类群体是小学四年级到初三的低龄学生，他们并没想过是否要留学，家长也没有太多的功利心，游学对他们而言就是增长见识，拓展国际视野，接触多元文化，这些学生游学回来之后经常表示喜欢国外的学习氛围，很多家庭就会因此重新做教育规划，引发很多新的需求，例如语言学习，或者留学申请，从这个群体给前途出国咨询有限公司输送的学生已经占到了 70%。

俞敏洪曾经说过，新东方作为老牌教育机构有天然的优势，因为做教育产品说到底不是拼技术、拼商业模式，而是拼对教育的理解，以及对教育资源的投入。新东方国际游学＆营地教育推广管理中心现有员工100多人，其中有40多人是产品经理，这40多人90%都是海归，做哪个国家的产品就是从哪国回来的，他们大多是从名校毕业，熟悉国外情况，专业性很强，这样的背景使得产品经理的整体素质在行业中比较突出，从而能够决定新东方的产品在未来市场竞争中的站位优势。

在内部会议上，刘婷经常说："我们不是做工业品和快消品的，我们做的事是关乎孩子成长的，我们的客户以16岁以下未成年人居多，我们这些人首先要具有理想和情怀，虽然最后也要产生商业价值，但是，有很多东西是不能用钱来衡量的。"国际游学的情怀可以说贯穿工作的方方面面。这里的员工70%左右是"90后"和"95后"，在工作中表现出强烈的责任心，不会计较自己的工作时间，随时都在安排处理出团学生在海外的各种事务。

打造新东方游学全球产品研发体系

2019年，新东方国际游学整合全球主流发达国家优质教育资源及营地资源，将新东方国际游学产品升级为五大资源体系。沃凯德美国国际教育学院、沃凯德英国国际教育学院两大海外自建营地的成立和发展，也为新东方国际游学对接了全球优质教育资源。比如，与全球G20联盟学校、百年精英私立中学、皇室贵族专属学校等全球高端夏校达成官方战略合作，为中国青少年优选高端夏校暑期项目。同年，新东方国际游学全球主题兴趣营地开营，围绕人文历史、自然地理、兴趣探索等主题开设了户外研学主题课堂，穿插自然趣味知识、兴趣爱好培养、艺术文化培育等内容。

从2018年底开始，受中美贸易战升级的影响，美国市场显现出下降的迹象，比如签证出签率较之前降低等，加拿大也出现了类似情况。为此，新东方产品研发团队在 2019 年新增或升级了英国游学产品，取得了良好的增长。在亚洲市场方面，除日本、新加坡等国家和中国香港地区外，新东方在南亚国家也增加了产品投放，如泰国、菲律宾、越南等，也受到了市场的欢迎。事实上，泰国有很多优秀的公益教育项目，菲律宾和越南也有很多欧美澳的师资力量，性价比很高，已经成为新的泛游学目的地，虽然目前市场占比较小，但是发展趋势是被业内看好的。

现阶段中国用户群体对游学与营地教育产品了解尚浅，即使对游学有一定了解的家长在产品选择上仍然有一定的局限性。在大多数家长的心目中，英美是学术强国，德国、法国、瑞士等欧洲国家的教育还不能直接与英美国家相对等。所以在产品研发中，英美仍然是首选。尤其在近一年，中美贸易战不断引起纷争，产品研发部投入更多的精力在英国产品中。作为经典的英国游学产品，新东方每年都会对产品进行升级，加深深度，设在英国的游学办公室每年都会开发最新的产品资源。

新东方国际游学的产品体系可分为全球 K12 基础教育项目、全球优质语言学校项目、世界名校精英教育项目、全球兴趣主题营地项目、全球高端夏校项目五大游学项目，包含百余条专属游学线路，每类产品都有自己的针对性：

全球 K12 基础教育项目——以插班的形式与国外公私立学校的同学一起上课，浸泡在国外真实的优质课堂中，感受文化融合，还可以获得学校的结业证书。

全球优质语言学校项目——参加这类游学团的学生在国外 14 天的学习中，可以与国外的同学和老师直接交流，潜移默化地了解文化，在学习之余还能学习处理在境外的各种问题，帮助学生在提高英语水平的基础上亲身体验纯英语的学习场景。

世界名校精英教育项目——走访海外名校，参加名校课程，体验世界名校的学术氛围，对话名校的师生，思考自己的留学之路。

全球兴趣主题营地项目——部分没有明确目的家长想让子女出去看看，此类项目会根据学生的年龄和兴趣推荐一些主题类的产品，如哈利波特主题英伦奇遇记、NASA（美国航空航天局）航空航天科技、澳新自然科学、欧洲历史文化、北极圈探秘、日本动漫等。

全球高端夏校项目——夏校是世界名校所信赖的学术试金石，参与世界知名大学或精英中学在暑期为学生开设的短期专业课或语言课夏校，不仅能够让学生体验西方精英教育的校园文化、提升综合素质，还能丰富学生的经历，成为申请大学中的亮点，帮助学生在激烈的竞争中脱颖而出。

以学生和家长的教育成长为导向，提升产品核心竞争力

与外国学生不同，中国学生的泛游学有着自身独有的特点。第一，路途遥远，时间紧凑。欧洲学生如果要去英国游学的话交通方便，时间灵活，对于活动的安排比较随意。中国学生要跨越半个地球，游学的时间主要集中在寒暑假，希望一次行程尽可能地多学、多看、多收获，日程切片以小时为计算单位，并需要落实到合同中，严格执行。第二，中国家长期望值非常高。家长希望子女在游学中能增长知识，提升能力，"学"大于"游"，比如，去大英博物馆，中国学生停留的时间就会长于外国学生。第三，对于未成年人学生，所有行程都要按照监护人的身份来考虑，包括值机、时差、餐食、心理情绪、随身物品提醒等，对于低龄学生，师生配比达到 1：7~1：10。当然，一些大龄学生由于具有比较丰富的出国经验，知识面广、英语熟练，成熟度会高于同龄的外国学生。

针对上述情况，在产品研发上新东方形成了一套独有的标准。第一，通过大数据对市场需求和发展趋势做相对客观的预判。第二，从一线客服老师反馈的内容里提取有效信息，及时调整产品。第三，加强与国外合作伙伴的沟通，及时了解国际游学产品的发展动态，让新东方的产品始终保持创新。

经过十三年的迭代，新东方的产品变化非常明显。早期游学产品主要是"游"和"学"，现在变成了"游＋学"，即"行走中的课堂"——在"游"的部分加入更多潜移默化的"学"的元素，从行前的预备课程到游学过程中的小题目和作业都设计了不同的课件加入其中，满足学生和家长的期望。比如，对于年龄在16岁以上的学生，游学课程里会加入职业指导课程，引导学生提前思考未来的就业问题。另外，戏剧课程也深受学生的喜欢。戏剧课程在中国比较少见，其对于学生的自信心、语言表达能力和团队协作能力的提高具有明显的促进作用。这些课程都与国内的教育有很大的不同。新东方的游学产品是为中国学生量身定制的，整体来说游学内容要比欧美学生的游学多一半。

新东方国际游学的40多位产品研发人员在日常工作中形成了一套严格的产品研发原则：首先，在维护现有合作方的基础上，根据市场变化升级或研发新产品，开发新的合作伙伴；第二，在与新合作伙伴洽谈初期要审核对方的资质、发展历史，把握对方的需求点等；第三，要实地考察，包括场地设施、执行团队的能力、紧急事件的处理预案、是否适合中国学生等。

在产品研发中，有经久不衰的经典英美产品，也有遭遇滑铁卢的"超前"产品。比如澳大利亚和新西兰，在很多家长的认知中，它们并不是心目中真正的游学目的地，而更像是一个旅游目的地。然而，从专业游学角度来看，这些国家有很多教育元素也非常优质，可以给学生带来新的体验。

新西兰的基础教育被联合国教科文组织（UNESCO）誉为"全球基础教育典范"，其英语教育、自然教育、环境教育在全世界范围内是顶尖的，通过体验式的教育，学生在生活中润物细无声地接受新知识，培养学习兴趣，提高沟通能力和英语听说能力。

另外，澳大利亚因其独特的地理位置而拥有独特的自然资源，比如动植物、森林、冰川、湖泊、溶洞等。在澳大利亚海豚岛生态营地可以体验海洋生态英文课程，通过学习海洋知识的过程来激发学生学习英语的兴趣，让他们拥有更广阔的世界观、更积极的人生观和更健康向上的价值观。

然而，目前国内家长对澳新产品的这些教育资源的功能认知比较局限，会拿来跟旅行社的产品做比较，因此市场反应有些平淡。但这个情况是暂时的，对于行业"领头羊"来说，实验性的产品既是对学生个性的挖掘和视野的拓展，又是对市场的把脉与引导。新东方对于特色资源的开发和主题产品的探究将会继续，目的是给学生提供更加丰富、多元的认识世界的途径，培养学生的兴趣爱好。正如俞敏洪所说，新东方游学要做的是"开拓国际视野，培养独立人格"。

多元渠道拓展，推动规模效应

泛游学行业参与者众多，除专业的游学机构外，还有各大公私立学校、旅游企业等。从商业模式来说，新东方游学是 B2C（商对客电子商务模式）的，因此渠道开拓至关重要。学生来源可分为内部渠道和外部渠道。毋庸置疑，新东方集团本身的品牌号召力及前途出国咨询有限公司业务的直接对口构成了将近 30% 的生源，而更多的生源则来自新东方体系外部，包括公私立学校、中小型教育机构等，开拓难度仍然较大。

众所周知，游学的第一大组织方是公立学校，占据游学市场份额 70%。公立学校与国际名校建立长期合作关系，家长认为价格实惠，可靠放心。但是，游学对参与的学生的语言能力、沟通能力的要求较高，因此新东方国际游学可以靠丰富的产品触及终端生源。

从政策上来看，学校是学生最终端的部分。2016 年 12 月 2 日，教育部等 11 部门印发《关于推进中小学生研学旅行的意见》，提出要将研学旅行纳入中小学教育教学计划。近几年教育部的一系列政策和建议表明，在中小学阶段开展游学和研学旅行对学生是有正面意义的，希望学校牵头，将研学旅行作为教学活动的一部分。全国的学校也已积极参与研学旅行，颁布了一系列政策，但是它们更多的是针对国内研学旅行来操作的，国际游学对于大部分学校来说，无论是资质、操作难度，还是风险系数都远远高于国内研学旅行，以至于有些地区的教育部门还发布了"小学不出市，中学不出省，高中不出国"的规定。

中国是世界上最大的留学输出国之一，也是亚洲最大的留学目的国之一，中国的高等教育国际化进程持续加快，挖掘出更多的国际化教育需求；人口红利只有通过教育才能变成人才红利，人口的创新力也需要教育来实现。随着全球化的不断深入，国际化的教育品质更利于学生具备国际视野，走向世界舞台。在这一背景下，泛游学行业需要广泛、深入地挖掘有这类需求的终端学生，根据他们的需求推荐适合的产品，帮助他们实现人生理想。

在新东方国际游学 & 营地教育推广管理中心的统一部署下，全国 58 座城市的销售团队开始针对 B 端和 C 端用户主动开拓市场，管理中心也会牵头做大型活动来推动业务的增长。负责渠道拓展的运营部门负责人介绍，2018 年底，推广管理中心启动 WE[1] 计划，致力于帮助全国中小学校与境外优秀学校结为友好姊妹学校，定期开展师生互访交流活动，带领更多的学生走向世界，享受高品质的海外游学项目，在行走中培养国际化视野。

凭借其所掌握的美国、英国、澳大利亚、加拿大等海外教育资源网络体系，新东方国际游学携手国外重点学校前往国内部分学校进行交流学习，形成互访机制，让两边学校的师生都能了解不同文化的校园生活。这种建立姊妹学校的方式可以更好地与公私立学校进行合作，顺利切入游学项目。2019 年上半年已经进行了第一次大规模的尝试，全国共有超过 13 座省会城市学校参与。

新东方的外部渠道开拓主要聚焦在两方面。一方面是公私立学校的渠道，当地的销售用自己的资源进行开拓，从推广管理中心的角度来说，多做一些来中国

---

[1] WE 是 "West East" 的缩写，WE 计划旨为各省市教育部门和公私立学校提供师生国际化学习交流的一站式解决方案，从而促进中国实践教育、教学创新、国际研学向更深层次方向发展。

交流的活动能够助力渠道开拓，从而在当地做更好的拓展；另一个方面会将重点放到代理商拓展上，在没有新东方游学销售团队的城市通过优质代理商来做一些外部渠道的补充，所寻找的代理商主要倾向于具有辐射到公私立学校的能力的机构。

依托品牌效应与营销创新赢取市场占有率

新东方在中国教育领域耕耘了二十六年，在新东方学习过的家庭有 3000 多万，外部人会想当然地认为做国际游学业务，既可以从托福雅思考试群体中转化生源，也可以从优能中学的学生直接转化生源，生源并不是问题。但是市场推广部负责人说，通过内部渠道招生的比例大概只有 30%~40%，主要来自于泡泡和优能，就是小学、初中和高中群体。

随着互联网的兴起，招生对于每一个面向消费者的企业来说都是令人头疼的问题，在国际游学市场，2011 年可谓是一个招生渠道的分水岭。

在 2011 年之前，信息还没有像今天这样透明，大部分家长和学生的信息渠道基本是传统媒体，那时候招生很容易，发一个报纸广告、广播广告，做一个地推活动等，这些内容单一、形式直观的方式，让每个广告的效果都可以考核。

但是从 2011 年开始，情况发生了改变。随着互联网的普及，很多人做SEM（搜索引擎营销）关键字的投放，新东方国际游学也开始了大规模的互联网精准营销。此后，随着微博的兴起，又产生了新的变化。2013 年以后，随着微信、朋友圈的发展，市场营销开始进入碎片化时代，移动智能手机兴起带动了移动化、碎片化、立体化等整合渠道的综合运用。对于广告投放来说，最令人头疼的莫过于很难界定哪个渠道来的客户最多，比如，在网上投一个关键词广告，客户搜索到之后不会第一时间来联系和咨询，而是会进行比较后再决策，这一点与在淘宝、京东买东西一样，买个化妆品，会看用户销量、评价等，比较后再下单。新东方国际游学的客户通过各个渠道获得信息，最后有可能是在校区里直接跟老师见面，有可能是家长在校区参加各种活动时看到了广告册，但并没有通过册子来报名，而是回去通过乐语进行线上交流。从表面上看，生源来自于线上的乐语，但是之前做了多少工作却很难全面地判断。

现在的推广需要多条腿走路，一定要找到立体化、全天候的方法。此外，现在是信息爆炸的时代，由于广告太多，导致用户习惯也在改变。其他游学机构依靠新媒体发微信、微博，做社群营销，拉新推荐，做口碑来积累生源，这些方式在2013—2016年还比较容易存活，但是到了现在的2019年，获客成本高居不下，拼的就是资本了。

对于新东方国际游学来说，近万名的散客报名就需要接近10万个有效客户。在规模效应之下，如何引流，如何优化成本，增加有效客户的成功率；如何做线下活动、做自媒体矩阵、信息流广告，如何做线上社群维护、社群运营、KOL（关键意见领袖）营销等，都在拼实力。如果按照每年收3万名学生来说，获客成本将达到1000万。尽管如此，新东方游学仍要在目前鱼龙混杂的市场中，与各类培训班、兴趣班、房地产文旅企业、留学中介、媒体内部游学机构、旅行社等争抢市场。

泛游学与营地教育行业发展展望

根据新东方教育科技集团国际游学＆营地教育推广管理中心与上海艾瑞咨询研究院联合发布的《2019泛游学与营地教育白皮书》显示，2018年泛游学与营地教育的全国平均用户渗透率约在16%，其中一线城市或将达到30%。据艾瑞咨询保守估计，2018年中国泛游学与营地教育用户规模约在3121万人次，其中国内研学和营地教育的参加人次约有3016万，国际游学的参加人次约有105万。根据用户规模，结合均价，保守估计2018年市场规模或在946亿水平。随着用户规模的扩大，泛游学与营地教育市场规模或会保持20%以上的增长率逐年快速上升。

随着学生和家长对游学产品认知的提升，泛游学和营地教育未来将逐渐成为家庭的刚需。但是，目前行业存在的首要问题是整体准入门槛低，缺乏规范的管理体系和从业者考核机制。新东方游学的领队老师都是从集团选拔出来的，需要经过三天两夜的培训，除了必要的领队知识外，还要听心理学专家上课，了解学生的心理、情绪、行为等反映出的问题和应对办法。国际游学和营地教育的对象是未成年人，从事这份事业要有强烈的责任心和专业性。中国泛游学与营地教育行业是素质教育行业极为重要的组成部分。刘婷强调，新东方游学始终坚持"对孩子一生的成长负责，对家庭未来的幸福负责"的原则，为中国学生打造最好的泛游学产品和营地教育产品。

◎结语

在十四年的发展过程中，新东方游学见证了太多学生因为参加游学或营地项目后而发生了改变与成长，他们中有的考上了世界名校，有的代表中国站到联合国青年大会的舞台上，有的以自己的兴趣出发找到了人生奋斗目标，有的参与了国际公益项目。游学带给学生新的看世界的方式，他们的人生也因此更加精彩。

在新东方国际游学与北京大学国际文化教育研究中心的《国际游学蓝皮书》中，通过20000个回访电话调研结果显示，在参加国际游学后的几年时间里，有20.5%的营员获得了竞赛奖项，10.8%的营员获得了奖学金，8.9%的营员选择了出国留学，7.5%的营员考入了知名院校。

虽然这些成绩不全是通过参加游学直接获得的，但是不可否认，这个经历带给他们不同的人生体验，这对于中国从事泛游学和营地教育的工作者是莫大的鼓舞。市场很大，作为素质教育的一个重要组成部分，所有从业者都任重而道远。

十年进击之路，蕃茄田艺术的"道"与"术" ▶

2019 年，是蕃茄田艺术成立十周年。这个在中国本土孕育、成长起来的儿童艺术教育品牌，通过十年的发展和沉淀，已经在全国 150 多座城市布局了近 700 家校区，现有 2 万多名教职员工，服务了近千万个家庭。

蕃茄田艺术孵化于精中教育集团。精中教育集团创办于 2002 年，不仅是早教品牌"金宝贝"在中国的引入者，也是推动早教概念在中国市场普及的企业。而精中教育虽然看准了早教在中国市场的发展前景和空间，但也同时看到了早教在发展周期上可能存在的局限。所以，究竟什么样的教育可以为儿童带来更长远的陪伴和服务，这也是精中教育在运营金宝贝期间不断思考的问题。

2009 年，精中教育开始在内部孵化原创儿童艺术教育品牌"蕃茄田艺术"和少儿英语品牌"PlayABC"，作为当时主营业务的补充和延展。其中，蕃茄田艺术历经十年，已经成长为国内儿童艺术教育品牌中的头部品牌。

近二十年的发展，精中教育从教育品牌"运营者"的角色转换为产、研、供一体化的"原创者"，它究竟是如何过渡的？蕃茄田艺术又是如何成为儿童艺术教育领域头部品牌的？发展十年之际，蕃茄田艺术对下一步的发展又做何规划？

涅槃新生，逆风前行

2002年，精中教育将美国早教品牌金宝贝引入中国，作为中国早教市场的早期开拓者，在将早教理念在中国进行普及和推广的同时，其在市场开拓运营过程中还搭建了一套较为成熟的加盟运营体系。十年时间，金宝贝在中国已经开到近300家店，营收最高时更是占到当年金宝贝全球早教业务的30%以上。

然而在2012年，美国金宝贝总部在与精中教育合约到期后，选择终止续约。这对于当时早教业务占到企业总营收九成以上的精中教育来说，无疑是釜底抽薪。

虽然精中教育在2009年就开始考虑如何将教育业务从幼儿阶段向更高年龄层延伸，并在内部孵化了儿童艺术教育品牌"蕃茄田艺术"和儿童英语启蒙品牌"PlayABC"，但这两个原创品牌还处于培育阶段，并未进行大规模的市场化拓展。

主营业务的抽离，对精中教育来说猝不及防。打击之下，当时的精中教育犹如一盘散沙，不少员工和加盟商选择离开，150多人的团队仅留存了三分之一。陈艺东临危受命，接任精中教育集团董事长。

天生有一股不服输的倔劲儿的陈艺东接过重任后，迅速拍板决定发展原创品牌，重新搭建公司组织架构，将蕃茄田艺术定位为精中教育主营发展业务，并于2013年正式对外开放加盟业务。

正是这次蜕变，让精中教育从教育品牌"运营者"转变为"原创者"。

面对新的市场挑战和外界的各种质疑，陈艺东告诉团队不必理会，埋头做事，做出成绩才是对这些谣言和质疑最好的回应。"低调潜行"是陈艺东当时给团队定下的工作基调。"他们后来还跟我开玩笑说，潜行听起来太一副偷偷摸摸、不光明正大的样子了，要求把'潜行'改为'前行'。"陈艺东笑着对睿艺说道。但陈艺东也表示，当时用"潜"这个字，不仅是想强调精中教育团队做事的态度要低调，同时也是希望团队可以潜心去打磨教育产品，做出成绩以回击外界的质疑，它表达的是一种坚韧不服输的态度。

陈艺东介绍说："从一开始扎根教育行业，我们就很清楚未来的社会需要什么样的人才。时代在变，竞争在变，只有具备情商、逆商、沟通交往、打破重建等综合能力，才能让一个人拥有'不变应万变'的内在能力。所以在运营金宝贝期间，我们就已经在关注和考察优质教育产品的形态，包括国际上先进的儿童艺术教育品牌。所以说，我们在孵化蕃茄田艺术这个品牌前，是深思熟虑并且有充分调研和考察的。我们认为好的艺术教育应该是成体系的，除了带领孩子获得技法的提升，我们更关注的是孩子的好奇心、创造力。它应该是全人教育的概念，要给孩子的综合能力赋能。"

十年三度进阶，完成蜕变

创立于 2009 年的蕃茄田艺术，最早名叫"蕃茄田美术"，也是市场上首次提出"创意美术"的儿童艺术教育品牌之一。"其实我们最早的教育定位就是以培养孩子的创造力为核心，着眼于孩子综合能力的培养，我们最开始选择以'美术'命名，比较符合当时家长的接受度。"蕃茄田艺术首席教育官施建志说道。

"当年市场上，大多数少儿艺术教育机构都是以绘画技巧和技法为主的，而蕃茄田艺术对标的是国际少儿艺术教育的教学方法和理念，以孩子的需求为出发点，课程设计讲究适龄适性，在尊重孩子的发展规律和发展特点的基础上进行系统性的课程研发。"施建志补充道。

2013 年，蕃茄田美术正式更名为蕃茄田艺术，口号也由"创意美术"变成"让孩子在艺术的氛围中发现自己"。与此同时，蕃茄田艺术的课程体系也进行了一次重要的升级。在遵循为儿童设计适龄适性的体系化课程的原则上，蕃茄田艺术对课程做了大胆的转变，将其最初的教育理念更加清晰、具象地融入课程设计，课程研发围绕激发儿童的发散思维和创造思维，在教学内容的设计上加入更多的内涵，使得教学体系更加丰富。

如果说 2009—2012 年是蕃茄田艺术的探索期，那么 2013—2015 年就是蕃茄田艺术的快速成长期。经历前期教研团队的储备、课程体系的完善、公司架构的重新搭建，再加上运营金宝贝近十年所积累的实践经验，2013 年蕃茄田美术开始以基本成熟的加盟运营体系，迅速进行全国市场布局。到 2015 年，蕃茄田艺术已经发展到在全国有 200 多家分店。这个数字放在当年的市场环境来说，足以用飞速来形容了。而同一时期，同品类的少儿艺术教育品牌还都处于加盟业务的启动初期。

蕃茄田艺术在其成长期取得的成绩，不仅验证了精中教育加盟体系的移接成功，也奠定了蕃茄田艺术在少儿艺术教育领域的头部地位。这次阶段性的胜利，也给蕃茄田艺术团队带来了极大的鼓舞和信心。

就在蕃茄田艺术突飞猛进的成长期，儿童艺术教育行业也发生着许多转变。一方面家长对子女艺术教育的意识开始增强，关注点也开始从孩子的绘画技巧，逐渐转向对孩子艺术兴趣的培养；另一个方面，更多的儿童艺术教育品牌开始开放加盟业务，进行全国市场布局，逐渐有资本关注并进入儿童艺术教培领域。同时，在线教育的兴起，也让不少少儿艺术教育品牌借助互联网技术开始推出在线艺术教育产品。

2016—2019 年，少儿艺术教育培训行业进一步快速发展，各大资本的涌入，加速了行业内各大品牌对市场的跑马圈地，蕃茄田艺术、夏加儿美术、希望美术等品牌相继获得融资。据目前各品牌官网数据显示，蕃茄田艺术、杨梅红、东方童画、夏加儿美术等十家少儿艺术教育品牌的总校区数合计超过 3000 家。而在线教育的兴起也让不少玩家进入该领域——美术宝、画啦啦等线上品牌引燃在线少儿美术教育市场。

这期间，蕃茄田艺术受到资本关注，完成一轮融资。与此同时，蕃茄田艺术持续发力，再一次扩大市场版图。到2019年，蕃茄田艺术全国门店已经达700多家。

一路进击，有何优势？

从2009年到2019年的十年间，蕃茄田艺术的课程体系从1.0迭代至3.0，始终坚持围绕跨学科、跨领域进行创新艺术类课程的研究和设计，并以"释放每一个孩子的创造力"为核心教育理念，建立完整的儿童艺术教育课程体系——创造力思维系统。

施建志介绍说："蕃茄田艺术打造的'创造力思维系统'给予孩子的不仅是画画或技法，而是11年5学阶，完整的在未来生活中所需的感知能力、多向思维、艺术视野、创新决策等综合能力。这是国内比较超前和创新的尝试，而蕃茄田艺术独有的课程理念和体系，已经进入国际儿童教育的范本研究库了。"

蕃茄田艺术11年5学阶的主体课程更多的是从儿童的成长需求去考虑和设计的。以儿童为本，细化到每一年、每一个季度、每节课的学习内容，课程知识点更是涵盖了艺术、生活、人文、设计、经典五大领域。相比于市场上的艺术课程，蕃茄田艺术更侧重于提升儿童的创造力思维、艺术审美能力、发现探索能力、解决问题能力等。

比如，在秋季课程中有一期以枫叶为主题的课，蕃茄田艺术在做课程设计时会从背后的原理去思考：为什么要在秋天设计枫叶的课程？因为秋天正好是树叶颜色变化的季节，透过树叶自然的颜色变化，就可以将色彩学的内容融入课程，所以蕃茄田艺术将枫叶颜色变化融入幼儿阶段的色彩学启蒙课中。由此，整个蕃茄田艺术课程体系的设计逻辑，就会更符合儿童发展心理学，也更符合儿童发展的认知水平。

从各年龄段教学内容的划分来看，在整个 5 学阶的体系中，2~6 岁是创造力思维系统的搭建期，课程从游戏互动、故事引导到实境观察，让幼儿从粗放探索到细化感受再到体验实践；7~15 岁是创造力思维系统的实践与成熟期，蕃茄田艺术以现在最流行的"PBL[1] + STEAM"课程，引导少儿观察、探索和创造。同时，更系统地带入视觉元素、视觉设计等知识系统，提升少儿的艺术专业表现。

施建志还表示："蕃茄田艺术的课程从来不是为了满足家长的需求来设计的，我们遵从的是孩子的发展需求。有些家长会问，蕃茄田艺术能不能教会孩子画画，我们的回答是蕃茄田艺术的教学重点不是只教孩子画画，蕃茄田艺术坚持认为艺术教育是工具，赋能孩子获得适用终身的创造力，帮助他们成为快乐、自信、勇敢、开放、创新的自己，这才是蕃茄田艺术做教育的最终目的。"

在教育推广上，蕃茄田艺术不受限于艺术展、国际高峰论坛、海外研学、游学等形式，还引入了海外高端艺术馆和院校，开展长期深入合作，并不断带学员参与多种国际赛事，走上东欧国际艺术计划、美国太空研究基地学生艺术创作比赛、NOBO[2] 无界国际艺术巡展等国际顶尖艺术赛事的舞台。日常市场活动的设计上也会更多地让家长参与子女的艺术作品创作，见证其成长的同时，也提高家长对教育的认知。

此外，蕃茄田艺术在师资招聘和培训方面也进行着严格的把控。蕃茄田艺术除了会要求教师毕业于儿童教育专业或艺术教育专业之外，在审核聘用后，教师还会有一段助教实习期。成为正式教师后，在日常教学中，总部会依据周、月、季、年，采取不同形式及渠道核检，任何与教学主题理解有偏差的指导师都会"回炉"再次接受培训考核。蕃茄田艺术通过总部教学部门、培训部门、教研部门的黄金三角的合作来完成教学质量的总控，并因此形成良性循环。

---

[1] PBL（Project-Based Learning）是一种教学方法论，把教学内容与实践经验所碰到的问题或挑战整合起来，这些实践主要聚焦于学校环境或者日常生活。

[2] NOBO无界是一个国际性公益教育组织，于2016年成立于美国纽约。"NOBO无界"即"艺术无界"（Art has no boundaries），不以国籍、文化、语言为界定限制，旨在为世界教育工作者、青少年儿童搭建一个以公益艺术教育为主体的国际化教育交流平台。

然而，艺术教育行业始终存在教师流失率高的痛点，甚至有些教师离开后会马上自立门户。如何才能保证蕃茄田艺术的人才留存？施建志表示："目前来看的话，一线城市教师的流动率还是蛮高的，二三线教师的留存率会高一些，主要是因为教师基本上都是年轻人，因家庭因素而变动的可能性比较大，所以我们更倾向在当地招聘有从事艺术教育情怀的教师，好的品牌加上好的待遇，才会有一个比较稳定的师资团队。"此外，面对流失率高的行业难题，蕃茄田艺术不断优化人才培养体系，完善师资培训内涵，保证初阶教师就可以较快具备基本的教学能力，并在后续的在职培训中不断精进。

　　这也是为什么曾有艺术教育同行表示："蕃茄田在师资和教学标准化上做得确实厉害，基本上蕃茄田艺术的教师经过培训后，都可以保持同等水平的教学质量和服务质量。所以，即使在行业师资流动率高的情况下，蕃茄田艺术仍能稳定地保有较高的用户口碑。"

十年成就如何续写？

　　历经十年，精中教育终于再次将旗下教育品牌蕃茄田艺术打造为细分领域的领导品牌之一，完成教育品牌"运营者"到"原创者"的完美转换。继续前行，蕃茄田艺术又该如何巩固其头部地位，十年成就该如何延续？这也是精中教育走到今天一直在思考的问题。

　　为此，陈艺东在蕃茄田艺术的十周年庆典上，提出百年发展目标："精中教育要做百年教育，蕃茄田艺术要做百年名校。"

　　为何要设立这样的百年目标？陈艺东解释道："在这个科技时代，很多行业都在发生着颠覆性的改变，滴滴、美团等企业甚至可以轻易地颠覆一个行业，但好的教育企业是不容易被颠覆的。像哈佛、斯坦福等百年名校，背后有百年的积累和沉淀，不会被时代的洪流轻易冲垮。精中教育一直坚持初心，站在孩子的角度，为他们提供更好的教育。所以我们立足百年发展，以沉淀好的教育为己任，希望将蕃茄田艺术打造为业内的百年名校。"

在这十年发展之际，精中教育再一次对战略规划进行升级，对企业内部的组织架构也进行了一次大调整。精中教育引入"中台系统"重构企业运营体系，将蕃茄田艺术和playABC加盟业务作为精中教育前端的两条主要业务线，将产品研发、技术、品牌市场、物流等各品牌可共用的部门放入中台系统，后台则由财务、人事、法务等部门组成。

儿童艺术市场持续火热，蕃茄田艺术的加盟申请者也越来越多，在加盟标准上，蕃茄田艺术上了一把"严控锁"，申请通过率基本维持在1%。"儿童为本，尊师重道，爱与专业，持续创新"这16字价值观，是进入蕃茄田艺术创业者平台的第一道过滤筛。基于共同的价值观，蕃茄田艺术吸引了一大批经验丰富的"70后"、中流砥柱的"80后"、锐意前行的"90后"。除了理念趋同，资金状况和团队稳定度也是蕃茄田艺术在今天的体量规模下出于"稳中求胜"的发展考量。

当下，市场上各大艺术教育品牌的竞争已经白热化，蕃茄田艺术在接下来的市场布局策略上也将继续稳定一线城市的话语权，占位二线城市的市场，同时重点布局三四线城市。

◎结语

十年长跑，蕃茄田艺术在赢得了行业口碑和影响力的同时，也成为精中教育涅槃新生后的又一张王牌。在这十年发展中，蕃茄田艺术对行业发展机遇和企业发展节奏的精准把控是其成为行业头部品牌的关键。

而战略规划及布局再度调整的蕃茄田艺术能否在下一个、乃至下下个十年中持续领跑？其百年名校的发展之路漫长且不易，但值得拭目以待。

火花思维：1.6 亿美元融资背后的及锋而试
与初心守望 ▶

不断刷新数学思维赛道的融资和业务增长纪录，已经成为外界对于火花思维的普遍认知。

2019 年 8 月 26 日，火花思维宣布完成 8500 万美元的新一轮融资，距离上一次公布完成 4000 万美元的 C 轮融资仅仅时隔 5 个月。而这已经是火花思维的产品从 2018 年 3 月上线至今，完成的第四轮融资，累计融资金额达 1.6 亿美元。

素质教育领域的初创项目，在前 18 个月完成这样的融资金额，似乎是绝无仅有的——教育领域要达到这样的融资速度，以往在 K12 行业和少儿英语赛道才可遇见。

本轮融资过后，火花思维的在读正式学员已达 6 万名，学员续费率为 80%，转介绍率为 75%。经过 18 个月的发展，火花思维的团队规模已突破 3000 人，其中全职主讲教师和辅导教师已超过 1800 人。

企业越大、学生越多，承担的责任就越重。火花思维创始人罗剑表示："教育是个试错成本很高的行业，我们不希望也不愿意拿孩子的未来开玩笑。因此，火花思维尤其重视教学、教研，我们不断进行课程的升级和迭代，希望给予孩子们更好的数学思维知识。"

慢公司的快发展

众所周知，在教育产业中，"产品＋服务"的商业模式注定会是一家慢公司。但一直强调将产品和服务"做重"的火花思维，却在过去的 18 个月里获得了高速的成长。罗剑表示："教育行业是个慢行业，但用互联网思维是可以做出快公司的。"

罗剑曾在微软工作，在 2008 年以联合创始人兼 CTO 的身份加入赶集网，他其实并不是一个传统的技术派。在加入赶集网前罗剑就尝试过创业，并且还颇为成功，在 2008 年他参与的创业项目的团队规模已经超过 2000 人，每年有着近千万的净利润。

而加入赶集网后，罗剑更是跟随赶集网，将一个只有几十人的创业项目，打造成估值数十亿美金的独角兽企业，他还经历了赶集网与 58 同城从惨烈竞争到最后合并的整个过程。因此，作为"技术派"的罗剑还有着敏锐的商业嗅觉和丰富的商业运营、管理经验。"过去近十年的创业经历给我的最大收获可能就是企业管理方面的心得。曾经踩过的坑，促使我培养出现在的决策力、判断力。"

2017 年 11 月，罗剑在美国亚特兰大的 NAEYC（全美幼儿教育协会）教育展会上关注到，美国的很多教师和教育从业者都在研究如何教小朋友数学。"当时，他们的教学和国内的数学思维有些不同，国内的数学思维更多被归纳为计算，而美国的数学教学特别强调图形、空间、逻辑推理，这非常吸引小朋友。"

当时，罗剑的孩子也在国内的线下机构学习数学思维课程。他发现，其实国内数学思维教育机构的内容也能达到训练思维的目的，课程也很有趣。但是，在线下机构学习数学思维，不管是课堂内还是课堂外都存在一定的弊端：

第一，在课堂内。典型的线下数学思维教育机构普遍都是一次性让幼儿完成两节课90分钟的学习。但是，由于幼儿年龄小，注意力集中的时间短，教师需要花费大量的时间提高幼儿的注意力。同时，线下数学思维教育机构的班级中学生数量较多，每个幼儿参与讨论、互动的机会很少。

第二，在课堂外。幼儿到线下数学思维教育机构上下课需要家长接送，导致家长花费了更多的时间成本。

种种因素，让罗剑看到了再次创业的契机。

2017年年末，在与北京多位数学教育专家和教授学习讨论后，罗剑断定："数学思维未来会是学生的刚需学科，数学的知识非常广阔，比想象中更为丰富，可以看作其他学科的基础。"随后，罗剑便开始组建团队并进行课程设计和产品研发。

在进行第一阶段的课程研发时，火花思维发现课程的延展度其实是一个未知数。为了检验用户对于课程的接受程度，火花思维在2018年初投入500万元开发了30节测试课程，来进行短期班教学。

保持高速的业务增长，形成"护城河"

对于火花思维的发展规划，罗剑一直有着自己的节奏：2018年3月上线测试课程，2018年7月上线正式课程。

其中，火花思维的测试课程以"1对4小班直播"的形式进行授课，推出后的第一个月积累了200位种子用户。"我们这200位种子用户为火花思维提供的课程反馈对于火花思维的成长来说至关重要。"罗剑说。

在火花思维的第一批种子用户中，很多都是创始人团队和投资人的子女，罗剑的儿子也在其中。"孩子对方块猴课程的热爱和兴趣让我们有了信心。"罗剑说道。有一位叫元宝的小朋友，当时六岁半，"学习了火花思维的课程，可以明显看到元宝的一些变化。他在上火花思维的课程时会比其他课程更加专注，在教师的带领下，他更敢于表达自己的意见和想法。"元宝妈妈说道。

值得注意的是，在进行测试课程授课时，火花思维采用了固定时间、固定班级、固定教师的三固定模式。"三固定模式对于师生间、生生间建立信任关系所需的时间更短，这种模式更能保持学生的学习兴趣。"罗剑说。

在得到市场用户的反馈后，罗剑有了很大的信心。

2018年6月1日，火花思维开启了正式课程的"早鸟价"优惠报名。同时，火花思维也激励已经上过课的学员家长帮忙分享、传播。罗剑表示："教育是一个慢行业，火花思维也是一个慢公司。我们从一开始就坚持要好的口碑传播，因为只有好的口碑传播才能产生无限裂变，但口碑注定是慢慢积累的过程。"

因此，火花思维在接下来的几个月里便开始慢慢打磨产品、迭代课程，但是，火花思维在发展速度上却并不慢——截至2018年12月，火花思维的正式付费用户已经达到1万人。

对于这个发展速度，罗剑坦言："当时，我是非常心慌的。"

这是罗剑第一次在教育行业创业，所有的课程设计、教学内容都需要一步一步摸索着前行。在课程设计、班型设计等方面仍是踩了一个又一个的"坑"。

其中，班课运营是比较复杂的，随着学生数量的增多，后台教务管理的压力越来越大。曾经有一位投资人建议罗剑做1对1教学，因为1对多的运营管理特别复杂，每周乃至每天都要进行新班级的排课。这对在线教育机构的运营和后台教务管理提出了很高的要求。"这个时候，我才意识到在线教育机构的管理这么累。"罗剑说。

但罗剑以及创始团队强大的技术基因恰恰成为在复杂和高难度的班课运营管理中火花思维爆发出的优势——火花思维投入了600多名技术人才进行课件开发、课堂系统开发以及后台系统开发，以此来降低火花思维在各个环节的管理难度，这形成了火花思维独有的"护城河"。

建立第二总部和人才培养基地，搭建师资供应链

在创办火花思维初期，有投资人提醒罗剑，国内的家长更关注的是提分、补差，那才是大赛道、大市场。

但罗剑却未接受，他表示："数学是每一个小朋友都要学的基础学科，我的孩子在当时就最需要这种关于数学的素质教育。并且，我非常坚定地想做些真正有价值、让孩子受益终身的事情。"

在2019年3月睿艺举办的一次活动中，罗剑被家长问道："我曾让孩子上过火花思维的体验课，但火花思维体验课的内容比较简单，呈现的课程效果不是特别好。"

对此，罗剑回应称："我们的全职教师，他们需要服务正式的在读学员。为了保证正式学员的课堂体验，我们的全职教师不教授体验课，体验课均由处于试用期、在培训中的教师进行教授。我们这样做的目的是希望给予学员们最好的学习体验。"这种做法与部分机构选择最好的教师上体验课来吸引学生报名的方式完全不同。

的确，教师是教育行业最重要的资源，教师队伍的建设是每家教育机构都非常重视的。火花思维为了保证教学质量，所有的教师都是全职招聘的，他们需要参加火花思维的专业培训，同时要接受非常严格的考核。

在筛选环节，教师需要经过海选、初试、岗前考核、岗前培训、入职培训、实习以及终极考核7个步骤，最终的录取率仅为5%。而在录取后，教师还需要经过较长时间的培训和考核，包括自主备课、集体备课、教案优化、模拟上课、自主录课、听课笔记、终极考核、正式上课等8个步骤，最终才能为学生进行教学服务。

为了保证有充足的师资资源为学生授课，火花思维在2018年下半年宣布在武汉成立第二总部，搭建教师人才培养中心。

此外，2019年6月，火花思维还与南开大学达成合作，双方将共同设立人才培养基地。火花思维希望借助南开大学在科研和学术上的优势继续深耕教学、教研，研发更多适合幼儿的思维课程。同时，火花思维也希望为南开大学的学生提供更多的实习与就业机会，提升火花思维自身的师资力量。

除了注重教学外，火花思维还特别重视学生的课后服务体验。

现阶段，在线教育企业普遍都是通过教师来与家长沟通的。"这个模式中，老师既要授课，又要与家长沟通，这个效率是很低的，并且老师的压力还特别大。更重要的是，我不希望我们的主讲老师去游说家长续费，这确实和绝大部分的教育机构是不同的。"罗剑说。

火花思维从早期就设立了"辅导老师"这个角色，来为学生和家长服务，负责与家长沟通学生的学习和反馈课程问题等。这样完全解放了主讲老师，让他们可以专注为学生授课，同时还提高了教师教学的专业性和辅导老师服务的效率。

火花思维的主讲老师会将课堂中发生的问题同步给辅导老师，由辅导老师及时与家长沟通；当家长有需求时，辅导老师会针对家长的问题与授课老师即时沟通解决。

"这种沟通，其实也不仅仅是单线联系。每位学生、家长、主讲老师和辅导老师都是可以随时互相交流的，只是我们希望专人做专事，提升我们教学、服务各个环节的效率。"罗剑说。

从数学直播课、AI 数理思维课，到大语文课

目前，火花思维在教研方面已经搭建起很高的壁垒。罗剑介绍："从 2018 年至今，火花思维的课程已经做了数十次的迭代升级。其中，每一节课都需要经过 5 周的打磨，23 个环节测试、检验才能完成，每个阶段的课程都需要长达 4 万个小时的制作时间。"

以数学思维课程为例，火花思维已经从最初的 80 课时增加到 88 课时。其中，课程内容减少了很多计算类内容，增加了大量的益智思维素材。同时，火花思维还从幼儿心理认知的角度出发，设计了更多有趣的专题内容，比如增加了更多生活应用类的专题等。

在 2019 年，火花思维又开始在原有课程体系的基础上做加法。在同年 7 月和 8 月相继发布了"AI 数理思维课"和"火花大语文课"。

其中，火花思维推出的 AI 数理思维课是在火花思维原有的课程体系和数百万节课程数据的基础上进行了深度的分析，让 7 天 24 小时在线的 AI 老师拥有观察和读懂学生操作的能力，随时为学生进行智能的个性化引导教学。并且，火

花思维还会通过数据分析反馈的结果来配合动画、互动、激励体系、配套教具、练习册等，为学生提供有针对性的交互学习体验。

与此同时，火花思维还围绕 AI 数理思维课推出了"课前—课中—课后—反馈—复习"五步立体式学习流程，希望通过情景化的自主预习、个性化的互动教学、趣味化的知识强化训练、完整的学情效果评测报告以及寓教于乐的复习模块等来为学生还原真人教学的场景。

对于火花思维来说，在 AI 教育被提升至国家战略高度后推出 AI 数理思维课程似乎是顺理成章的事情。

首先，火花思维上线伊始就采用了固定时间、固定教师、固定班级的在线小班模式进行教学，推出 AI 数理思维课程可以满足一部分对于时间要求更灵活的用户。

其次，相对于直播互动的课程，AI 数理思维课程的价格更低，这对于一些在经济层面没有那么强支付能力的学生家长而言，减轻了家庭的经济负担。

而火花思维推出的火花大语文课程是一个新学科的全新尝试。

对此，罗剑表示，开发语文课程的初衷是自己的儿子到了学习语文的年纪。"火花思维推出的'火花语文思维九阶体系'从听、说、读、写出发，兼容课内核心知识点，同时延伸课外素养，锻炼孩子的语文思维能力，达成孩子全方位素质提升的目标。"

适可而止地做销售

从 2018 年 2 月开始，国家对学科类校外培训中的超纲教学和竞赛等进行了重点监管和整治。与此同时，教育部在出台的整治政策中开始鼓励发展素质教育。在此背景下，学科类的课程产品正在逐渐向素质类产品转变和迭代。

其中，作为数学下沿学科的边界，兼顾应试和素质教育的数学思维课程自然成为教育市场中的火热赛道。因此，无论是老牌 K12 巨头还是跨行业创业者都开始纷纷入场。

然而，从 2018 年下半年开始，国内的资本市场开始变冷，投资方对于标的的选择越来越谨慎，教育行业获得融资的案例明显减少，数学思维教育机构的融资周期也开始被拉长。到了 2019 年，更是有一些初创型机构逐渐销声匿迹。

在这个资本惜投的融资环境下，各家线上数学思维教育机构纷纷开始加大市场投入，进行营销战，争夺即将见底的"流量"。但罗剑一直说："火花思维要保持较'慢'的速度来做教育。"

2019 年，火花思维有几个月的招生增速特别快，已经超过了预期和目标。罗剑表示："我们 3000 多人的团队中只有 200 多位是课程顾问。目前，每个课程顾问都是超额完成业绩目标的状态。在招生增速过快时，我会选择暂时停掉对外投放，并要求课程顾问不要加班。"这在其他教育机构是很少见乃至不可能发生的。

北极光创投合伙人林路曾表示："教育最终不是流量的竞争，而是教研、教学以及服务的竞争。"

罗剑多次将火花思维称为"佛系"的企业。对于火花思维目前的发展阶段，罗剑谦虚地说："我们还在'从 0 到 0.5'的发展中。"

◎结语

对于火花思维接下来的发展，罗剑坦言，将继续打磨产品，培养更多价值观相同的教师，这是火花思维未来稳定发展的保证。"教育行业与互联网行业在本质上的玩法是不同的。教育行业更加看重的是学生的学习效果，有了学习效果家长才愿意续费，乃至将课程推荐给朋友、同事。而互联网行业注重的是流量、活跃用户数量。"

对于 2019 年的营收目标，罗剑表示："团队是有着一定的目标的，但与目标相比，我更加关心的是我们的课程产品能不能得到更多小朋友的喜欢，能不能获得更好的口碑。如果这两点做到了，我相信完成营收目标没有任何问题。其实，我们 2019 年的营收目标基本已经完成了。"

课程产品上线 18 个月，正式付费学员超 6 万名，累计融资 1.6 亿美元。这个业务增长的速度和企业发展的速度，可谓不算慢。"我们的发展速度虽然不算慢，但是我们坚决不追求快，我们是照着百年以上的企业去做的。"罗剑说。

2019 年的素质教育行业，在投资人眼中是什么样的？▶

根据统计局数据显示，2016 年，中国人均 GDP 为 8123.26 美元。2017 年，中国人均 GDP 为 8692 美元。2018 年，中国人均 GDP 接近 9800 美元。2019 年，根据 IMF（国际货币基金组织）预测，中国人均 GDP 将突破 1 万美元。

这意味着，2019 年中国生产水平将跨入发达国家的行列，借此带来的是国民消费将从实物性商品消费向服务性消费转变。

现阶段，国内的消费风向已经有了这样的趋势。

2019 年 7 月，国家统计局公布了 2019 年 31 省份上半年居民人均消费支出的相关数据。经初步核算，服务性消费占居民消费的比重已经接近 50%，这说明在实物性商品消费得到基本满足以后，居民消费在更多地向服务性消费转变。从上半年的人均消费榜来看，教育文化娱乐消费的增长最快。国家统计局住户调查办公室的分析表明，居民的人均教育文化娱乐支出增长了 10.9%，其中，主要是教育培训的增长较快，带动教育支出增长了 17.4%。

从消费数据来判断，对于素质教育行业从业者来说，接下来的几年将是素质教育迎来爆发的时代。

2019 年 1 月至 9 月，受大环境的影响，资本市场对素质教育整体的投融资规模有所收缩。各个细分赛道表现不一，已经是红海的少儿英语赛道持续吸金，而创业者的创业方向已延伸至启蒙阶段。还有一些新兴的赛道迅速崛起，其中最受资本关注的赛道是大语文和数理思维等。

2019 年同样是科技赋能素质教育的重要节点。越来越多的素质教育企业将大数据、AI 人工智能用于日常运营和教学服务中，借助在线技术的成熟和科技的赋能，线下传统机构也迎来了发展的新机遇。

资本寒冬、政策支持、科技赋能

2019 年 10 月 16 日晚，经纬中国创始管理合伙人张颖在其个人微博中发文表示，这段时间融资环境恶劣，融资难度无限加大，希望经纬系公司能够把握好节奏，高效利用每一分钱。对于投错了、令人彻底失望的公司，将不再会浪费新钱。

这次微博表态，是张颖的第五次寒冬警告。

早在 2018 年 12 月，张颖就表示："2019 年的资本市场不比往常。"同时，他给出了 8 条建议，包括意识到踩刹车需要时间，做最坏的打算和最清晰的准备，干掉公司 10%~15% 最不给力的人，换赛道，考虑行业内抱团、合并等。

2019 年，受资本市场大环境的影响，素质教育行业投融资整体规模较 2018 年同期有所下降，但是放在整个教育市场来看，素质教育仍是教育行业中唯一早中期项目持续增加的赛道，其中 STEM 与艺术教育领域是主要的投资去向。

不过，现阶段全行业还是处于融资难的阶段。

"从 2018 年 6 月开始（融资），一直到现在，还是没有融到。现在主要精力在业务上。"一位 STEM 赛道的创业者对睿艺说道。

"刚开始谈的时候，有几个投资人明确表示比较感兴趣，我们就比较乐观。但是慢慢发现，大环境越来越不好，投资人越来越谨慎，观望情绪比较重。整个行业的竞争越来越激烈，我们不得不暂时放一放融资这件事，将主要精力关注在业务增长上。"

有类似融资经历的创业者不在少数。而融资难的具体表现是，相较于以往的融资周期，现阶段的融资时间变长，投资人对项目的要求变高，比如现金流为正，资金和资源向头部企业集中。

在这样的大环境中，创业者一方面面临着越发严峻的资本环境，而至于什么时候环境能好转却"说不准"；另一方面要面对业务激烈竞争的压力。这二者相互影响，如果业务发展不顺利或不达预期，会影响融资。融资进展不顺利，耗费时间过长，又会影响业务发展。

然而，与低温的融资大环境形成对比的是，政策层面对素质教育是鼓励和支持的。

除了行业大环境的利好政策，国家和地方也出台了多个针对不同细分赛道层面的鼓励政策。

以 2019 年资金流向较多的 STEM 和艺术赛道为例，为了加速 STEM 教育发展，2017 年，国务院印发了《新一代人工智能发展规划》，其中明确提出实施全民智能教育项目，在中小学阶段设置人工智能相关课程，逐步推广编程教育。

2019年3月，教育部办公厅印发了关于《2019年教育信息化和网络安全工作要点》的通知。其中第23条明确要求，要实施学生信息素养培育行动，完成义务教育阶段学生信息素养评价指标体系，建立评估模型，启动中小学生信息素养测评。推动在中小学阶段设置人工智能相关课程，逐步推广编程教育。推动大数据、虚拟现实、人工智能等新技术在教育教学中的深入应用。

政策的支持以及STEM在市场渗透率仅有1.5%左右的现状意味着STEM教育的未来有着广阔的市场空间，能引来资本的持续加码投入。

在艺术教育领域方面，音乐、舞蹈、美术原本就是家长的传统付费强势科目。根据睿艺在2018年发布的中国家庭消费报告显示，艺术教育作为传统性和刚需性兼具的素质教育项目，仍最受家长的青睐，已经为子女选报艺术教育的家长占到本次调研家长总数的60%。

2019年6月，中共中央 国务院印发了《关于深化教育教学改革全面提高义务教育质量的意见》，其中明确提出要严格落实音乐、美术、书法等课程；帮助每位学生学会1至2项艺术技能；鼓励学校组建特色艺术团队；通过购买服务等方式，鼓励专业艺术人才到中小学兼职任教。

一边是政策春天，一边是融资寒冬。这样的大环境倒逼素质教育机构回归商业本质，做好教学和服务，用口碑和教学效果提供留存和转化，减少甚至杜绝烧钱获客的方式。

2019年9月30日，经国务院同意，教育部等十一部门联合印发《关于促进在线教育健康发展的指导意见》提出，鼓励社会力量举办在线教育机构，支持互联网企业与在线教育机构深度合作，充分挖掘新兴教育需求；要落实财政支持政策，各地完善政府购买优质在线教育资源与服务的相关制度；鼓励银行等金融机构开发符合在线教育特点的金融产品。利用创业投资基金、天使投资及资本市场融资等多种渠道，引导社会资本支持在线教育发展。

在真格基金投资副总裁姜敏看来，上述政策的出台令人非常振奋："这意味着国家对在线教育持有开放态度。因为在线教育实行备案制而非审核制，大大降低了在线教育的门槛，所以有利于素质教育的在线化。"

在线化正是素质教育机构的大趋势。

蓝象资本创始合伙人宁柏宇认为，在过去的五年中，影响教育行业最大的技术之一就是直播技术。随着宽带、手机等基础设施的普及、信息传输速度的加快，直播技术得以在教育行业成为日常教学的一部分。另外一个值得重视和期待的技术是人工智能，具体包括语音智能和图形、图像智能识别。

在2019年，素质教育机构纷纷尝试线上触网，众多高科技技术得以在素质教育行业有更深入和更广泛的应用。从最简单的推出线上轻课产品，到上线各种运营管理系统，再到使用人脸识别技术自动抓取、采集和分析数据，甚至开发AI伪直播教学产品等。

在广证恒生教育研究负责人黄莞看来，科技赋能使得线下传统机构获得新的发展机遇。得益于在线教育技术的成熟和普及，线下传统美术教育找到了一条轻量化的增长路径。而音乐教育机构利用科技打造出可持续的、可复制的师资体系和教学体系，实现教学过程和教学反馈的标准化。

瑞思教育集团董事长、贝恩投资私募股权亚洲区董事总经理兼合伙人王励弘表示，技术对教育的推动和改变已经越来越明显和深刻。现在AI技术已经渗透到教育的各个层面，比如，AI作为学生的测评工具，在测评之后还会向学生推送个性化的学习内容，真正实现学生个性化学习的目标。

创新工场合伙人张丽君表示，双师模式在K12已有突破，素质教育由于交互模型比较复杂，如实时的肢体动作，虽然现在还未看到有较成功的案例，但是未来结合更多适合特定场景的传感器，甚至5G、全息投影、穿戴感应设备等，是能够实现素质教育的双师模式的。

学科素养化和素养轻量化、多品类化

素质教育行业的发展不会因为资本市场不好就停滞，反而因为融资环境恶劣，整个行业正在加速进行自我调节和规范，并且不断有新的增长点出现。

当被问到素质教育行业的亮点变化时，"学科素养化和素养轻量化、多品类化"是创新工场合伙人张丽君给出的答案。

具体表现为，启蒙英语、数理思维、大语文三个学科的素养类课程快速发展。

其中，启蒙英语 2017 年引领市场，创业者和新项目不断涌现，投资人竞相追逐。以相对较低的课程价格，"动画、录播课 + 微信群点评、服务"的课程形式，借助 KOL 分销裂变，启蒙英语迅速渗透至全国范围。

得益于家长对语文素养培养的重视，大语文赛道被越来越多的巨头看好，新东方、好未来、网易有道、立思辰等纷纷开始布局。成立于 2017 年的河小象以写字课切入市场，采用"轻课 + 轻服务"的模式，在成立 15 个月后，单月营收突破 1000 万元。

思维数学在 2018 年初探市场，得到了不错的测试反馈后开始规模化发展。在得到大部分家长的认可后，目前正进入快速成长期。

上述三个赛道的共同特点：教学对象为低龄段儿童；以学科的素养课程作为学习内容；以在线模式为主要授课形式，包括小班直播、AI 录播等。虽然学习的内容不以考试为目的，但却有助于提升学生对学科的理解和应对学科考试的能力。

在 2019 年，素质教育行业另一个值得关注的亮点是轻课模型起步速度较快。轻课模式虽然刚需程度弱、客单价低，但家长们对其教学效果的要求低。轻课模式主要通过采用互动图文＋动画、录播＋伪直播内容，附加微信群服务、班主任点评服务的方式，在素质教育行业迅速发展。在张丽君看来，这样的模式适合于兴趣培养、习惯养成、视野拓展类的科目。

多品类、跨赛道竞争，是素质教育行业的常态

素质教育行业现阶段的特点是素质教育品类多，家长需求过于分散，客户生命周期短，单一品类公司不容易做大。

受限于上述特点，素质教育行业未来的竞争常态并非是单一品类的竞争，而是多品类、跨赛道的竞争。

从学习需求来说，不同年龄段的儿童有不同的发展目标。根据发展心理学的研究，0~2 岁是亲子依恋关键期；1~3 岁是口语学习关键期；3 岁是计算能力发展的关键期和培养独立性的关键期；4~5 岁是书面语言学习的关键期；0~4 岁是形象视觉发展的关键期。尤其是在儿童进入幼儿园后，学习内容同时涵盖"健康、语言、社会、科学、艺术"五个领域。同一时间段内，儿童学习的内容丰富多样。所以启蒙阶段的内容竞争并非是单一品类的竞争。

从机构运营角度来说，现阶段获客成本高，一次获客后，客户消费频次越多，消费金额越高，越能产生利润。但如果因为没有符合客户需求的产品导致客户流失，机构则需要再次获客。

因此，机构自身必须有足够丰富的 SKU 来吸引客户，满足客户的各种需求。这样既能在短时间内挖掘出单个客户更多的价值，也能拉长客户在机构平台的生命周期。

一村资本董事总经理兼同威资本管理合伙人刘晶认为，尽管现阶段素质教育行业整体相对分散，门槛比较低，但是经过几年的发展，行业集中度会相对提升，部分赛道的头部机构会趋向成熟。未来素质教育行业会向 K12 行业那样出现一些集群。这里的集群既包括基于地理位置的教育综合体，也包括一些优秀素质教育品牌的集群。

目前已经有 K12 机构布局素质教育和国际教育，形成从启蒙阶段到 K12 阶段的完整产业链。只是，素质教育和 K12 教育类型不同，家长的需求也不同，所以管理和运营模式需要因地制宜。

线下教育品牌基于地理位置，开始形成教育综合体。

线上素质教育企业从单一品类切入，开始向其他品类扩科。

还有一些产业投资人选择对素质教育的核心品类进行整合，比如少儿英语、STEM、国学等，最后形成一个素质教育品牌集团。不同的品牌整合为同一个集团，按照以往的经验来看，整合的难度很大。比如，如何改变家长对原有品牌的认知？新成立的集团如何打破各自为政、实现内部高效协同？

宁柏宇认为，教育行业想要实现"1+1 > 2"的前提是收购方的整合能力要足够强。教育属于运营型企业，对整合方的整合能力，尤其是人才维度的整合，要求非常高。

对素质教育行业从业者而言，无论线上线下，站在中国人均 GDP 即将破万美元的十字路口，面对未来居民消费结构转变的大趋势，素质教育行业的从业者需要考虑的是如何把握住这次机遇。

2019 年

素质教育培训行业
点滴记录

1月/January

01 微语言宣布获得 5000 万元 Pre-B 轮融资，由新东方领投，鼎晖投资跟投。据悉，微语言成立于 2012 年，主要为公立学校和培训机构提供一站式在线外教口语课程解决方案。

02 美联英语宣布于 2018 年第三季度完成 C 轮融资。据悉，该轮融资由道格资本、中金资本及慕华基金共同投资，投资额达 3 亿元。

物灵科技宣布即将完成 A 轮融资。从物灵科技此前的战略投资方东方网力发布的上市公司公告中获悉，此轮融资由人工智能平台商汤科技领投。物灵科技表示，此次融资将加速其消费级 AI+教育产品的落地进程，并进一步辅助其拓展目标受众和应用场景。

古诗文阅读学习 App "席读" 宣布完成 800 万元 Pre-A 轮融资，投资方未披露。本轮融资将主要用于优化产品工具的技术、市场拓展和上架更多书籍内容，以古诗文学习工具切入"大语文教育"。

03 有道少儿词典正式上线。该词典专门为小学生的语文和英语学习而设计，以查词为切入口，意在培养孩子在语文和英语两大学科领域的语感和知识积累。少儿词典的"汉字笔画书写 + 英语语音自然拼读"功能采用了语音交互方式。同时，结合少儿英语学习中普遍接受的"自然拼读"方法，有道少儿词典将所有英文词条用自然拼读规则进行标注和发音，引导儿童掌握单词拼读规则。另外，有道少儿词典支持中英双语的"广义查词"，单字、单词、词组、成语、谚语与诗词歌赋均可准确释义。

04 中小学通识教育平台"博雅云课堂"宣布完成千万级天使轮融资，本轮融资将用于技术升级和课程研发。建立通识能力模型也将成为博雅云课堂的发展目标之一，未来，所有课程研发都将围绕通识能力模型展开。

由京东集团图书文娱业务部与开卷信息技术有限公司联合成立的阅读与产业发展联合研究院发布 2018 年教育类产品及图书年度报告。报告显示，2018 年京东文教类图书的销售规模占据了整个图书市场的 18.7%。在 2018 年品牌销售排行中，前十名被职业类、语言培训类、早幼教类三大赛道占据。

05 青少年研学旅行成长平台"青蛙研学"宣布获得数百万人民币天使轮融资，本轮投资将主要用于产品研发、平台系统搭建以及团队人才培养，为 2019 年规范化快速覆盖全国市场做准备。

07 全国"扫黄打非"工作小组办公室对外通报，2018 年全国共收缴各类非法出版物 1590 万件，查处案件 1.2 万起，对于群众举报的移动学习 App 中涉嫌侵权、盗版、色情、低俗内容等问题，展开了专项整治，查处了"互动作业""纳米盒"等 20 多个学习类 App。

由福建省教育厅政策法规处调研员林文平率领的国家教育部校外培训机构专项治理工作督导检查组莅临艺朝艺夕、弗恩英语信地中心进行调研，督查校外培训机构专项治理工作。同行的还有安徽省教育厅基础教育处副主任科员王贵生，合肥市教育局局长王杰才、副局长王勇，瑶海区人民政府常务副区长杨术云、副区长康震纪，合肥市教育局职成处处长姚健，瑶海区教育体育局局长、党委书记蒋涛，党委委员陈彪。艺朝艺夕教育集团负责人余有才和任红校长等人陪同林文平督导组一行人参观了艺朝艺夕、弗恩英语信地中心，实地察看了中心大小硬件设施，详细了解培训机构的作息时间、课程设置、内部管理等情况，并对艺朝艺夕集团教学实践中的各项规划给予了高度肯定和赞誉。

北京市教育委员会印发《关于开展校外培训机构集中整改回头看的通知》，要求重点关注寒假期间，采取随机抽查、明察暗访等方式，对整改情况进行复查。目前，北京市台账内校外培训机构已全部完成整改，为防止反弹，要求各区开展校外培训机构集中整改回头看工作，严肃查处隐蔽违法违规培训行为。

08

0~6岁家庭亲子英语启蒙品牌"宝宝玩英语"联合艾瑞咨询，发布《中国在线幼儿启蒙英语行业白皮书》，指出中国英语启蒙行业历经了绘本阅读、微信小课，自2017年起正式进入分龄线上体系化课程时代。尤其是2018年下半年以来，针对该领域的投融资动作频发。在行业发展未来趋势判断方面，白皮书强调，启蒙英语概念将加速从一、二线城市到三线及三线以下城市的扩散，引发用户下沉全面展开。受到低幼儿童喜爱的明星老师、卡通形象，将在未来的营销中成为抢占用户心智、引发关注和追随的关键点。

秦汉胡同于2019年1月成立好研社、第伯乐项目。好研社以全生活学习服务为基础，构建中国女子诗意生活社群。人生及第靠伯乐，第伯乐教育科技服务品牌秉承才艺名师、人生导师的教育理念，为国内外青少儿、亲子提供高品质名师才艺教育服务。

主题为"师者荣耀"的2019蕃茄田艺术（中国）第七届教育年会在上海召开，怀揣教育梦想的创业者聚集一堂，共议创新教育未来发展。

09 腾讯教育旗下"企鹅辅导"发布了"三位一体生态化大语文"产品体系。企鹅辅导以知识、成长、素养、逻辑、思想、兼容六大理念为核心，构建了"三位一体"生态化大语文体系。整个语文教学体系的三大板块分别是"三位一体"阅读写作核心班课体系，"问鼎状元"、"规划复习"以及"翰林讲堂"等知识专项体系，"创意写作"、"汉文化"以及"悦读"等素养专题体系。

少儿英语品牌"子乐科技"宣布已于 2018 年 7 月获得数千万元 Pre-A 轮投资，由险峰长青领投。完成此轮融资后，子乐科技将于近期发布第一款产品——杜丫丫 AI 英语学习机启蒙版。从本质上来说，它是一个针对儿童优化的人工智能音箱＋触摸屏＋内嵌自制课程的三位一体的智能设备。

微信宣布进军教育产业，希望通过微信支付为教育行业中的高校、K12、校外培训机构进行赋能。微信小程序推出校园卡、报名缴费、学情分析、学习工具、城市服务、在线课程、家校互通、实名核身等一系列小程序，以提高学校和校外培训机构的工作效率，提升家长体验，助力教育行业的发展。

10 在线少儿数学思维教育品牌"豌豆思维 VIPThink"宣布完成 1500 万美元 A 轮融资，由 DCM 领投，老股东创新工场跟投，距其获得乐元素领投、创新工场跟投的数千万元 Pre-A 轮融资仅 6 个月。据了解，本轮资金将用于课程体系拓展、AI 智能教室建立等产品和技术方面的升级。

艺术升 App 针对此前艺考报名系统故障致全国数万名考生报名受影响事件，进行了关于"艺考指南卡""加急审核"有关情况的说明，并发布了名为《不说再见，拥抱明天》的公开信进行回应。说明声称，网传的"VIP 服务卡"实际应为"艺术升艺考指南卡"，与报名无关，可无条件退款，并将下架"加急审核"服务。

12 立思辰大语文和石油工业出版社联合出版的《乐死人的文学史·魏晋篇》新书发布会成功举办。立思辰大语文始终坚持与课程体系相匹配的原创语文读物的自主研发，针对不同阅读能力的读者设计不同风格的文学作品，"乐死人的文学史"系列图书就是结合小学阶段学生的阅读习惯和心理特点而研发的。

湖北省育婴行业协会、湖北省质量技术监督培训中心、湖北省儿童中心等相关组织联合多家托育早教机构共同启动了《婴幼儿日间照料托育机构服务规范》地方标准的制定工作。《婴幼儿日间照料托育机构服务规范》草案中提到，托育机构建筑面积不低于360平方米，幼儿人均建筑面积不低于8平方米；托育机构主出入口、幼儿生活及活动区域等应安装视频安防监控系统，确保监控全覆盖，录像资料保存30天以上等。目前该草案还需要专家论证、完善。

14 福建省教育厅发布《关于做好校外培训机构集中整改回头看工作的通知》。文件要求巩固培训机构整改成效，强化管理服务平台应用等，"全国中小学生校外培训机构管理服务平台"（http://xwpx.emis.edu.cn）将于近期向公众开放。同时，文件还要求加强寒假培训备案监管。

蕃茄田艺术参加第9届美国太空研究基地学生艺术创作比赛，学员作品分获一等奖、二等奖。

15 复星集团宣布收购运动类早教机构"小小运动馆（中国）"，成为复星旗下第一个投资控股的教育品牌。小小运动馆将与复星生态体系内的教育机构展开业务协同，未来将通过线上、线下的资源共享，围绕亲子消费领域，为全球儿童与家庭提供高品质的产品和服务，现已加入"宝宝树联盟"。

宝宝树宣布成立"宝宝树母婴联盟"，将以宝宝树母婴群体数据库为基础，为中小母婴商家提供服务，满足年轻家庭"衣食住行、健康、教育"等需求。官方介绍，基于线下机构流量分散、线上线下协同困难等现状，宝宝树母婴联盟将从流量、品牌背书、礼品、活动、供货等多个维度为中小母婴商家提供支持。

太合音乐集团总裁、CEO徐毅代表太合音乐集团宣布，着力扶持青少年创作人的"少年红星音乐计划"正式启动，郑钧受邀以太合红星厂牌主理人身份加盟，音乐制作人秦四风担任音乐总监。"少年红星音乐计划"将目光聚焦青少年音乐爱好者，重视青少年音乐人的创作能力，鼓励青少年敞开内心大胆表达态度。

16 教育部办公厅发布《关于全国校外培训机构专项治理行动整改工作进展情况的通报（截至2018年12月30日）》。目前全国2963个县（市、区）已启动专项治理整改工作，其中2758个县（市、区）已基本完成专项治理整改任务，县（市、区）完成率93.08%。

少儿编程教育机构"编玩边学"发布新品课程"迪恩艺术编程"。针对市场上编程教育普遍针对男孩，编程从业者男女比例不均衡的现状，编玩边学打造了专为女孩设计的编程课程。

在线少儿语言培训机构"DaDa英语"完成了2.55亿美元D轮融资，由华平领投，老股东好未来和涌铧投资跟投。

精锐教育集团完成对锐思教育的数千万天使轮投资。本次合作锐思教育将借助精锐教育的优质资源，实现信息共享、网络建设升级、UPC（商品统一代码）系统引进等精细化运营管理模式，逐步提升团队服务质量，推动整体发展。

17 教育部办公厅发布《关于做好全国青少年校园冰雪运动特色学校及北京2022年冬奥会和冬残奥会奥林匹克教育示范学校遴选工作的通知》。主要面向各地中小学（含中等职业学校）进行遴选，重点是开展冬奥会及冬残奥会项目、传统民俗冰雪项目及其他群众喜闻乐见的冰雪项目的学校。遴选程序包括自主申报、部门推荐、综合认定。第一阶段分三年完成（2018—2020年），第二阶段分五年完成（2021—2025年）。

18 少儿编程品牌"和码编程"宣布完成首轮融资，本轮融资的投资方是众为资本，投后估值达数千万美元。融资后和码编程将继续加大产品升级投入，打造 AI 智能学习课堂。

校车安全管理部际联席会议办公室发布 2019 年第 1 号预警，针对"黑校车"和校车违法行为，对各地校车安全管理协调机制办公室提出五点要求，包括组织力量对公办幼儿园和中小学实行网格化管理，逐校详细调查学生上下学交通方式；学生上下学高峰时段要在学校周边道路加派人员，加大巡逻执法力度；严格落实中小学校长、幼儿园园长、学生家长作为校园安全管理和学生保护第一责任人责任等。

美股上市教育公司"博实乐教育控股有限公司"发布 2019 财年第一季度（截至 2018 年 11 月 30 日）未经审计的财务结果，该财季营收 6.5 亿元人民币，比上一财年同期增长 39.7%，净利润 1.583 亿元，较上一财年增长 32.9%。

21 由国家体育总局网球运动管理中心主办，柳东体育中心承办的国家青少年网球队运动员选拔训练营在柳东新区柳东体育中心的柳州市网球中心开营。

22 国务院办公厅下发《关于开展城镇小区配套幼儿园治理工作的通知》，要求城镇小区严格依标配建幼儿园；小区配套幼儿园移交当地教育行政部门后，应当由教育行政部门办成公办园或委托办成普惠性民办园，不得办成营利性幼儿园等。

新东方公布了未经审计的 2019 财年第二季度业绩（截至 2018 年 11 月 30 日）。新东方 2019 财年第二季度营收 5.971 亿美元，同比增长 27.8%，归属新东方上市部分的净亏损为 2580 万美元，2018 年同期净利润为 430 万美元。

杰克熊儿童运动馆于青岛万达CBD（中央商务区）召开了"杰克熊品牌发布会暨尚贺体育战略合作签约仪式"，杰克熊作为尚贺体育旗下的子品牌正式亮相大众视野。尚贺体育自2006年从事儿童运动教育以来，严格参照国际青少儿运动协会标准，研发适合中国青少儿体质的运动体系，已形成杰克熊儿童运动馆、体育专项培训、赛事活动、营地教育、尚贺学院及体育器材六大业务板块。

23　英语演讲培训机构"影说家"完成了300万元天使轮融资，投资方为同程众创和歌斐创投，投后估值为2300万元。影说家表示，该公司目前线下学员近百人，年营收近400万元。

西瓜创客在上海举办"编程未来节"，在这场"编程孩子的年会"上，西瓜创客推出了"Mission 42"（任务42）计划，同时也公布了一系列太空宇航主题的编程公益课预定，并且宣布该公益课程未来所取得的全部收入都将被捐献给中国的太空宇航探索事业。

澳洲联邦政府授予乐斯澳洲音乐教育中心校长Rachel Zheng（雷切尔·郑）"2019传奇人物"奖。本年度共有300余人候选，Rachel Zheng因其在艺术教育领域所做出的杰出贡献，得到澳大利亚政府的高度认可。

24　美股上市公司"好未来"公布了2019财年第三季度（截至2018年11月30日）未经审计的财务报告。财报期间，好未来营收达5.86亿美元，同比增长35.3%；归属于好未来的净利润达1.238亿美元，同比增长204.5%；学生总人数约2599180，同比增长68.4%。

神州鹰软件科技有限公司与大地幼教机构在厦门签署战略合作协议，通过定制化的智慧幼教解决方案，推动幼儿园向信息化转型，在进一步提高效率的同时，实现优质幼教资源共享，共同探索幼教新模式。

山东省教育厅下发《关于成立山东省人工智能教育领导小组的通知》，该领导小组将开展人工智能基础知识的普及工程，推动"人工智能＋教育"应用场景的建设，并在全省组织申报人工智能教育试点市（区、县）、试点校。人工智能教育领导小组下设基础教育、考试工作、智慧校园三个专项工作组，将立足试点区域、面向全省推进人工智能课程教育教学，探索人工智能条件下的人才培养模式、教育服务模式和教育治理模式。

25　少儿编程平台"编程猫"宣布完成新一轮融资，本轮融资由光大控股旗下光控众盈资本领投，老股东展博创投持续跟投，累计融资近六亿人民币。此次融资后，编程猫将进一步打磨产品，完善编程课程体系，通过自主研发的编程语言工具，切入 B 端公立校；通过培训业务，直接服务 C 端学生。

26　蕃茄田艺术与后生公益基金会合作，全国落地 68 家"蕃茄田艺术公益计划基地"，首站落地大连。

在中国教育学会和北京海淀区教育委员会联合主办的第三届"全国教师专业发展学术会议"上，高思教育创始人兼 CEO 须佶成分享了人工智能在教学场景中的应用与实践，并透露高思教育已建立了"AI 实验室"。目前高思已经实现利用学生数据进行学情分析，自动生成个性化教案，为学生定制专属教材；搭建智慧虚拟课堂，将教师与丰富的教学场景自适应融合，让教学更生动；尝试在线智能阅卷，将 AI 的图像识别技术融入教学，实现在线高效批改作业，辅助教师提升工作效率。

28 教育部办公厅公示了《2019年度面向中小学生的全国性竞赛活动名单》，拟确定了面向中小学生的31项竞赛活动，包括12项科技创新类竞赛、14项学科类竞赛、5项艺术体育类竞赛。以素质教育为导向的科创类、艺体类竞赛总量超过了学科类竞赛。此外，在面向高中学生的14项学科类竞赛中，数学、物理、化学、生物四大学科的奥林匹克竞赛都包含在内，但同属五大学科竞赛的"全国青少年信息学奥林匹克竞赛"未出现在名单中。

30 STEAM教育内容供应商"唯科乐"完成了Pre-A轮融资，由深圳蓝海众力资本管理有限公司领投，深圳市朗科投资有限公司跟投，融资将用于市场推广和内容迭代，金额暂不披露。

教育部、住房和城乡建设部联合印发《幼儿园标准设计样图》，内容主要包括标准条文图示、场地和房间布置图以及方案示例，将于2019年2月1日起正式实行。《幼儿园标准设计样图》由教育部、住房和城乡建设部组织东南大学建筑设计研究院有限公司编制，由教育部负责管理，具体解释工作由东南大学建筑设计研究院有限公司负责。

31 精锐教育公布了2019财年第一季度（截至2018年11月30日）未经审计的财务业绩。财报显示，2019财年第一季度精锐教育收入总额为6.47亿元，同比增长46.6%。归属于上市公司股东的净亏损为1630.7万元，同比下降159.1%。

家燕妈妈艺术中心宣布完成1280万元Pre-A轮融资，本轮融资由香港梦想沙龙娱乐领投，小橙基金跟投。资金将用于独家课程产品研发、线上教务管理体系研发、师资团队扩建、品牌推广、运营体系及校区扩张等，进一步完善全国市场布局。

2月/February

01 秦汉胡同宣布完成 A 轮融资。本次融资由一村资本领投，沪江教育、苏州汇利华等机构跟投，投资金额 1 亿元，是迄今为止境内国学领域最大规模的融资。新一轮融资也已经开始，将于 2019 年下半年完成。

鲸鱼小班（原柔持英语）宣布1月业绩突破2000万元，较2018年同期增长6倍以上。官方介绍，近一年来，其续费率在70%以上，平均获客成本低于2000元。

05 在线青少儿英语"51Talk"宣布王俊凯成为新品牌代言人并担任"学习队长"，双方将在全平台开展深入合作。官方透露，选择王俊凯作为新品牌代言人，除看重其活力阳光的形象和强大流量优势之外，还看重他在粉丝们心中积极向上的榜样号召力量。2018年年初，51Talk宣布51Talk品牌未来将专注于在线青少儿英语教育，随着聚焦在线外教青少儿1对1业务，51Talk也在标志、硬广、热门IP绑定、场景影响和KOL合作等多方面进行营销探索。

幼儿教育服务提供商"红黄蓝教育"宣布，以约人民币1.25亿元现金收购了新加坡某民营儿童教育集团约70%的股权。在收购的同时，公司计划将其名称从RYB Education（RYB教育）更名为GEH Education（GEH教育），公司董事会已批准更改名称，并将提交公司股东大会，以供股东进一步审批。

12 儿童素质教育培训机构及原创舞台剧演艺公司"咘噜梦幻空间"宣布获得了时尚资本天使轮投资。本轮融资将继续以自有的"咘噜"系列IP为基础，开展青少儿戏剧教育培训及儿童舞台剧演艺、儿童动画等多线业务，在课程研发、市场拓展、自有IP内容及儿童综合素质教育方面深度挖掘，逐步展开。

幼教互联网企业"壹点壹滴"宣布完成数千万元Pre-A轮融资，本轮融资由盛景嘉成、坤言资本共同领投，华夏桃李担任独家财务顾问。资金将用于人才的引进、"紫荆新父母成长平台"的持续建设以及市场的开拓。

14 北京市教育委员会发布《北京市普惠性幼儿园认定与管理办法（试行）》，认定幼儿园、社区办园点、中小学附设幼儿班均可参与普惠性幼儿园申报，申报条件必须满足：登记性质为非营利性；在北京市幼儿园办园质量督导评估中评价结果获得C类及以上。

15 国家青少年网球队训练营在国家体育总局训练局开营。本次训练营的培训时间为2月15日至3月14日，共有40名14岁以下的优秀青少年运动员参加。本次训练营由国家体育总局网球运动管理中心和中国网球协会主办，国家体育总局训练局和北京壹壹贰叁青少年网球俱乐部承办。

北京市教育委员会、北京市人民政府教育督导室联合印发《北京市幼儿园办园质量督导评估办法（试行）》，将总分设为1000分，评估结果设为A、B、C、D四个等级，其中达到A、B两个等级的幼儿园，方可参与《北京市幼儿园办园质量督导评估标准（试行）》附加分项的评定。另外，幼儿园出现下列情形，视情节给予降级处理，直至降为不合格：出现歧视、体罚、变相体罚、侮辱、虐待幼儿等行为的；出现重大安全事故的；出现严重儿童伤害事件的；出现其他造成社会重大负面影响事件的。

YSS游美环球滑雪学院，从成立之初就迅速囊括"3国5地"的YSS冬奥滑雪营，分别是国内的北京站、崇礼站，国外的日本长野站、新西兰双城站（基督城＋奥克兰）。首年YSS滑雪冬令营总招生人数当即突破500人次大关。

18 童行学院宣布完成数千万元Pre-A轮融资，由红杉中国种子基金领投。本轮融资资金将主要用于童行学院App的开发和技术团队的扩充。

在线英语教育机构"阿卡索"宣布完成亿元级 C1 轮融资，由老股东 IDG 资本和深创投双领投，广东文投和泊富基金跟投。融资资金将主要用于提升产品质量，打造更好的教学品质，全方位提升用户的学习体验和学习效果，继续加速和扩大其在在线少儿英语领域的布局。

核桃编程宣布完成 1.2 亿元 A+ 轮融资，此轮融资由高瓴资本领投，老股东 XVC、源码资本跟投。至此，核桃编程 A 系列轮融资总额已超过 2 亿元。此轮融资之后，核桃编程将持续加大对技术和内容研发的投入，从数据驱动的"半自适应"走向 AI 驱动的"全自适应"。

19 高瓴资本完成了对好未来 5 亿美元的股权投资，交易完成后，高瓴资本的股权占比达 7%。早在 2018 年 1 月，好未来就向高瓴资本定增了一笔 5 亿美元的股权投资。但后来受"浑水做空好未来股价"事件的影响，高瓴大幅减持了好未来的股票。

20 少儿编程教育机构"小码王"宣布获得亿元级 B+ 轮投资。本轮资金将继续用于加大课程研发的力度，促进课程的迭代升级，以及发力人才的培养，进一步扩充优质师资队伍。

智滕教育宣布不久前完成 2400 万元 A 轮融资，本轮融资由华盖资本领投、伙伴基金跟投。资金将主要用于课程研发和产品迭代。智滕教育多年深入研究幼儿特色教育课程，针对 4~12 岁幼小阶段群体发展特色教育培训项目，其自主研发的珠心算课程具备三个功能：教育功能、启智功能和计算功能。

好未来（北京新唐思创教育科技有限公司）获批由人力资源和社会保障部、全国博士后管理委员会公布的新一批博士后科研工作站。博士后制度是我国培养高层次创新型青年人才的一项重要制度，博士后科研工作站为我国的高技术人才与企业搭起了桥梁。好未来本次获批的博士后科研工作站在教培业是第一家，也意味着好未来从教研到科研的转身。

达内教育集团与美国 CodeCombat 建立全面战略合作伙伴关系，双方将共同合作 Python 课程和赛事，学员毕业合格并通过国际认证考试后，美国 CodeCombat 将为其颁发美国 CodeCombat 的国际认证。在课程方面，双方合作后，将带领学生探索人工智能编程知识，熟练掌握编程算法，在综合实践中解决实际复杂问题，最终掌握高阶编程技能。

21 优必选旗下编程教育机器人品牌"Jimu Robot（Jimu 机器人）"推出全新产品"Scorebot（足球特攻队）"，这款结合曼城足球俱乐部元素的产品是优必选在 AI 教育上的新尝试，它不仅适合球迷，也适合青少年，体现了优必选一直倡导的 AI 教育理念——丰富的教育属性、极高的搭建乐趣、易上手的图形化编程，以此培养青少年的逻辑思维能力、动手能力以及创造力。

悠贝在十周年庆典上对外推出悠绘玩、三味微剧、读众传媒三大子公司品牌，并就三大子公司未来的业务布局和发展战略进行了分享。

22 教育部发布《2019 年工作要点》，明确推进信息技术与教育教学深度融合，大力加强劳动教育，推进学前教育普惠发展，切实减轻中小学生过重课外负担，深化教育评价体系改革，系统推进教育督导体制机制改革等 34 项重点。

23 音乐教育公司"The ONE"在广州举行"2019 新品发布会"，本次发布会以"ONE 由心生"为主题，正式发布 The ONE 全新品牌"熊猫 AI 陪练"及未来发展策略。同时，"The ONE 智能音乐教育"正式将品牌升级为"小叶子音乐教育"。

24 妈宝营获得数百万人民币天使轮投资。妈宝营是一家海外插班幼儿园中介服务提供商，主要为 2~6 岁的宝贝和妈妈提供海外插班服务，具体的模式是一个家庭或几对妈妈＋宝贝，以共享的模式，用三周到三个月时间，在全英文浸入式环境中体验另外一种生活方式。目前妈宝营拥有 2C 和 2B 两类产品。

以 AI 为核心技术支撑的乐斯·易古筝课程在广州乐器展盛大发布。课程通过乐音识别技术，将古筝原声音色传输到智能课件中，实时得出反馈结果。课程设置共 7 年，配备四大曲库同步支持，全面提升民乐教学效率。

25 波恩波比专注对自闭症儿童及其家庭进行关爱升级的康复项目——"象芽塔"在山东济南正式启动，并宣布同步完成百万级天使轮融资。

教育部等五部门召开城镇小区配套幼儿园治理工作座谈会。会上，教育部副部长、党组成员郑富芝表示，要顺利实现党中央国务院确定的普及普惠目标，扩大普惠性学前教育资源供给是根本，抓好城镇小区配套幼儿园建设和规范管理是关键。做好治理工作，要做到三个"不动摇"：一是坚持学前教育公益普惠的基本方向不动摇，让人民群众的子女"有园上""上得起"；二是坚持公办民办并举不动摇，充分发挥好政府和市场两个方面的作用，既要大力发展公办园，也要鼓励支持更多的民办园提供普惠性服务；三是坚持积极稳妥推进治理工作的决心不动摇，小区配套幼儿园是公共教育资源，国家关于城镇小区配套幼儿园建设和管理的政策规定是明确的，但一些地方落实不到位，这次治理是对已有政策的回归和落实。

原唐朝乐队吉他手陈磊老师亲自参与研发的乐斯吉他陪练系统上线，填补市场空白。该软件与课程内容实时同步，通过六维音乐力向家长反映学习成果，并传输给授课老师，实现家校无缝连接。

26 艺术教育品牌"PS-ONE"宣布已于 2018 年 11 月 13 日获得了来自弘成教育投入的数千万级 A 轮投资。据了解，此次融资将主要用于师资培养与产品研发、内容扩展与布局优化，致力于打造涵盖多领域的教育布局，为拥有艺术梦想的学生提供体系化的教学服务。

在线教育平台"51Talk"在京举办了"More3"2019战略发布会。此次发布会围绕普惠、专业、有效三个核心，发布了"1+2+1"战略及新一代H5互动教学产品"妖果AI"，并联合金鹰卡通卫视、巧虎和美国Teacher Created Materials出版社，成立了"普惠教育联盟"。

专注于少儿编程教育的"乐芒iMango"宣布完成数百万人民币天使轮融资，本轮融资由弘慧教育发展基金会领投，寓乐湾跟投。本轮融资后，乐芒将进一步优化"芒果乐联"实物编程产品，以丰富实物编程课程体系，拓展全国编程教育合作渠道，并将于60天后发布芒果乐联实物编程产品。

27

美股上市公司"流利说"发布第四季度及全年未经审计的财务报告。财报显示，流利说2018年第四季度净收入为人民币2.25亿元，同比上涨195.1%；第四季度净亏损为1.63亿元人民币，而2018年同期为1.11亿元人民币。

早教机构"积木宝贝"宣布完成数千万元A+轮融资，本轮融资由中南传媒旗下泊富文化产业基金领投，由和信资本担任独家财务顾问。此次融资完成后，积木宝贝将在中南传媒综合资源的扶持下，在选址资源、获客成本、品牌塑造等方面获得优化。

28

国际课程培训品牌"唯寻国际教育"宣布完成数千万元A轮融资，由涌铧投资领投，多鲸资本担任独家财务顾问。创始人兼CEO潘田翰表示，本轮融资将主要用于开发国际教育优质教辅产品，完善标准化教研体系与教师培训。

中国0~6岁家庭亲子英语启蒙开创品牌"宝宝玩英语"对旗下栏目"丹尼绘本馆"进行内容扩充，扩充后的平台内容涵盖宝宝玩英语原创、外语教学与研究出版社、BBC的精选资源，届时"宝宝玩英语"的用户可以通过丹尼绘本馆将多种优质英语启蒙资源"一网打尽"，获得更好的英语启蒙体验。

3月/March

01　"中国体育教育从业培训网"启动仪式在中国光华科技基金会会议厅召开，"中国体育教育从业培训网"平台是国家体育总局的立项项目，由国家体育总局体育信息中心指导和监督，是国家体育总局对外授权用于体育教育各项目的从业培训线上线下服务一体化平台，同时也是便于体育人才查询认证和就业指导的人才信息库。该平台有两大板块：一是体育培训机构标准化课程体系建设及培训机构资质认证；二是体育从业人员技能培训认证及证书颁发。

在线少儿英语品牌"VIPKID"推出在线 1 对 4 数学思维课程"噜啦数学"，面向 5~10 岁儿童，试听课已于 2019 年 1 月上线。

02　Kids 'R' Kids 凯斯国际幼儿园北京双知酒仙桥园在停课两周后突然停业，导致园中 20 多名幼儿无处可去，多名家长的上百万学费及员工几十万元工资无法妥善解决。凯斯国际幼儿园官方回应：将尽快安置孩子去其他 Kids 'R' Kids 品牌授权园所就读，对于已经缴费的学员，在追索完成前将暂缓新入园的收费；与家长进行情况核实，在律师确认后，暂代北京双知进行损失学费的部分垫付；若司法程序过长，承诺代为退还剩余学费。

04　在线少儿英语"Proud Kids"宣布完成数千万元 Pre-A 轮融资，由源星资本领投、BV 百度风投和正念资本跟投。本轮融资主要用于课程设计、师资培养、运营管理系统搭建等方面。

儿童场景英语品牌"麦禾教育"完成 1500 万元人民币天使轮融资，本轮融资由清科资管领投，信合资本跟投。此轮融资将主要用于产品研发、技术升级和校区拓展三大领域。

青少年科创教育品牌"智勇教育"获德晖资本数千万元A轮融资，并宣布与精锐教育达成战略合作。此轮融资资金将主要用于基础硬件建设、主力人才储备以及产品课程开发等方面。

北京盛通印刷股份有限公司发布成立教育事业部的公告，指出为了对公司教育业务资源统一部署，充分发挥协同效应，公司决定成立教育事业部。

05 十三届全国人大二次会议开幕，国务院总理李克强作政府工作报告。报告提出，支持社会力量兴办托育服务机构。在"加快发展社会事业，更好保障和改善民生"部分，报告提出2019年的教育工作重点是"发展更加公平更有质量的教育"。

07 宝宝树发布公告称，已经与复星旗下的小星医生签订服务协议，进一步推进其知识付费业务。双方合作模式为小星医生入驻宝宝树平台，提供专家解答及心情倾诉在线服务，并向宝宝树支付技术服务费。预期2019年及2020年年度技术服务费上限分别为人民币900万元及人民币300万元。

编程猫与全球知名IP"会说话的汤姆猫"达成深度合作。目前，汤姆猫家族已正式入驻编程猫平台素材商城，在编程猫旗下创作社区建立了"会说话的汤姆猫素材专区"，共上线120个素材，其中包括47个形象角色素材、16个背景素材、48个道具素材、1个界面素材以及8个配乐素材。据编程猫统计，会说话的汤姆猫素材专区仅仅上线3天就被编程猫平台的用户采集了7000余次。

08 赫石少儿体能馆获好未来天使轮投资，金额未透露。赫石少儿体能馆官网首页显示，赫石品牌隶属于北京赫石体育文化发展有限公司，成立于 2013 年，是一家少儿体能训练机构，目前在北京有 4 所场馆，总面积达到 2 万平方米，会员 3 千余人。

乐斯音乐力大数据系统共收到 16808572 条练习数据，为后台的 AI 学员演奏行为分析提供了强有力的数据支撑。同时，从 2016 年 8 月 13 日至 2019 年 3 月 8 日，经历了 937 个日夜，乐斯电鼓课程 6 年全面上线，包括幼儿课程 2 年、青少课程 4 年。

在线少儿英语品牌 "VIPKID" 宣布其已经与牛津大学出版社等全球 11 家国际版权机构确立战略合作伙伴关系，并将联合多品牌矩阵为 0~18 岁不同阶段孩子提供 K12 一站式学习服务。

10 "科贝乐课程发布会"在上海召开，会上科贝乐发布了"全脑英文课""全脑音乐课"两门全脑早教课程，对其经典课程"全脑中文课"也进行了优化升级，并宣布启动合伙人模式。

11 游美营地教育宣布完成数千万 A 轮融资，投资方为物源资本、荣正资本等机构。2017 年 11 月游美曾获得荣正资本近千万 Pre-A 轮投资。此次完成 A 轮融资后，游美将拓展新的业务领域，优化自身产品结构，重点布局夏校、研学旅行、周末营、定制营等产品，并充分利用游美营地场地资源优势，开展多时段、多项目的营地运营。

美股上市公司"达内教育"发布了截至 2018 年 12 月 31 日的第四季度及全年未经审计的财报。财报显示，达内教育 2018 财年收入成本较 2017 财年同期增加 53.5%，达 9.195 亿元。第四季度净营收较 2018 年同期下降 0.3%，为 6.153 亿元。

互联网母婴社区平台"宝宝树"宣布战略投资"爸妈营"和"Momself"两大年轻家庭服务品牌，投资金额共计数千万元。据了解，此次战略投资旨在加强与母婴亲子领域企业的合作，从而加快构建年轻家庭产业服务联盟。

12 深圳户外教育品牌"深圳儿童周末"宣布获北塔资本数百万元 Pre-A 轮融资，资金将主要用于扩大团队，研发产品，以及加大市场投放力度。深圳儿童周末成立于 2015 年 11 月，2018 年推出营地户外板块"森林学院"，通过单次项目课程、主题系列课程、假期营地课程三大业务板块为 3~12 岁中产家庭提供户外课程和营地教育类产品，平均客单价为 260 元。

小鹅通发布《2019 知识付费内容分销白皮书》，基于小鹅通内容分销市场，内容包含对市场特征、运行环境、市场上下游环节、整体格局、商业模式、典型案例以及行业未来发展趋势预测等方向的研究，同时还对目前的知识付费行业及内容分销产生的背景做出了解读。

13 青少儿体育培训机构"万国体育"发布《关于拟申请公司股票在全国中小企业股份转让系统终止挂牌的提示性公告》，显示北京万国天骥体育股份有限公司根据公司业务发展及长期战略发展规划，同时兼顾降低公司运营成本，提高公司决策效率，经慎重考虑，公司拟申请股票在全国中小企业股份转让系统终止挂牌。

14

三垒股份发布《2019年公司章程修订案》，公告称三垒拟将公司名称由"大连三垒机器股份有限公司"变更为"大连美吉姆教育科技股份有限公司"，公司主营业务范围由以前的"机械设计制造"变更为"留学教育咨询、幼儿教育服务、机械设计制造"。证券简称暂不变，待交易所核准后变更。同时，高管履约增持，美吉姆重组交易对方（现任公司总经理、董事刘俊君）履行约定继续增持公司股份，增持金额不超过原交易对价的30%。

乐宁教育宣布推出学龄前全日制课程"Big Day"。据乐宁教育联合创始人兼总裁何向颖介绍，围绕养成式教育的品牌理念，乐宁全日制课程将采用牛津大学出版社出版的国际幼儿园教材 Show and Tell，并通过"全日制管理""全外教教学""全英文交流"的教学模式，为学龄前儿童提供语言教学产品。

蕃茄田艺术出席2019全美艺术教育大会（NAEA），蕃茄田艺术教研团队以蕃茄田艺术小学课程的实践为例，发表"数据、类比、可视化——蕃茄田艺术的教育实践"主题演讲。

15

乐动体育打造的国际少儿足球培训基地启动仪式在南安普顿举行，乐动体育创始人 Daniel Knox（丹尼尔·诺克斯）和培训基地教练出席了发布会。乐动体育在欧洲聘请了多名足球教练来训练营从事教练工作，而这些外籍教练中有很多人在欧洲知名足球俱乐部青训营工作过。不仅如此，乐动体育还经常组织队员到欧洲各足球俱乐部进行交流学习。

美股上市公司"瑞思英语"发布了截至2018年12月31日的第四季度财报及全年未经审计的财报。财报显示瑞思英语2018年第四季度总收入达人民币3.542亿元，同比增长30.1%；2018全年总收入为人民币12.72亿元，同比增长31.2%。瑞思英语的全年净利润为人民币1.43亿元，第四季度净利润为人民币0.3亿元。

在线少儿英语机构"莎翁少儿家庭英语"宣布破产。莎翁少儿家庭英语隶属于深圳莎翁教育咨询有限公司，该公司于2016年6月注册成立，2017年12月完成数千万元Pre-A轮融资，投资方为晨晖创投。

16 51Talk发布2018年第四季度财务业绩报告，财报显示51Talk第四季度现金收入5.032亿元，净营收2.981亿元，毛利率62.5%；运营亏损为1.29亿元，2018年同期运营亏损1.529亿元；净亏损为1.4亿元，2018年同期净亏损1.597亿元。其中，菲教青少1对1业务现金收入达3.657亿元，2018年同期为2.243亿元，同比增长63.0%。

18 北京体育大学通识教育中心成立揭牌仪式暨北京体育大学通识教育系列培训首场讲座在奥林匹克讲堂举行。北京体育大学副校长高峰、复旦大学通识教育中心主任孙向晨及北京体育大学各学院负责同志和相关任课教师参加了中心成立揭牌仪式。

文启优思高端托教宣布完成数千万元A+轮融资，本轮融资由源道投资、高思教育、柏宏锐尔合投。文启优思CEO周兴天表示，本轮融资将用于"托乐乐"系统开发优化、"周中ACT"自学习产品体系升级、产品2B服务等方面。

早教机构服务商"时光迹"完成500万元天使轮融资，投资方为风物资本。目前，时光迹在国内已经合作了300多家园所和教育机构，包括狄邦教育集团在中国的学校以及智课教育子品牌"USKID"，并在2018年年底签约了万科、金地等地产公司，为其商业地产的教育板块提供SaaS（软件即服务）、内容和师训体系。

"好希望上市筹备委员会成立暨新闻发布会"在山东召开，会上北京好希望教育科技有限公司宣布成立"好希望上市筹备委员会"，计划在五年内完成上市。北京好希望教育科技有限公司旗下品牌包括少儿美术教育连锁品牌"希望美术教育"、高端少儿美术教育品牌"绘尔森"、中小学生托管教育品牌"米德优"、中小学生国学教育品牌"136书法学堂"，另外还建有灵感少儿美术研究院、北京希望师资学院等，其中希望美术教育是其目前校区规模最大的核心业务。

19 南昌市教育局印发了《关于遴选南昌市第三批中小学生研学实践教育承办机构和基地（营地）的通知》，决定组织开展南昌市第三批中小学生研学实践教育承办机构和基地（营地）的申报和遴选工作。

网易有道 CEO 周峰在媒体活动中介绍了网易有道最新的业务布局，并表示 2019 年在线教育是网易的重点发力方向，同时将用两款重磅产品"有道小图灵"和"卡搭编程"布局少儿编程赛道。

叽里呱啦举办媒体见面会，叽里呱啦联合创始人许可欣就叽里呱啦目前的运营情况和 2019 年的战略决策进行了分享。许可欣表示，2019 年将着力向三四线城市下沉，目前叽里呱啦已累计覆盖 2500 万学员，2019 年预计至少增加 1000 万。

幼师服务公司"大爱幼教"宣布完成 A 轮融资，投资方为启元教育。本轮融资将主要用于幼师培养培训等方面。目前，大爱幼教在全国建立了十大区域中心，以及法国、英国、北欧地区等三个国际中心，拥有 2 家示范园、5 家托管园、39 家培训园和 165 家公益园，同时在上海成立了托育机构——"大爱托育园"。此外，公司还与兰州职业技术学院和曲阜远东职业技术学院等高校达成战略合作，与中国民生投资集团旗下的中民文化共同协作建设乡镇幼儿园。

幼儿园服务商"朗朗教育"发布 2018 年年报，年报显示公司 2018 年营收达到 1.94 亿元，同期增长 9.11%；净利润达到 0.25 亿元，同期增长 7.48%。经营活动产生的现金流量净额 94 万元，同期下降 97.70%。

20 成都市发展和改革委员会、成都市卫生健康委员会联合发布了《关于入围成都市城企联动增加普惠性托育服务（0~3 岁）有效供给第一批备选服务型企业、需求型机构、投资型企业、支持型企业等 4 类企业（机构）推荐清单》。

少儿在线英语品牌"英语小神童"完成了对"咕比宝宝英语"的并购。此次并购完成后，英语小神童将延展 0~6 岁产品年龄线，布局 6~12 岁幼小衔接及小学生的 AI 英语课程产品。此外，英语小神童正在进行 A 轮融资，以在用户服务、技术投入、市场放量上加快步伐，提高市场占有率，在保证现有用户的体验和满意度的同时，完成对新年龄人群的服务和产品业态的测试。

精锐教育集团宣布收购蒂比艺术成长，这是继收购小小地球，并购天津华英教育、巨人教育之后，精锐教育集团在教育全产业链上的又一布局，也是在素质教育领域的又一次尝试。

博实乐教育集团与北纬开营（北京）教育科技有限公司举行了合作布局游学营地产业的签约仪式。博实乐拟对北纬开营进行战略投资，取得其 25% 股权，并将在未来四年视北纬开营业务发展情况持续加大投资比例。该投资是博实乐在游学营地板块进行深度战略布局的重要举措。

21 美股上市公司"红黄蓝教育"发布截至 2018 年 12 月 31 日的第四季度财报和 2018 年全年未审计的财务业绩。数据显示，2018 年公司第四季度营收为 4500 万美元，同比增长 15.2%，毛利润为 790 万美元，归属于红黄蓝普通股股东的净利润为 60 万美元；2018 年全年营收为 1.565 亿美元，毛利润为 2560 万美元，而归属于红黄蓝普通股股东则显示为亏损状态，净亏损额 180 万美元，调整后净利润为 510 万美元。

22 中科致知教育集团与贝迪堡（中国）宣布进行战略合并。合并后中科致知与贝迪堡将整合双方教育资源，升级贝迪堡品牌形象和产品内容，新增托育服务模块，布局中国早期托管和教育市场。

23 火花思维宣布完成由龙湖资本、北极光创投领投，IDG 资本、山行资本、金沙江创投、红杉资本中国基金、光速中国等老股东跟投的 4000 万美元 C 轮融资。据火花思维创始人兼 CEO 罗剑介绍，新一轮融资将继续用于教研教学开发和产品内容升级等方面。

24 "跳水女皇"高敏和近百位奥运冠军共同发起了"北京星能公益基金会"。动吧体育赞助该基金会，并希望通过这只基金，帮助更多退役运动员更好地融入社会，找到更好的就业出口，如教育、金融、管理、科技行业等。

腾讯游戏商务副总裁、政务合作负责人张巍正式宣布腾讯游戏将与海外编程平台"Scratch"展开深度合作，腾讯已整合旗下资源推出了"Codind"平台。腾讯将为 Scratch 建立官方的传播与分享渠道。此外，腾讯云将为 Scratch 提供网络加速服务，以提升中国用户的访问体验；而腾讯游戏将提供更多创作素材，中国儿童用户将可获得访问速度更快、创作内容更丰富的可视化和模块化编程体验。

25 国家青少年网球队训练营在国家体育总局训练局西院落幕，40 名 14 岁以下国内优秀青少年运动员，得到了国内顶尖技术教练和体能教练的针对性指导。中国网球协会在 2019 年出台诸多创新改革举措，旨在为全国青少年网球运动员营造更加良好的成长环境。青少年网球后备人才培养体系和 U 系列竞赛体系已经建立。

舞蹈领域垂直服务商"DanceA"获得千万元级天使轮投资，投资方为睿鼎资本，由无界资本和荔源资本担任财务顾问。DanceA 成立于 2018 年 1 月，现已签约近 500 家舞蹈学校，预计 2019 年将铺设超过 3000 家网校。

36 艺教育宣布获得 3000 万 Pre-A 轮融资，投资方为星火资本。36 艺董事长周风表示，资金将用于全国市场的拓展与品牌的提升。

26

2019年湖畔大学第五期学员名单公布，共41名学员。其中入选学员包括教育行业的年糕妈妈创始人李丹阳、DaDa英语创始人郅慧、纽班文化创始人胡彦斌、作业盒子创始人刘夜、校宝在线创始人张以弛等。此次湖畔大学41名新生学员是从1400多名报名者中脱颖而出的，历时7个月的报名、初选、面访与面试环节，录取率达2.9%。

人力资源社会保障部办公厅发布了育婴员、保育员等16个职业最新的职业标准。该标准发布后，原相应国家职业技能标准同时废止。育婴员主要是指在0~3岁婴幼儿家庭从事婴幼儿日常生活照料、护理和辅助早期成长的人员，普通受教育程度为初中毕业（或相当文化程度）。该职业技能共设三个等级，分别为五级（初级工）、四级（中级工）、三级（高级工）。保育员主要是指在托幼园所、社会福利及其他保育机构中，从事儿童基本生活照料、保健、自理能力培养和辅助教育工作的人员，普通受教育程度为高中毕业（或同等学力）。

央视新闻移动网消息称，行业自发的《全国托育服务机构认证标准》发布。该文件由全国卫生产业企业管理协会标准与认证专业委员会、中卫安（北京）认证中心、北京大学母婴产业升级发展研究课题组共同发起，从硬件和软件方面，对托育机构的分类、设备设施、人员管理、托育服务等方面提出规范化要求。国家卫健委发文称，有关部门正在研究制定婴幼儿照护服务机构设置标准和管理规范，以促进婴幼儿照护服务规范发展，保障婴幼儿安全和健康。

27

英孚（EF）英语在北京举办以"聚焦双翼战略 引领全人教育"为题的2019品牌战略发布会，正式宣布了全新线下线上整合式"双翼"产品的问世，该产品同时提供全英文浸入式小班课和线上外教1对1教学。

幼儿园综合服务提供商"亿童文教"发布2018年公司年报，2018年公司实现营业收入6.4亿元，同比增长5.77%；实现归属于挂牌公司股东的净利润 1.33 亿元，同比增长 5.19%。其中图书材料业务营收 4.21 亿元，玩教具装备业务营收 1.98 亿元，其他服务收入业务营收 0.21 亿元。公司在 2018 年下半年先后剥离位于深圳、宜昌、黄石、仙桃的四家销售子公司，这四家子公司均在 2018 年度出现不同程度的亏损。对此，公司在年报中给出的解释是"为了进一步优化公司资产结构，提高运营和管理效率"。

爱立方发布 2018 年年报。报告显示，爱立方全年营收 1.2 亿元，同比增长 33%；归属于挂牌公司股东的净利润为 0.2 亿元，同比增长 68%；全年营业成本 0.6 亿元，同比增长 30%。爱立方是一家幼儿园综合服务商，旗下业务包括幼教产品、幼教培训、幼教云平台和连锁幼儿园四大板块。其中，幼教产品是公司主营业务，包括幼儿图书与玩教具两部分，2018 年这两块业务全年收入达 1.1 亿元，收入占比由 2018 年的 86% 提高到 90%。

中国网球协会少儿网球发展联盟城市赛（保定站）在保定实验小学成功举办。大赛共设短式网球红色球组、过渡网球橙色球组、过渡网球绿色球组三个组别，来自保定市实验小学、石家庄师大附小等 10 支队伍参加比赛，展开 208 场角逐。据了解，保定实验小学于 2001 年将网球引进课堂，是全国第一家网球排进课表设置课程的学校、全国第一家有网球教材的学校、全国第一家小学有网球球场的学校。

宝宝树发布截至 2018 年 12 月 31 日的年度业绩报告。报告期内，宝宝树总收入为 7.601 亿元人民币，2018 年同期为 7.296 亿元人民币；广告业务收入为 5.962 亿元人民币，2018 年同期为 3.724 亿元人民币，同比增长 60.1%；毛利率为 78.9%，2018 年同期为 63.2%；经调整利润净额为 2.012 亿元人民币，相较 2018 年同期的 1.551 亿元人民币增长 29.7%。

28 博鳌亚洲论坛2019年年会在中国海南博鳌举行。好未来教育集团总裁白云峰受邀参加本届博鳌年会"'共享经济'的未来"分论坛，与共享经济各领域的头部企业代表共话"共享经济"的发展现状和未来趋势。大会期间，白云峰还受邀参加李克强总理同出席博鳌亚洲论坛2019年年会的工商、金融、媒体、智库代表举行的对话会。

29 绿城服务集团发布公告称，其间接全资附属公司 Greentown Education Investment Co. Ltd 拟以 6720.4 万澳元（约合 3.2 亿元人民币）收购 Montessori Academy Group Holdings Pty. Ltd(目标公司)56% 的股权。收购完成后，目标公司将成为绿城服务集团旗下的间接非全资附属公司。绿城服务集团表示，本次收购符合公司发展早幼教相关教育业务的策略，与公司旗下早教品牌"奇妙园"形成差异化、互补性的并行发展模式。

知学学院的"亲子教育与商业地产运营提升"行业研讨会在国家级素质教育综合体——中国儿童中心举办。此次研讨会由知学学院和国家级校外教育单位与国家级儿童素质教育综合体中国儿童中心合作进行。

30 青少儿网球培训公司"好动网球"完成 B 轮融资，投资方为 Cherubic Ventures 心元资本，融资金额未透露。好动网球未来将重点巩固提升课程体系、教练员体系、信息化系统以及扩大校园业务。

优加青少英语与剑桥大学出版社联合举办的"全球胜任力课程体系启动新闻发布会"在北京举行。双方宣布，由优加青少英语引进的《剑桥全球英语》（Cambridge Global English）的课程全面落地中国。

4月 / April

01 编程猫联合创始人李天驰表示，编程猫在 2019 年 3 月的单月收入为 3213 万元，实现正向现金流。

陕西省教育厅出台《关于开展规范"幼小衔接"工作专项治理行动的通知》，要求遵循幼儿年龄特点和身心发展规律，纠正幼儿园违背幼儿身心发展规律和认知特点，提前教授小学内容、强化知识技能训练等"小学化"的倾向；纠正小学"非零起点"教学。

富氧课堂宣布完成 700 万级天使轮融资，由喜马拉雅天使投资人、云国体育创始人方敏领投。完成融资后，富氧课堂将在研发课程、扩充团队、增设营地三个方面发力。富氧课堂是一家主要为 5~18 岁青少年提供营地教育活动的机构，尤以户外教育、人文历史类活动为特色。总部位于杭州，除在浙江千岛湖自有营地外，在甘肃敦煌及内蒙古戈壁沙漠也自有营地。

02 时值国际自闭症日，编程猫联合能量中国、壹基金、中国扶贫基金会等 20 家公益组织、单位发起大型公益项目"蓝灯行动"。活动面向自闭症群体，以"编程无界，与 AI 同行"为主题，帮助自闭症孩子开发潜力，让特殊儿童拥有体验编程教育的机会。

在线钢琴陪练品牌"快陪练"宣布获得 1000 万美金 Pre-A 轮投资，本轮投资由 CCV 创世伙伴资本领投，高榕资本、IDG 资本及新东方教育科技集团董事长俞敏洪、前美团 COO（首席运营官）干嘉伟个人参与跟投。本轮资金将主要用于运营系统建设、组织建设、教育产品研发及用户体验等多方面的持续升级。

鲸鱼小班宣布已与美国 Teacher Created Materials 出版社达成合作。该出版社目前已授权鲸鱼小班原版教材和数百本原版分级读物的使用，内容涵盖自然拼读、自然科学、数学、语文、阅读、社会科学等方面。据介绍，未来双方还将在原版教材、出版读物与课程融合等方面进行战略合作。

IT 教育培训机构"传智播客"宣布正式进入少儿编程领域，上线了"酷丁鱼在线少儿编程"官网，同时发布了酷丁鱼在线少儿编程学习平台和课程体系。

"少年得到"主体公司"酷得少年文化传播有限公司"获数千万元A轮投资，投资方为正心谷创新资本和紫牛基金。此轮融资结束后，罗振宇旗下的北京思维造物信息科技有限公司仍为少年得到的最大股东，占股45.54%，前央视著名主持人张泉灵任该公司董事长，并以22%的持股比例成为该公司第二大股东。

蕃茄田艺术参加日本神奈川国际儿童艺术双年展，学员作品分获"日本国际联合协会会长奖"和"神奈川奖"。

03 乐高教育正式对外推出了其STEAM教育动手实践式学习方案中的最新产品——LEGO® Education SPIKE™ Prime科创套装。此套装包含乐高积木、智能硬件和以Scratch为基础的直观拖放式编程语言平台。在应用软件方面，这套产品包含了符合中国课程标准的课程包，并针对中国45分钟的课程设置进行了优化。

全国青少年校园足球工作领导小组发布《关于做好2019年校园足球工作的通知》，指出2019年将出台一系列文件，进一步规范校园足球发展，推进校园足球普及，提高校园足球水平。教育部门会同体育等部门指导当地校园足球特色学校制订科学的课余训练计划，试点推行体育家庭作业制度，广泛开展校园足球课余训练，为喜欢足球和有足球潜能的学生提供学习和训练机会。

教育部办公厅发布了《关于开展足球特色幼儿园试点工作的通知》，决定从2019年起开展足球特色幼儿园试点工作，将试点工作作为各地校园足球推广普及体系的重要内容，引导各级各类幼儿园广泛开展幼儿足球活动，促进幼儿身心健康全面发展，培养德智体美劳全面发展的社会主义建设者和接班人。

04 由VIPKID前联合创始人兼CTO霍振中创立的在线小班少儿英语品牌"艾尔美校"完成千万元人民币Pre-A轮融资，由北大1898创投基金领投、正念资本跟投。本轮融资将主要用于产品研发、师资建设以及市场开拓。

编程猫推出了面向中小学的服务项目"AI双师课堂"。据编程猫官方介绍，本次推出的"AI双师课堂"基于AI引擎的线上辅助，一位教师在线上进行远程授课，一位教师在线下教学场景中进行同步答疑，来完成编程教学服务。编程猫计划在国内征集100所学校作为示范基地，提供免费线上课堂体验服务，将"AI双师课堂"项目进行落地。

07

足球经纪人费拉里陪同雷丁足球俱乐部青训营教练考察了乐动体育少儿足球训练营。据悉，雷丁俱乐部想通过引进中国青年球员来拓展中国体育市场。考察结束后，乐动体育负责人表示，乐动体育已经在法国、德国、波兰等地区设立了分校，希望更多的欧洲俱乐部能来到中国，了解中国足球，把中国足球人才引进到欧洲足球联赛。

08

联合国教科文组织在巴黎总部与中国好未来教育集团签署了为期3年的战略合作协议，双方将共同实施"人工智能促进未来教育"计划。好未来副总裁吴杉杉表示，好未来教育集团期待通过与联合国教科文组织的战略合作，进一步探索"科技＋教育"的边界，吸纳更多前沿技术，推动教育的融合创新和进步。

由创新工场主办的"DeeCamp2019人工智能训练营"正式启动。这是创新工场第三次举办训练营，计划于7月15日至8月23日在北京、上海、南京、广州四地招收600名大学生，进行为期5周的理论和实战封闭式培训。创新工场希望可以培养出一批擅长用AI科技解决真实世界问题、满足产业一线需求的人工智能应用型人才。

安徽省总工会组织将通过专项资金，支援更多有需求、有条件的用人单位，建设母婴室、托管班等多种形式的职工普惠服务项目，解决用人单位女职工在生育看护上的后顾之忧，预计在2019年底建立1000家"阳光家园—母婴室"和"阳光家园—托管班"。截至目前，安徽省各级工会共下拨"阳光家园"专项补助资金700余万元，共建设"阳光家园—母婴室"和"阳光家园—托管班"700家，创建省级示范性"阳光家园"20家。

腾跃校长在线宣布完成 4100 万元 Pre-B 轮融资，由上海泰漾基金领投，好未来、高思教育、卓越教育等老股东跟投。腾跃校长在线创始人兼 CEO 常筠表示，本轮融资将主要用于 B 端渠道平台的建设、"双师课堂"业务的研发以及人才的招募。腾跃研发了一套大语文双师课程，以"阅读＋写作"的应试辅导为基础，同时补充文学史等能力素养方面的内容，满足家长对于"分数提升＋素质提升"的需求。

09　新升力宣布完成由 XVC 基金领投的数百万美元 Pre-A 轮融资。此前，在 2018 年 6 月，新升力还曾获得源码资本的数百万元天使轮投资。关于市场机会，创始人兼 CEO Ariel（阿里尔）认为，在线的数学思维训练还处于上升期，头部品牌更多帮助完成了市场教育。在这个大前提下，如果初创团队能够在产品早期规划上做出相对的差异化，也能有机会"杀出重围"。

在线语文教育品牌"云舒写"完成近亿元人民币 B 轮融资，由高瓴资本领投、卓砾资本跟投，荒合资本担任独家财务顾问。此前，云舒写曾获得创客总部、前程无忧联合创始人凤允雷的天使轮投资，险峰长青、原子创投的 Pre-A 轮投资，以及顺为资本的 A 轮投资。云舒写创始人吴本文表示，本轮融资将继续用于加大优质内容的研发。

10　教育综合体"第三学府"宣布，公司正式落地焦作。"中海·第三学府"将成为焦作市首座集教培、零售、休闲娱乐、餐饮、儿童主题、生活配套、城市功能七大业态于一体的体验式商场。未来，第三学府将依托焦作中海地产，以"教育＋"理念，为 0~14 岁儿童提供优质多样的教育服务选择。

美股上市公司"ATA"发布公告称，拟收购艺术留学机构"ACG"（北京环球艺盟国际教育咨询股份有限公司），目前已与该机构及公司特定股东签署框架协议，协议规定双方将在 2019 年 6 月 30 日前展开排他性谈判，以收购 ACG 100% 的股份，具体收购金额尚未公布。同时，ATA 将向 ACG 特定大股东支付 2000 万元的押金，如收购未在规定时间内完成，非责任方将获得押金等额赔偿。

盛通股份发布 2018 年年报。报告显示，盛通股份 2018 年营收 18.44 亿元，同比增长 31.42%，净利润 1.24 亿元，同比增长 34.16%。其中教育培训业务营收 2.49 亿元，同比增长 36.43%。

大地幼教 2019 年 1~3 月份的公司营收分别为 0.86 亿元新台币、0.84 亿元新台币、1.05 亿元新台币；同比增长 17.20%、17.10%、17.25%。2019 年迄今为止公司累计营收 2.75 亿元新台币，同比增长 17.19%。

11

教育部下发《关于切实加强新时代高等学校美育工作的意见》，强调普通高校要强化面向全体学生的普及艺术教育，每位学生须修满学校规定的公共艺术课程学分方能毕业。文件提出的总体目标是，到 2022 年，高校美育取得突破性进展，美育教育教学改革成效显著，师资队伍建设和场馆设施明显加强，推进机制和评价体系日益完善，高校学生的审美和人文素养显著提升。到 2035 年，形成多样化高质量具有中国特色的社会主义现代化高等学校美育体系。

福建省龙岩市示范性综合实践基地入选第二批"全国中小学生研学实践教育营地"，获中央专项彩票公益金 2990 万元支持。福建省福州市林则徐纪念馆等 10 个单位入选第二批"全国中小学生研学实践教育基地"，获中央专项彩票公益金 485 万元支持。基地和营地项目资金使用的主要范围包含研学实践活动补助、线路与课程开发补助、师资队伍建设补助。

12

凯撒旅游正式对外发布全新升级的亲子系列产品，秉持"妈妈省心，萌娃开心"的理念，涵盖国际游、国内游、短线游、长线游、周边游等，遍布 31 个国家，涉及艺术、历史、音乐、绘画、古文明、博物馆、趣味科技、节庆、探索自然、轻户外、亲近动物、环保等 28 个主题上百个产品线。据了解，全新升级的亲子系列产品，针对不同年龄段的孩子推出适合的产品，突出旅游产品特色。行程的 40% 重点放飞孩子天性，30% 寓教于乐，30% 用于满足父母或祖辈景点打卡和放松的需求。

在线小班少儿英语品牌"魔力耳朵"正式签约演员马伊琍为品牌代言人。对于这次合作，魔力耳朵一方面看重马伊琍作为国内实力派女演员的影响力，另一方面也在于马伊琍是一位拥有超高人气的育儿达人——马伊琍最高单条育儿微博一天内曾引发13万次点赞及上万条评论。

互联网写字教育机构"河小象"获得新一轮融资，本轮投资由金沙江创投和志拙资本联合进行，交易金额未披露。据天眼查显示，2018年8月份"河小象"已获天使轮投资，投资方为天使湾创投、杭州微尘股权投资合伙企业（有限合伙）以及杭州镖书股权投资合伙企业（有限合伙），投资金额未披露。"河小象"成立于2017年，是杭州河象网络科技有限公司推出的教育品牌。

教育部办公厅印发《关于公布2019年度面向中小学生的全国性竞赛活动的通知》，确定了29项2019年度面向中小学生开展的全国性项竞赛活动。其中，STEAM类赛事占比达86%，包括科创类赛事12项，艺体类赛事4项等。在学科类项目中还包括了数学、物理、化学、生物学、信息学的奥林匹克竞赛，"希望杯"全国数学邀请赛，"地球小博士"和"环保之星"全国地理科普知识大赛，全国中学生科普科幻作文大赛，高中生创新能力大赛等9项STEAM类目赛事。

13 睿艺根据公开资料，整理并发布了2019年第一季度素质教育行业融资数据。在2019年第一季度，素质教育行业融资案例43起，融资案例金额为32.16亿元。其中过亿元的融资主要集中在少儿思维训练、少儿编程教育、少儿英语教育三大赛道。

14 "圣顿教育"所属公司"北京圣顿教育科技有限公司"发生工商信息变更，新增4名股东，分别为厦门梅花盛世股权投资合伙企业（有限合伙）、杭州道生灵境股权投资基金合伙企业（有限合伙）、北京清科辰光投资管理中心（有限合伙）、北京旭帆管理咨询中心（有限合伙）。据悉，前三者分别为梅花创投、道生投资、清科创投的投资实体。

15

教育部新闻办组织开展"落实全教会，奋进迎华诞"1+1系列发布采访活动，就学校美育改革发展及全国第六届中小学生艺术展演活动有关情况召开新闻发布会并组织采访团进行实地采访。

在"中国五峰教育助力乡村振兴试验区启动仪式"上，五峰县教育局与天问教育集团签订了教育扶贫托管协议；五峰县人民政府、湖北长江文化旅游投资发展有限公司、天问教育集团三方签订了研学旅行战略合作协议。

北京先手网络科技有限公司在苹果应用商店和安卓应用商店上线了围棋教育类应用软件"先手秘境"App。先手秘境立足于围棋这一竞技游戏进行二次创造，以游戏机制和丰富的故事内容、孩子们喜欢的卡通形象为基础，从入门到进阶，体验和学习具有大智慧的传统游戏。

托管教育机构"圣顿教育"完成新一轮融资，投资方为梅花创投、道生投资、清科创投及北京旭帆管理咨询中心（有限合伙）。目前，圣顿教育托育业务的运营模式包括直营、联营和加盟三种，其中加盟商的招募主要以资金实力较强的城市合伙人、个人投资人和创业者为主。圣顿教育还有针对B端、G端提供定制化解决方案业务，与其达成合作的企业和政府性质的事业单位可以引入圣顿教育托育服务的运营体系、课程和团队。

16

三垒股份发布了2018年年度报告，营业收入2.65亿元，同比增长49.78%；归属于上市公司股东的净利润3155.15万元，同比增长71.90%；经营活动产生的现金流量净额1.80亿元，同比增长464.38%。另外，公司截至2018年末的总资产为41.75亿，同比增长220.72%；归属于上市公司股东的净资产为12.02亿，同比增长4.97%。

上海市教育委员会主任陆靖做客《2019上海民生访谈》，他表示争取用2至3年时间，实现普惠性托育点在所有街镇的全覆盖，每一个街镇至少开设1个托育班，让老百姓在家门口就能享受到价廉质优的托育服务；全市每年将新建、改扩建幼儿园30所左右；

通过初中强校工程的实施，缓解家长"小升初"的焦虑；通过特色高中的建设，让每一个学生都能够获得最适合自己的教育。

中国 0~6 岁家庭亲子英语启蒙开创品牌"宝宝玩英语"宣布，正式将品牌名称变更为"成长兔英语"并发布全新的以"成长兔英语精品体系课"、品牌 IP 形象、科技升级为核心的"成长+"战略。同时，成长兔英语宣布与世界著名出版社牛津大学出版社开展版权合作，引入多部优质分级阅读读物和儿童绘本，助力课程研发、内容创作，为中国用户提供丰富的启蒙教育内容。

0~12 岁儿童素质教育平台"育想家"获得千万元天使轮投资，由洪泰基金领投。本轮融资将用于加强团队、引入合作资源、推进线下综合体及增值业务发展。

海伦钢琴发布 2018 年年度报告，全年营业收入 5.27 亿元，同比增长 12.3%；归属于上市公司股东的扣除非经常性损益的净利润 4546.6 万元，同比增长 53.1%。公司主要从事钢琴的研发、制造、销售，智能钢琴研发，艺术教育培训等。报告期内投资额总计 1.30 亿元，相比上年 6247 万元增长 109.23%。投资范围中有两家从事艺术教育的公司：宁波海伦七彩文化发展有限公司，宁波海伦育星教育管理咨询有限公司。投资收益 1177 万元，占利润总额 19.27%。公司钢琴销量 38197 架，较上年同期销量增加 3081 台，钢琴销售收入同比增长 13.52%。

17

薪火阵营与综合性教育科技服务集团"雅居乐"在广州完成战略合作协议签约。双方宣布，未来将在体育项目培训、体育康复、健康管理等领域展开深入合作，打造世界冠军级综合体育教育文化社区，推动青少年体育运动健康发展。

美团点评学习培训业务部发布行业消费数据。数据显示，2018 年 4 月 10 日至 2019 年 4 月 9 日，用户购买课程排名前三的分别是音乐、美术、外语。

18

教育部召开新闻发布会，介绍贯彻落实《中共中央 国务院关于学前教育深化改革规范发展的若干意见》有关情况。北京市教育委员会副巡视员冯洪荣在发布会上对北京市推进学前教育普及普惠发展的经验进行了介绍，他表示，加强政府统筹保障，调动全社会积极性，攻坚克难，持续发力，久久为功，逐步实现公办民办普惠性幼儿园"质量标准统一、价格标准统一、补助标准统一、教师待遇统一"，全面构建普及普惠安全优质的学前教育公共服务体系。

盛通股份全资子公司"乐博乐博"在北京召开课程体系 3.0 暨战略升级发布会，发布了全新的"机器人＋编程"课程 3.0 产品线。据乐博乐博董事长侯景刚介绍，乐博乐博 3.0 课程有三个特征：具有跨越 K12 的完整课程体系，具有链接全产业链的能力，具有全国性跨区域服务性网络。乐博乐博未来 3 年将扩展至 1000家校区，并拓展数学、美术、少儿英语等学科。

由青岛闪电控股投资 1000 万元打造的"西海岸一站式儿童成长教育综合体"项目正式启动。该项目将聚集新区众多教育机构，涵盖艺术培训、运动拓展、亲子互动、儿童游乐、创意书店等全品类儿童业态，为教育培训机构增强核心竞争力，为学生带来更好的服务感受和更有效的学习体验。

威创股份发布 2018 年年报。报告显示，威创 2018 年营收 11.7 亿元，同比增长 2.82%；归属于上市公司股东的净利润 1.58 亿元，同比下降 16.57%。

教育部发布《教育部体育卫生与艺术教育司 2019 年工作要点》，明确提出把校园足球工作的改革模式和体制机制辐射到校园篮球、校园排球、冰雪运动等项目中，不断推进学校体育教学、训练、竞赛等方面的改革发展。

19 儿童英语启蒙品牌"彩虹堂英语"宣布完成 A 轮融资，投资方为志拙资本，具体金额暂未披露。据了解，2018 年 9 月，彩虹堂完成由微影资本投资的数千万人民币的天使轮融资，主要用于产品体验的升级。其上课模式主要包括四种：听老师讲故事，看卡片学单词，读绘本说英语，玩游戏做练习。

20 在苏州举行的全国学校美育工作会议上，教育部党组书记、部长陈宝生强调要深刻认识到学校美育的战略地位，明确导向、形成发展合力，强化保障、筑牢发展根基，狠抓落实、夯实制度保障，健全机制、完善评价体系，以提高学生审美和人文素养，聚焦"教会、勤练、常赛"，推动新时代学校美育工作再上新台阶，并提出了全面加强和改进新时代学校美育的"8 个 1 密码"：牢记一个根本遵循，坚持一个指导方针，始终贯穿一条主线，明确一个总体任务，筑牢一个发展根基，构建一个完善体系，建立一个保障机制，配强一支教师队伍。

22 巨人教育在品牌升级发布会上宣布，将投入 20 亿元，发展"巨人三五战略"，同时宣布采用多事业部建制，将特长类课程从原有业务中剥离出来，整合升级为专注素质教育领域的独立品牌"巨人咔咔龙"，归属于素质教育事业部。

新三板挂牌公司"童学文化"发布了 2018 年年度报告。报告显示，童学文化全年营收 4317 万元，较上年同比增长 26.99%；归属于母公司股东净利润 333 万元，较上年同比降低 51.22%；营业成本 2159 万元，较上年同期增长 31.95%。报告期内，童学文化增加了对研发和品牌推广的投入。

23 由中国少儿编程教育领导品牌"童程童美"主办、美国 CodeCombat 公司协办的"发现杯美国硅谷国际青少儿编程挑战营"活动，在达内教育集团总部举行了新闻发布会。据悉，这是两家公司正式建立战略合作伙伴关系后，重磅打造的第一个国际水准编程挑战活动。

世界读书日（全称"世界图书与版权日"），有30多家体育培训机构成为樊登小读者的合作伙伴，以"体育＋阅读"的形式进行品牌输出、提供用户增值服务。在谈及为何选择体育培训机构作为自己的合作伙伴时，樊登小读者创始人肖宏文介绍："体育培训机构触达了很多潜在的小读者群体，有许多孩子在运动的同时也非常热爱读书，动静结合可以让体育培训机构的功能不再单一，也加入更多文化气息。"

24

少儿编程教育品牌"逻得岛"宣布，已获得由济南市金控海投新旧动能转换基金投资的一千万元天使轮投资。逻得岛创始人杨超表示，本轮融资将用于研发投入、师资培训以及市场开拓等方面。

首期山西省幼儿足球教练员培训班在太原开班。来自北京、山东、内蒙古自治区、宁夏回族自治区、新疆维吾尔自治区、山西等地的幼儿园、青训机构的35名学员将通过理论和实践对幼儿足球的开展进行学习研讨。本次培训班由山西省幼儿足球联盟主办，太原幼儿师范专科学校、太航幼教集团和哈咘哈咘幼儿成长中心协办。

作业帮宣布成立未来文学院，同时启动"寻找领读人"计划，进军语文素质教育领域。作业帮表示，将以互联网技术带来全新的语文学习模式，帮助更多的中国学生通过互联网学好语文。具体来看，未来文学院将依托作业帮写作社区"作文圈"的系列活动，挖掘一批热爱写作的小作者，给予写作课程指导，发布推广优秀作者的优秀作文，同时精选高质量内容进行实体作文书出版。

好未来旗下学而思出版中心与美国 Highlights 出版公司共同发布新款英语分级读物《我的 Highlights 美国科学分级图书馆》及配套的线上绘本课程"鹦鹉阅读"。两款新产品历经半年的筹备和研发，是继 2018 年独家引进美国 Learning A-Z 旗下分级阅读教材《ABC time 美国小学同步阅读》和电子图书馆 ABC reading 后，学而思出版中心 2019 年的战略级英语教育新产品。此次引进的 Highlights 分级阅读教材，是依据中国不同年龄段读者心智发育、英语启蒙程度和科普普及程度而定制的英语阅读教材。

江苏省政府办公厅印发《江苏省城镇小区配套幼儿园治理工作方案》，聚焦小区配套幼儿园规划、建设、移交、办园等环节存在的突出问题开展治理。小区配套幼儿园移交当地行政部门后，应当由教育行政部门办成公办园或委托办成普惠性民办园，不得办成营利性幼儿园。

25

英孚教育青少儿英语日前宣布，2019 英孚国内游学夏令营已全面上线，2019 年的国内营产品针对 3~18 岁不同年龄段青少儿的需求，推出了三大类别共十二条线路，覆盖桂林、内蒙古自治区、西双版纳、敦煌、安吉等地区。

幼儿教育服务商"小怪兽教育"获得启赋资本 500 万元的天使轮投资。目前，小怪兽提供的教学内容包括绘画、数学和英语，未来还将扩展到编程、科学、设计等。具体的教学过程是，孩子自主选择并识别某一领域的学习卡片，通过按钮进行步骤式的教学，而机器人在用机械臂绘画的同时，也会有相应的语音讲解和交互。

26

新东方教育科技集团国际游学&营地教育推广管理中心联合上海艾瑞咨询研究院正式发布《2019 泛游学与营地教育白皮书》。

国内数字阅读领先品牌"掌阅科技"精心打造并发布了"掌阅课外书"，在提供优质的内容、"伴读"体系及阅读解决方案的基础上，掌阅课外书区别于其他同类产品的最大优势之一就在于其与北京师范大学合作研发的中文阅读分级系统。该系统根据青少年的阅读需求，对词汇、句法、读写能力等进行了量化分析。

在线科学教育品牌"科学队长"已于 2019 年年初完成数千万战略融资，由新东方领投，好未来跟投。数据显示，科学队长此前共完成了 3 轮融资：2015 年 8 月，完成天使轮融资，投资方为真格基金；2016 年 11 月，获得好未来、宝宝树、衡庐资本投资的数千万元融资；2018 年 5 月，获得由山水创投及旗下寻找中国创客导师基金领投，好未来、场景实验室跟投的 3000 万元 A 轮融资。

在"AI 赋能 精锐加速"为主题的战略发布会上，精锐教育发布五大品牌焕新体验，展示了技术创新升级的最新成果。旗下在线品牌精锐·佳学慧致力于 4~12 岁少儿数学和语文思维能力的培养。将"哈佛案例教学法"融入基础教育和素质教育，将人文、史地、财商、价值观、爱国主义等通识教育有机融入课程，通过培养和提升孩子的观察能力、表达能力、逻辑推理能力、实践应用能力和创造力等，提升孩子的综合素养和学习力，让孩子终身受益。

28 新三板公司明珠国际发布了 2018 年财报。报告显示，明珠国际 2018 年营收 8000 万元，同比增长 14%，其中青少年游学收入同比增长 8%。营业利润 98 万元，同比增长 35%；净亏损 88 万元，2018 财年净利润为 10 万元，2018 财年亏损的主要原因是政府补贴资金减少。公司 2018 财年在湖南省新增设门店 8 家，2019 财年将持续利用自身青少年游学和青少年研学旅行的热潮及长隆景区省级代理优势加大与同行旅行社的合作力度。

烟台市教育局发布《关于加强中小学生劳动教育推进综合实践活动课程全面实施的意见》，要求全市小学一年级至初中三年级全面实施综合实践活动课程。值得关注的是，包括劳动教育在内的综合实践课程评价结果及档案材料将作为高中阶段学校招生依据和高等学校招生的重要参考。学校综合实践活动课程全面实施情况作为"文明校园"评选的必要条件。条件成熟的时候将综合实践活动课程评价结果纳入中考招生。

29 万达集团董事长王健林在大连足球青训基地奠基仪式上宣布，大连万达时隔 20 年重返大连，重点立足青训，全力振兴大连足球和中国足球。万达集团即将和大连市签约，支持 10 所小学校园足球建设。

西安嗨小蜗教育科技有限公司获真格基金数百万人民币天使轮投资。据了解，嗨小蜗成立于 2018 年 11 月，是一家围棋教学及培训公司，是弈学园少儿围棋线上教育品牌。弈学园少儿围棋是目前国内最大的少儿围棋培训机构，学生规模近万人。嗨小蜗也是为数不多的迄今为止拥有完全针对儿童学习围棋的线上完整教学体系的公司。

婴幼儿托管服务品牌"纽诺教育"宣布完成数千万人民币 B 轮融资，由广发信德领投，广州市中小企业发展基金跟投。本轮融资将主要用于人才培养和区域扩张。

乐斯师资培训体系全面升级，应学员的广泛需求，乐斯全面更新师资培训体系，开展进阶培训项目。培训将从进阶教学模式、爵士鼓演奏技巧等方面，剖析机构教学及运营问题。

30

数理思维启蒙项目"迈思星球"获得了红杉中国种子基金数百万美元的 A 轮投资。迈思星球是北京嘉毅教育科技有限公司推出的一款面向学前儿童的数学思维启蒙教育产品，其 1.0 版本于 2018 年 6 月正式上线 App Store（应用商店）。目前，在应用市场、小程序和微信端的注册用户已超过 10 万。

美股上市公司"精锐教育"公布了 2019 财年第二季度（截至 2019 年 2 月 28 日）未经审计的财务报告。报告期内，精锐教育实现净收入 9.43 亿元，同比增长 42.1%。其中"精锐·个性化"净收入为 7.47 亿元，同比增长 30.8%；"至慧学堂"净收入为 1.17 亿元，同比增长 45.1%；"小小地球少儿英语"净收入为 3943 万元，同比增长 257.5%；月均在读学生总数为 15.62 万元，同比增长 52.2%。

四川省政府办公厅印发《四川省城镇小区配套幼儿园治理工作方案》，聚焦小区配套幼儿园规划、建设、移交、办园等环节存在的突出问题，进行全面治理，进一步提高学前教育公益普惠水平，满足人民群众对幼有所育的期盼。根据方案的时间表，各地以县（市、区）为单位，对城镇小区配套幼儿园情况进行全面摸底排查，分别列出清单，针对摸底排查出的问题，按照"一事一议""一园一案"的要求逐一进行整改。

5月/May

02 "2019首届小罗3V3（3对3）街头足球挑战赛暖场活动"在北京举行。盒子足球作为此次活动的承办方，接下来将在全国推广3V3街头足球挑战赛。

作业帮一课推出线上中外双师英语课程"帮帮英语"，其暑假中外双师系统班已经在今日头条、百度等处开启投放，帮帮英语是一课旗下浣熊英语之后的又一英语品牌。根据介绍，帮帮英语课程采用中外老师同堂授课，外教教发音，中教教语法；采用AI互动直播课，动画场景，大屏直播，随堂测试；还有智能学习系统，AI学情反馈，AI语音检测。

04 乐高推出了星球大战Boost指挥官套装，该套装中有三款机器人——R2-D2、Gonk和Mouse Droid。据介绍，这是乐高公司首次将《星球大战》IP中最有价值的元素应用到其STEM组件中。据乐高官方介绍，此套全新的《星球大战》套装包含了1177个部件，并且搭配了颜色传感器和距离传感器，以及一个电动马达能够让机器人进行移动。另外，乐高公司还推出了相配套的BOOST Star Wars™（星球大战BOOST）应用程序配合使用（适配iOS、安卓等设备），并提供了相应的40个任务关卡。孩子们能在玩乐的过程中学习工程搭建与编程。

前英语流利说首席产品官翁翔坚与早教品牌"金宝贝"共同创立的"金宝贝科技"正式宣布对外成立。官方介绍，金宝贝科技已推出金宝贝启蒙App，其中面向0~5岁儿童的课程"英文儿歌家庭启蒙课"活跃用户数约数十万。未来，金宝贝科技将陆续上线包含音乐、育乐等多款家庭端儿童启蒙教育产品，扩容儿童教育电商并丰富现有产品。

05 腾讯面向粤港澳三地中学生的青少年研学体验平台"青年行"正式上线。据悉，2019年2月，腾讯联合一批大湾区名企名校以及社会机构，共同发起了"粤港澳大湾区青少年研学交流计划"，在周末及寒暑假为大湾区青少年免费提供走进名校名企研学体验的机会。青年行将开设科技、文艺、体育和其他四大类活动，加入腾讯青年行的名企名校和社会机构将为大湾区青少年提供定制化的研学项目。

精锐集团发布战略规划，对旗下在线少儿英语品牌"UUabc"的发展提出三点规划：一是抓三个核心"师资、教学体系、服务"；二是砍掉电销、不请代言，转向在三四线城市开线下体验店；三是明确"少儿英语其实是蓝海，二三四线城市还没有爆发"。

06 少儿思维训练品牌"爱因思维"完成数千万元天使轮融资，赛富投资基金领投。爱因思维主要为3~12岁儿童提供认知和创新思维训练课程，形式为在线录播课辅以配套的思维训练硬件产品以及亲子互动教材。创始人张昕表示，本轮融资主要用于课程及产品研发。

中国羽毛球协会推出一项改革之举：全面试行全国羽毛球运动水平等级评定标准。在试行的羽毛球运动水平等级评定体系中，三级运动员及以上执行国家体育总局颁布的运动员等级制度标准；四级至六级运动员可以通过参加各级羽协主办的各级各类群众性羽毛球比赛获得；六级至九级运动员以及7个少儿等级则通过参加技能科目的测试获得。其中，每个等级均包括4项技能测试，六级至九级为3项羽毛球专项技术、1项羽毛球专项步法；少儿等级则加入了趣味性的球感测试，如用球拍捡球、用球拍停球等。

07 在线英语教育机构"阿卡索"宣布完成近亿元C+轮融资，由老股东广发证券投资，本轮资本将用于升级优质师资力量、优化外教管理体系和招聘体系以及继续加大AI技术在优质师资打造上的投入。

新东方前途出国联合新东方留学考试、新东方欧亚教育、斯芬克国际艺术教育、Kantar Millward Brown（凯度中国观察）、VISA发布了《2019中国留学白皮书》，指出越来越多的意向留学人群在正式留学前，已拥有短期的国外学习经历，2019年这部分人群占比34%。

山西省教育厅发布《关于开展中小学校创客教育的指导意见》并指出，为了培养中小学生的创新精神和实践能力，进一步推进基础教育教学和人才培养模式改革创新，提出四方面工作内容：建设创客实验室、培养创客教育师资、配置创客教育资源、培育创客教育基地。

优必选拟首次公开发行A股股票并在境内证券交易所上市，并已接受中国国际金融股份有限公司的辅导。这家独角兽公司以机器人闻名，但其战略规划不仅包括机器人，还包括教育业务。在优必选媒体见面会上，优必选科技高级副总裁、产品与解决方案部负责人钟永将目前市场上AI教育分为两种模式，一是将人工智能作为技术或工具属性赋能教育，通过AI技术帮助学生个性化学习；另一方面，则是将人工智能作为一个学科。

08 由广州市教育局主办，广州市艺术学校承办的2019年"京沪穗深港澳"青少年音乐舞蹈教育教学成果展示暨艺术教育交流活动在广州芭蕾舞剧院、广州蓓蕾剧院启动。此次活动旨在打造艺术教育交流平台，追求更高艺术教育教学水平，是广州市教育局聚焦立德树人任务，创新学校美育教育的有力举措。

好未来旗下学而思发布"学而思德育教育系列必修课"。同时，学而思全国总校校长杨付光还发布了"学而思德育教育系列必修课"全年计划。

09 国务院办公厅印发《关于促进3岁以下婴幼儿照护服务发展的指导意见》，提出了三方面的主要任务：一是加强对家庭婴幼儿照护的支持和指导，全面落实产假政策，支持脱产照护婴幼儿的父母重返工作岗位；二是加大对社区婴幼儿照护服务的支持力度，按标准和规范建设婴幼儿照护服务设施及配套安全设施，发挥城乡社区公共服务设施的婴幼儿照护服务功能；三是规范发展多种形式的婴幼儿照护服务机构，支持用人单位在工作场所为职工提供福利性婴幼儿照护服务，鼓励支持有条件的幼儿园开设托班，依法逐步实行工作人员职业资格准入制度。

由中国儿童文学研究会儿童剧委员会、中华儿童文化艺术促进会戏剧教育专业委员会共同建立实施的"儿童戏剧艺术人才库"在北京正式启动。儿童戏剧艺术人才库共分为三个子库：青少年戏剧人才库、儿童戏剧专业人才库、儿童戏剧教育专家库。

10 在线儿童思维训练产品"火花思维"完成了1500万美元融资，由山行资本和IDG资本领投，光速资本和金沙江创投跟投。本轮融资将主要用于课程研发和教师中心的建设。2019年3月中旬产品上线后，正式付费用户接近500人，试听转化率为68%，课程满班率为95%。

11 成立于2018年的健康生活方式平台"深潜DeepDive"宣布完成数千万人民币A轮融资，投资方为基石资本，投后估值超过5亿元人民币。该公司创始人为原万科创始人董事长王石。

13 为深入贯彻《乡村教师支持计划(2015—2020年)》，中央财政下达2019年中小学幼儿园教师国家级培训计划专项资金19.85亿元，继续支持中西部省份通过脱产研修、送教下乡培训、网络研修、访名校培训等方式，加强乡村中小学幼儿园教师培训。

14 由国际幼儿体育学会根据《3—6岁儿童学习与发展指南》制订的《幼儿运动健康评估与发展方案》出台，得到了华东师范大学、上海体育学院权威专家推荐。在该方案中有四个亮点：一是结合了幼儿生理和心理发展规律；二是动作发展测评结合了幼儿生活习惯测评；三是除了结合日本幼儿体育理论外，还结合了美国TGMD-2（大肌肉群发展测试）体系，进行了13项基本动作技能测试；四是实现了幼儿体育教育数据化。

在由中国教育学会美育研究分会主办，北京市东城区美育研究会、北京外国语大学外研培训中心承办，北京市教育学会中小学美育分会协办的"美育·戏剧教育"主题论坛上，国内外戏剧教育权威专家和全国500多名教育工作者共同探讨了"戏剧教育"这个话题。

15 鲸鱼机器人宣布完成千万元级A轮融资，投资方为涌铧投资。据鲸鱼机器人副总裁吕佩章透露，本轮融资将用于产品研发、教育内容制作、赛事举办推广以及合作伙伴支持等方面。

湖南日报社宣布投资5500万筹建的魔尔基地已全动工。魔尔基地希望打造成为以开展中小学生研学旅行、课外实践为主，中小学教师国家级培训为辅的，具备职业体验、文创动漫体验、法治实践体验等多种体验形态结合的综合性文化创意教育实践体验基地。

16 内蒙古自治区教育厅等10部门印发了《内蒙古自治区关于推进中小学生研学旅行工作的指导意见》，要求从2019年起，全区中小学要根据教育教学计划，灵活安排研学旅行时间。各中小学要结合当地实际，把研学旅行纳入学校教育教学计划，并将研学旅行评价结果逐步纳入学生学分管理体系和学生综合素质评价体系。

17 昂立STEM宣布完成数千万A轮融资，投资方为弘晖资本。据昂立STEM创始人崔显耿表示，本轮融资将用于市场拓展和产品研发创新等方面。

18 宝宝树与育婴服务平台"家家母婴"达成战略合作，双方将重点布局线下育婴市场。此次与家家母婴的联手，是宝宝树自上市以来第五次在业务上进行的拓展合作。

20 三立教育宣布完成 B+ 轮融资，由红星美凯龙领投，融资金额未透露。未来三立教育将和红星美凯龙合作，打造教育培训领域的"第三空间"，借助红星美凯龙深厚的全国资源，大力完成业务下沉，在一线、二线城市布局的同时，进一步进军三四线城市。

中国标准化协会托育专业委员会（以下简称"托委会"）在北京成立并举行发布会。托委会由博思美邦牵头，与中标标准技术研究所有限公司、上海浦东茂楷托育有限公司、济南市博思美邦教育培训学校等单位共同筹建和发起，定位于行业公共服务平台和智库。

小小优趣独家正版引进 Super Simple Songs 儿歌（以下简称"SSS 儿歌"）。迄今为止，小小优趣精选全球优质内容，汇集了 3000 多集、50000 多分钟的幼儿英语学习资源。除了全球家庭和教育机构广泛认可推崇的 SSS 儿歌，小小优趣还针对学龄前儿童成长特点，以寓教于乐的形式，从英语、艺术、科学、数学、情商、社交等不同启蒙方向，以丰富有营养的内容让孩子得到全方位的优质启蒙。

口才培训品牌"新励成"宣布完成首轮融资。本轮投资方为广东文化产业投资基金和广州市中小企业发展基金，这是新励成首次对外公开融资。新励成董事长赵璧表示，此轮融资将主要用于新业务的发展和市场拓展。2019 年，新励成会重点投入少儿板块，第一是布局，第二是招生渠道的全面打开。在线业务方面，也是新励成 2019 年发力的重点。目前分设了针对职场、大学生和女性的低客单价付费课程和 21 天训练营。

21 童心制物（Makeblock）2019 新品发布会在北京召开，发布了两款针对不同年龄段孩子的编程教育的新品：童心制物编程造物盒与童小点思维启蒙机器人。

22

早教托育服务机构"十牛小镇"宣布完成数百万元种子轮融资，本轮融资的投资方为奥创联盟资本。

以"加速体系建设，培训—赛事协同发展"为主题的"2019中国青少年体育发展交流会"在上海举行。交流会呈现了青少年运动的发展现状。业内人士认为，青少年体育的发展需要兼顾国际经验与本土实际，探索全新体系化发展模式，并需持续有效增加青少年体育的高质量内容供给和参与场景。在此过程中，"培训＋赛事"也许能够成为撬开千亿市场的一把金钥匙。

北京红舞鞋在其十周年战略发展峰会上宣布成为教育部舞蹈教师资格考试合作机构，并发布了最新课程体系。红舞鞋2.0课程体系在时间分配方面对新的课程体系进行了更细致的分龄。在课程项目方面，新的课程体系在原有的"1对1""VIP 1对1""技术技巧"基本课程项目基础上，新增了精品剧目、红舞团、国际课程三个课程。红舞鞋还开发了家庭舞蹈课程，以此来促进亲子互动。

美联国际教育正式向美国证券交易委员会递交文件，申请在纽约证券交易所上市。美联国际教育成立于2006年，业务范围涵盖一般成人英语培训、初级英语培训、海外培训服务、在线英语培训及其他英语语言相关服务。

23

上海市政协重点协商办理"深入推动3岁以下幼儿托育服务健康有序发展"提案专题座谈会在虹口区广中路街道召开。2019年市政协重点协商办理提案工作围绕"深入推动3岁以下幼儿托育服务健康有序发展"展开，针对这一课题，政协委员共提出7件提案，分别是"关于尽快制定上海市科学托育服务发展规划的建议""关于完善本市3岁以下幼儿托育工作相关政策的若干建议""关于加强上海市托育机构师资队伍建设问题的建议""关于本市构建'互联网＋托育'的幼儿托育服务管理体系的建议""关于缓解上海0~3岁幼儿入托问题的建议""关于进一步推进本市托育机构发展的建议""关于加大改革力度，切实提高本市公办幼儿教师基础工资水平的建议"。

24 广州市教育局印发了《关于加强中小学（幼儿园）劳动教育的指导意见的通知》，指出幼儿园要重在培养幼儿良好的盥洗、排泄等生活习惯和生活自理能力。

蕃茄田艺术小学课程全面升级，将通过STEAM跨领域知识与PBL跨学科项目设计模式，深化创造力思维系统训练方法。

25 知识付费产品"李翔知识内参"在得到App发文宣布停更。并发文介绍了产品的团队成员，文中表示，"李翔知识内参"这个专栏应该是得到App站内工作量最大的专栏。每天更新五条，一年365天从不间断。

26 教育部、国家卫生健康委与首批22个省级人民政府签订《全面加强儿童青少年近视防控工作责任书》。责任书要求确保中小学生在校时每天体育活动时间1小时以上。责任书提出省级政府从2019年起到2023年在本省份2018年儿童青少年总体近视率的基础上，力争儿童青少年总体近视率每年下降0.5%以上。

27 青少年科学研究及学术项目提供平台"爱博物"获得好未来数千万元的天使轮投资，本轮融资将主要用于扩充团队，研发科学课程。

在线少儿英语教育品牌"gogokid"升级了中教服务，推出中教辅导课程体系，希望通过外教主修课、中教辅导课与中教服务的结合，构建少儿英语学习闭环。

28 寓乐湾对青少年科学教育品牌"魔力科学小实验"进行了战略投资。通过本次投资寓乐湾对未来STEAM教育板块的课程及资源推广将进行进一步的升级与扩张，全面开启STEAM教育生态布局。同时，寓乐湾将升级对2C家庭端板块的课程内容，加强C端的运作和维护。

湃乐思教育宣布获得近千万元Pre-A轮投资，由厚德前海基金领投，京育基金跟投。湃乐思教育是一家艺考教育机构，由中央戏剧学院、中国传媒大学、北京电影学院、浙江传媒学院等艺术院校的校友联合创立。该公司专注于用艺术教育的方式来帮助更多学生进入理想的大学，在校考官设定教学体系，参与制订教学内容，考试期间在线提供生活、考试相关信息，提供全方位的教学、考试服务。

宝宝树集团发布公告，公司间接全资附属公司海囿国际与复星医药及复星医药间接附属公司万邦云健康订立股权转让协议。海囿国际与复星医药及万邦云健康订立股权转让协议，海囿国际将以人民币 270 万元向复星医药收购小星医生 15% 的股权，并以人民币 90 万元向万邦云健康收购小星医生 5% 的股权。

29

STEAM 教育企业"寓乐湾"完成了由北京瑞鑫资管领投，沨华资本跟投的数千万元 C+ 轮融资。据寓乐湾创始人兼 CEO 刘斌立透露，本轮融资将用于人工智能技术平台和产品的开发，以及加深布局寓乐湾的 C 端市场等方面。

腾讯游戏正式宣布与数字创作工具 Roblox 达成战略合作，双方将在深圳成立合资公司，共同探索 STEM 教育应用。

"中国青少年篮球运动中长期发展规划项目启动会"在北京举行。《中国篮球青少年中长期发展规划》旨在对中国青少年篮球中长期的发展在战略层面做出规划、理清思路、找准办法，对涉及的各方面工作进行目标管理。

在上海油画雕塑院举办的"初芒计划（2019）——上海少儿优秀作品展中，蕃茄田艺术 8 组学员作品参赛，其中 7 组学员集体创作的装置艺术作品入围；蕃茄田艺术获得"优秀组织奖"。

30

在京交会昌平分会场，好未来对外介绍了"好未来教育综合体项目——龙观荟"的有关情况。该项目展现了新型综合体的"儿童中心与社区学院相结合""文化空间与社群运营相结合""教育培训与智慧科研相结合"三大特色。好未来希望与街道、居委会、教育同行一道，打造一个全新的旗舰教育综合体——孩子们的学习乐园、家长们的文化客厅，共建幸福文化社区，让社区成为更有人情味，更有温度的存在。

由四川省民政厅联合成都市民政局主办的"全省儿童关爱保护暨庆祝'六一'儿童节活动"在成都市儿童福利院举行。活动现场，四川省民政厅向儿童福利机构婴幼儿托育照护试点单位代表成都市儿童福利院授牌，标志着全省儿童福利机构婴幼儿托育照护试点工作正式启动。

乐斯召开了第五届全球合作伙伴大会。会上其发布了原声鼓课程、对乐斯吉他课程进行了全面升级，并正式启动了乐斯国际艺术中心认证体系。全面升级后的乐斯吉他课程在保留原有课程标准化、智能化的前提下，课程主人公小猫"太郎"和著名吉他演奏家、唐朝乐队吉他手陈磊的引导将贯穿教学过程，并通过课程动画与故事闯关场景结合，增强趣味性，提升学习体验。

好未来在北京市昌平区推出教育综合体品牌"龙观荟"。该项目位于昌平区回龙观东大街回龙观镇政府旁，面积为1.2万平方米，定位为"产研议题的社区家庭教育成长中心"。

31　学而思网校宣布成立少年文学院，面向全国中小学生，推出由作家担纲主讲的写作、阅读课程，同时将组织相关讲座、征文等活动。

复豫智慧零售携手复地产业发展集团武汉公司联合打造的首个教育综合体"FUN 橙式教育 Mall"正式发布。旨在建立 To B +To C+ To G 的 eco-system 教育生态圈，将为教育综合体的运营模式提供新的想象空间和实践途径。

华夏基金联手在线青少儿英语平台"VIPKID"推出儿童财商教育课程视频《人生第一堂财商课》，以线上课程的形式向孩子普及基础财商概念，分享生活中随处可见的关于"钱"的小知识，激活财商应用能力，帮助孩子们树立正确的金钱观与价值观。

你拍一品牌全面升级，全新官网正式上线。品牌视觉形象也进行了颠覆，更换了标志及品牌色。随之一同亮相的，还有你拍一的新型卡通人物形象拍拍虎和鹿一一。此时，你拍一以焕然一新的形象出现在大众眼前。

你拍一
改变发生的地方
3-12岁在线数学思维课程

6月 / June

01 "Robo Genius 全球青少年机器人挑战赛深圳选拔赛"于深中南山创新学校举办，本次大赛由深圳市科学技术协会主办，优必选科技承办。作为检验教学效果和学习成果的方式之一，赛事一直是优必选在机器人及人工智能教育业务上的重要布局。早在2017年，优必选就举办了面向大学生的机器人设计大赛。2019年，优必选成为了世界机器人大赛赛事合作伙伴，并发起了 Robo Genius 全球青少年机器人挑战赛。

素质教育行业媒体"睿艺"联合文化旅游产业垂直媒体闻旅在京举办了研学、游学、亲子旅游主题沙龙之海外目的地专场活动。

杭城六一巡演，ID 酷艺术教育集团与各大商业综合体合作，携手杭城各个幼儿园和小学，旨在促进中小学生心理健康，提高中小学生素质教育，积极响应街舞进校园这一时代号召。

02 激光 STEAM 教育解决方案商"雷宇科教"举办新品发布会，推出了教育版激光切割机"乐造匠"，并举办首期激光 STEAM 教育师资培训活动，为教师提供课程内容和技术培训。

03 科学思维与学术力培养机构"知路研修"宣布完成由首控基金投资的千万级天使轮融资。据知路研修创始人付霖透露，本轮融资将用于产品研发和市场推广。

夏加儿艺术与教渠邦正式达成战略合作，此后将由教渠邦进行夏加儿艺术品牌加盟和艺术 STEAM 双师课堂项目的全国市场招商推广。

红黄蓝宣布首席财务官魏萍因个人原因不再继续担任该职位，正式转任公司高级顾问，其职务由顾昊接任，自 2019 年 6 月 1 日起生效。

A 股上市公司"立思辰"发布公告称，为保障公司相关工作顺利交接并高效运行，经公司董事长提名，公司第四届董事会第二十一次会议审议，同意聘任窦昕先生担任公司总裁，拟补选窦昕先生担任公司第四届董事会董事。转型后的立思辰将成为 A 股市场较为罕见的纯教育上市公司，教育业务为"智慧教育 + 升学服务 + 大语文"。

动因体育开始突破常规线下培训的模式，推出了线上课程——翻转课堂。动因体育翻转课堂是经过产品、技术、教学研发团队为期两个多月的时间，通过教学实践以及多方的调研而研发的新型授课方式，该产品主要面向动因体育的在籍学员，作为线下课程的预习和服务媒介。

05

主打家庭亲子娱乐中心的"奈尔宝"宣布完成上亿元 B 轮融资，投资方为 CMC 资本。本轮融资将主要用于线下门店的快速复制扩张，以及家庭中心原创 IP、亲子酒店、科学博物馆等业务线的拓展。

由人民音乐出版社、ATA（全美在线）联合主办的"基于人工智能的钢琴评价与练习教育教学学术研讨会"在北京举行。会上 ATA 宣布，将进军智能钢琴考级、练习和培训市场。通过 AI 技术，实现智能评价。

嘉宏教育宣布拟在 6 月 12 日进行定价，6 月 18 日正式登陆港交所。嘉宏教育此次计划发行 4 亿股，发行区间定为每股 1.50 至 1.92 港元。

09 腾讯官方宣布，腾讯教育在 2019 年 4 月初向云南省沧源县捐赠了编程软件平台"腾讯扣叮"。腾讯官方表示，该软件平台已经在沧源县 5 个乡 10 所中心校近百所中小学得到应用，已有超过 5000 名学生体验到了编程学习。目前，腾讯扣叮已经在北大附中、深圳明德中小学开设了编程课，后续将陆续覆盖近 1000 所中小学。

10 幼儿逻辑思维教育品牌"菠萝校车"已完成数百万元 Pre-A 轮融资，由闽商个人企业家投资。菠萝校车方面表示，本轮融资完成之后，所获资金将主要用于课程迭代和市场推广。

小天鹅艺术中心母公司"闪电教育集团"宣布成立上市筹备会，计划在五年内完成上市。闪电教育集团位于南京，旗下业务包括小天鹅事业部、七彩美育双师课堂事业部、闪电商学、闪电传媒（组织艺术培训、比赛、演出、考级）、闪电公益（送美育下乡）等，业务范围覆盖全国。

天津市教育委员会对《民办幼儿园设置标准》做出修改。其中，文件明确，以统一品牌、统一字号、统一标识或统一管理等为特征的连锁经营形式设立的非营利性民办幼儿园，其办学出资应全部或主要由总部提供，不得以特许连锁（加盟连锁）形式设立。

天使和坚果派创始人陈蓉受邀前往华盛顿，参加国家地理总部全球合作伙伴大会以及 Explorer Festival（探索者节）。

启蒙语文教育品牌"小塔学院"宣布获得百万美元天使轮投资，投资方为北极光创投，资金主要用于产品研发。

11 "第一届中小学影视教育师资人才培养项目"发布会在北京师范大学举行。作为主办方负责人，教育部高等学校戏剧与影视学类专业教学指导委员会主任、北京师范大学中国艺术教育研究中心主任周星教授表示，这是第一次深入落实两部委《关于加强中小学影视教育的指导意见》文件精神的重要实践，是国家双一流学科戏剧影视学专业立身新时代的重大行动，是全国师范头牌高校探索中小学影视教育规律的普及化举措，是视觉时代美育精神指导下影视艺术基础教育的一次开拓探索。

天使和坚果派推出西双版纳和成都两个升级版夏校，获得每周1500 个人的参与。

12 大疆正式推出首款教育机器人"机甲大师 RoboMaster S1"。随着机甲大师 S1 的推出，大疆已形成了以"课程＋教材＋赛事＋硬件"为基础的完整机器人教育模式。未来，大疆将与合作伙伴携手推出机器人俱乐部、城市挑战赛、知识分享沙龙等活动。

"互联网女皇"玛丽·米克尔发布了《2019 年互联网趋势报告》，报告中国部分由高瓴资本参与撰写。"互联网女皇"首次在报告中提到了中国在线教育的发展，并以核桃编程为案例，详解了中国在线教育的发展现状和未来趋势，标志着中国在线教育的发展进入全球视野范围。

会员制亲子阅读平台"博鸟绘本"已完成近千万元 A 轮融资，由清科创投领投，中寰投资跟投。据悉，本轮融资资金将主要用于品类扩张、仓库物流网络建立、市场拓展和技术研发。

突破民乐陪练技术壁垒的乐斯·易古筝陪练系统全面上线。系统全面贴合课程内容，让孩子在家也能享受专业的练习环境。乐斯独创的乐音识别技术，配合专业的练习曲目，让孩子在家也能享受专业指导。

13 儿童编程启蒙品牌"代码星球"完成千万级天使轮融资，阿米巴、小恐龙基金联合领投，本轮融资将主要用于教研和渠道拓展。伴随此次融资发布，VIPKID 与红杉资本共同成立的早期教育基金小恐龙基金也正式浮出水面。

电竞教育整合服务商"竞麦教育"母公司"麦竞文化"，正式宣布完成数百万种子轮融资，由电竞行业资深投资人参与投资。另据麦竞创始人刘航及合伙人闫紫境透露，天使轮千万级融资也将会在近期确定。

14 线下国际幼儿英语阅读品牌"ABC SKY"宣布完成近 2000 万元种子轮融资，由北京华智资本领投。本轮融资将主要用于品牌升级、教学及 IT 系统开发。

中食创科教育集团与美国普林斯顿大学 AI 教育专家刘为民团队在中食创科教育集团重庆总部达成慧编酷玩少儿编程签约仪式。慧编酷玩少儿编程在未来以幼少儿 AI 编程教育为主导模式，将美国普林斯顿大学 AI 编程课程引进中国少儿编程市场，为中国未来 AI 智能机器人教育事业添砖加瓦。

15 小叶子音乐教育（原 The ONE 智能音乐教育）宣布正式升级"熊猫钢琴陪练"为"小叶子陪练"，并由著名钢琴演奏者郎朗担任品牌代言人。小叶子陪练采用"AI+真人"陪练模式，以满足孩子随时练琴，实时获得反馈的需求，进一步提高儿童练琴效果。

"中国婴幼儿托育发展大会主题论坛——0~3 岁婴幼儿托育服务标准化论坛"在广州举行。此次论坛上，《婴幼儿托育服务规范》和《早期教育机构管理规范》两项团体标准正式公开征集意见，预计将于 7 月中旬正式对外发布实施。

16 智课教育旗下 3~12 岁少儿思维英语品牌"USKid 中美双师学堂"北京橡树湾旗舰店开业。此次新开的旗舰店是为了满足日益增多的学员对空间和场地的需求，旗舰店在占地面积和室内装修上都进行了全新升级，这也将成为 USKid 在全国的旗舰店代表之一。

ID 酷艺术教育集团与印象城达成战略合作关系，入驻金沙印象城，金沙印象城分校开业。金沙印象城校区精心打造了教育、时尚、舞美相结合的新型舞蹈教室。同时 ID 酷艺术教育集团管理团队根据当下的市场痛点对整体课程体系升级、服务升级、运营升级，并全面结合 VI 办公形象应用规范设计，让流行艺术培训规模化。

北京开放大学影视艺术学院召开了舞蹈街舞教育峰会，宣布正式设立舞蹈街舞系，并发布了招生简章。据了解，这是国内首个设立舞蹈教育街舞专业的公立高等艺术院校，学生毕业后可获得教育部承认的本科学历和学士学位，优秀毕业生还可以被推荐攻读硕士研究生。

17 中国社会艺术协会街舞艺术委员会在北京民族文化宫正式宣布成立。

在线少儿美术品牌"画啦啦"宣布已在 2019 年年初完成数千万美元 B 轮融资，经纬中国、启明创投领投，老股东真格教育基金跟投。

在线少儿数理思维教育品牌"豌豆思维"宣布，从 2018 年 6 月营收 30 万元到 2019 年 5 月的 2800 万元，豌豆思维经历了十个月的高速成长后，营收增长近 100 倍，预计 2019 年营收达 3.5 亿元。

首批"广东省社区青少年宫"正式挂牌，广州同和丽影宫、广州黄石方圆宫、广州琶洲六元素宫等 19 家教育机构入围首批挂牌示范单位，正式"持证上岗"。首批广东省社区青少年宫结合教育部等九部门联合发布的《关于进一步推进社区教育发展的意见》要求充分整合政府及社会资源，以社区为阵地，打造完善的青少年社会教育和服务体系。

18

子曰语文宣布完成数千万元 Pre-A 轮融资，由元璟资本领投，九合创投跟投，并首次披露了此前两轮的融资情况，天使轮融资数百万元，由九合创投领投，蓝象资本及北塔资本跟投，种子轮则由蓝象资本和北塔资本投资。

博沃思教育集团宣布获得数千万元 A+ 轮投资，投资方为禹闳资本，华夏桃李资本担任财务顾问。据博沃思教育集团创始人兼董事长陈通途表示，本轮融资将用于产品研发、优化教学服务体系及品牌建设等方面。

高校美术教育将有新规定，2019 年度高校公共艺术教育负责人研讨班在南京航空航天大学开班，今后大学生必须修满学校规定的公共艺术课程学分方能毕业。

教育部印发《幼儿园责任督学挂牌督导办法》，提出要在 2019 年底前实现幼儿园责任督学挂牌督导全覆盖，明确教育督导部门原则上按 1 人负责 5 所左右幼儿园的标准配备责任督学，责任督学负责监督指导幼儿园安全管理、规范办园、师德师风建设等情况。责任督学参照《中小学校责任督学挂牌督导规程》对幼儿园实施督导，每月不得少于 1 次。

20

智能早教产品提供商"子乐科技"宣布完成 5500 万元 A 轮融资，由蓝驰创投领投，险峰长青跟投。本轮融资将用于核心 AI 技术的研发与教育内容平台的搭建。

乐聚机器人完成 2.5 亿元 B 轮融资，投资方为洪泰基金、深报一本文化基金以及腾讯。乐聚机器人创始人冷晓琨表示，本轮融资将主要用于扩充团队、加速技术创新、深化产品和服务体系壁垒以及探索新品类商业化落地。

21 2019 编程猫 M+ 战略发布会在北京举行，编程猫梳理思考了 4 年教育历程和产业变化，现场公布市场、服务、课程体系、科技和品牌五大战略升级，应对少儿编程发展新趋势，给孩子提供更好的编程产品和服务。五大战略升级，不仅全面提高 B 端用户在编程教育上的能力，更为 B 端用户解决上游供应链和终端用户的切身需求，助力更快更好发展。通过全面赋能，推动编程教育跨越式发展。

博实乐宣布以 100% 股权收购英国两所学校，分别是圣迈克尔学校和博斯沃思学校，总对价为 3800 万英镑，预计 2019 年 9 月完成。

22 智课教育召开发布会，发布了面向 3~12 岁少儿的英语培训品牌"USKid"，并宣布与侨鑫集团、樊登读书会达成了战略合作伙伴关系。USKid 是一款适合中国 3~12 岁少儿的国际教育课程，主打"中美双师学堂"教学模式，致力于培养孩子的语言能力、思维方式以及跨文化能力，让英语能成为孩子第二母语。

ID酷艺术教育集团与西溪银泰城达成战略合作关系，入驻西溪银泰城，西溪银泰城分校开业，下半年还将分别入驻杭州解百城市奥莱和临安宝龙广场。ID酷艺术教育集团朝着中国流行舞台表演培训标杆企业这个方向不断前行，致力于把更多更好的流行舞台表演培训带到全国的每一个角落。

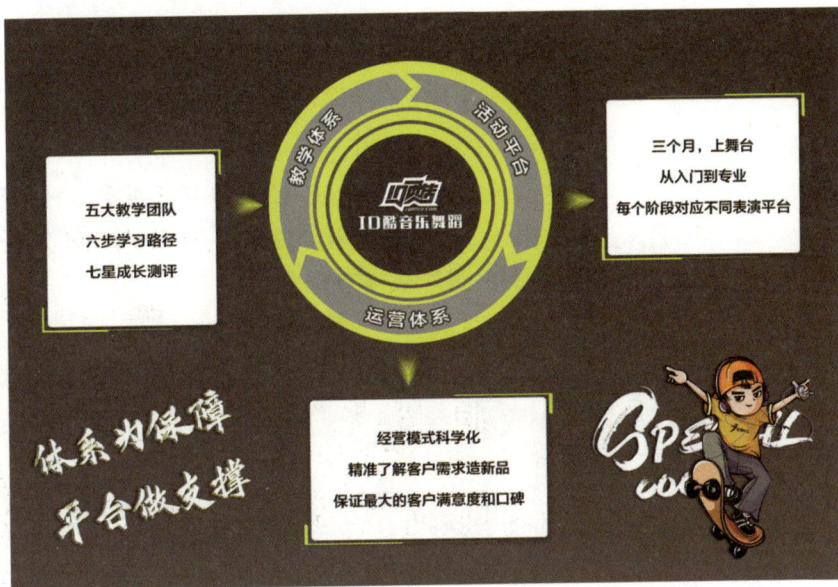

23 天使和坚果派作为国家地理学生旅行中国合作伙伴，正式发布国家地理学生旅行升级版之 PBL 青少年科考营。

24 奥创熊少儿编程已于 2018 年年底完成了由紫金港资本领投，华岩资本和青锐创投跟投的千万元级 Pre-A 轮融资。创始人王舒介绍，本轮融资将用于包括教师、教研、技术团队的扩建和市场投放两个方面。

幼教互联网企业壹点壹滴宣布完成 6000 万元 A 轮融资，本轮融资由一家专注于人工智能领域的创投平台领投，北大方正和生、朴道水汇跟投，华夏桃李担任本次交易的财务顾问。

艺旗科技集团（美术宝）宣布完成 4000 万美金 C1 轮融资，由腾讯领投，蓝驰创投、弘毅投资、微光创投、华联长山兴投资、创致投资跟投，高鹄资本担任独家财务顾问。

托育品牌"MoreCare"正式对外推出"城市合作人计划"，首期面向全国开放 30 个名额。

25 首届粤港澳自然教育讲坛在广州举办。73 家机构发起成立首个粤港澳自然教育联盟，还为广州海珠国家湿地公园等 20 个广东省首批自然教育基地授牌。

由中国教育电视台主办的《教育传媒研究》杂志、中国传媒大学协同创新中心、抖音青少年网络健康成长研究中心联合启动了"青椒计划"，旨在推动短视频青少年教育。

儿童指尖交互机器人品牌"梧童科技"已完成由浩方创投领投、硅谷最大加速器 Plug And Play、原腾讯搜索业务总经理林松跟投的数百万元天使轮融资。

好未来旗下学而思网校的学而思编程召开线上发布会，正式发布升级版的课程体系、智能硬件与智能学习系统。据悉，升级后的学而思编程力求让孩子在学习代码语言的基础上，结合硬件培养孩子的综合能力和解决实际的问题能力，通过软硬结合优化孩子的学习体验。

教育部办公厅印发《关于开展体育美育浸润行动计划的通知》，在部分高校试点开展体育美育浸润行动计划。此举是为探索建立高校支持中小学体育美育协同发展机制，充分发挥高校人才资源优势，为中小学体育美育均衡发展提供优质教育资源。

27 在线少儿数理思维教育品牌"豌豆思维"在北京举行了与大 V 店的战略合作发布会，宣布升级双方的战略合作，并启动"10W 妈妈计划"。该项目将面向双方共同用户群，为 10 万妈妈提供专属思维课程福利。

中国体育教育从业培训中心"健身教练"及"儿童青少年体适能"项目正式启动。北京集锐教育科技有限公司成为中国体育教育从业培训中心授权的唯一健身教练项目合作伙伴，北京候鸟时代健身有限公司成为中国体育教育从业培训中心授权的唯一儿童青少年体适能教练项目合作伙伴。

中欧人文艺术教育联盟在北京成立，教育部、外交部有关司局代表和欧盟，欧洲有关国家驻华代表，以及数十家学校、企事业单位和社会团体代表共计 150 余人参会。

山东省威海市教育局等 11 部门制定并发布了《威海市中小学生研学旅行指导意见（试行）》，要求成立市、区（市）中小学生研学旅行工作协调小组和中小学生研学旅行工作实施小组；要求学校和承办方要依托自然和文化遗产资源、红色教育资源和综合实践基地等；学校负责研学前师生和家长的安全教育工作，有针对性地进行安全教育与培训。

28 编完边学宣布其自主研发的 S–A–P–N（Scratch–Arduino–Python–NOIP）课程体系通过了 ISTE 标准审核认证。

29 ATA 宣布已经与 ACG 主要股东及核心管理层成员就收购签署最终协议，此次交易预计将于 2019 年 8 月底前完成。此次收购完成后，ATA 将全面转型为国际艺术创意教育服务商。

音卓钢琴艺术中心举办了成立十周年品鉴音乐会。从 2009 到 2019，音卓钢琴艺术中心一直专注于 3~14 岁儿童钢琴教育，首创"儿童本位游戏课堂"与"音乐母语教学法"，倡导"快乐钢琴，非凡人生"。成立十年来，音卓凭借三大核心优势——完善的教学体系、强大的师资团队、丰富的课外活动，获得了 10000 多个家庭的信赖与支持。此次音乐会不仅有中国作曲领域、音乐理论研究领域学者林华教授和其学生唐斯娃的古筝钢琴合奏，音卓钢琴名师的名曲四手联弹，还有音卓优秀学员登台表演。

30 在中国国际软件博览会上，核桃编程创始人兼 CEO 曾鹏轩透露了这样一组数据。"2019 年 4 月份的营收已经超过 3200 万元，目前同期在读学员 35 万，公司人数达到 700 多人。"曾鹏轩认为核桃编程用"人机双师课"解决了"编程真正好玩和真正有学习效果"两个关键问题，未来仍会在这两个方向上继续优化。核桃编程的营销策略：一是课程以学生为导向，要做到"好玩"和"有效"；二是"市场推广不花太多钱，在研发投入最大"；三是未来或考虑"线上线下"学习体验的结合。

7月/July

01 笔神作文宣布获得数百万元天使轮融资，投资方为不惑创投。本轮融资后，笔神将进一步扩充团队，加大技术投入，加快产品开发和市场推广。

深圳顺丰泰森控股（集团）有限公司新增对外投资，成立全资子公司黄冈市秀丰教育投资有限公司，该公司注册资本5000万元人民币，法定代表人为张浩，经营范围涉及对教育行业的投资、商务信息咨询、企业管理咨询等。

在线少儿英语品牌"久趣英语"推出全新课程"Q Science"科学课，该课程参考了新加坡小学科学教学大纲，鼓励学生在全英文语境下，围绕着日常生活中的科学原理展开探究式学习。为了让课程内容更适合中国学生，久趣英语与新加坡知名出版社"Star Publishing"联合开发并在海外出版了"Q Science"的配套实体教材，成为国内首家将联合开发的教材在海外成功出版的在线教育企业。

前百度副总裁、百度移动生态事业群CTO郑子斌加盟VIPKID，出任VIPKID首席技术官，负责公司整体技术战略规划。公开资料显示，郑子斌于2010年5月加入百度公司，先后负责百度商务搜索部、商业基础平台部、大数据部、大凤巢等重要业务部门；2016年，全面接手百度大商业体系，负责搜索商业广告、搜索用户体验、搜索生态体系建设等方向的技术布局。在加入百度前，郑子斌曾在Google（谷歌）、阿里巴巴、Oracle（甲骨文）等知名企业担任技术和管理岗位的重要角色。

广州市教育局发布了《关于开展人工智能课程改革实验区、校遴选的通知》，将在广州市遴选若干实验区和100所左右的实验校，开展中小学人工智能课程实验。实验区、实验学校将于2019年秋季参照教育部教育装备研究与发展中心编写的《人工智能》教材的内容，开展校本课程试点实验。同时，在试点实验的基础上，广州市还将开展3~8年级人工智能校本课程教材研发及送审工作，进一步推动广州市智慧教育示范区课程建设，实施广州市智慧教育示范区 AI + 创新工程。

02 深圳市教育局发布《关于公开征求〈深圳市学前教育机构设置标准（征求意见稿）〉意见的通告》，针对深圳市学前教育学位资源紧张的问题，拟出台新的规范标准，幼儿园不再受限于6个以上班级的办学标准，"一个班"的微型幼儿园也可纳入正规体系。

位于南京的少儿羽毛球培训公司"界内体育"宣布完成千万级Pre-A轮融资，投资方为荣正国际、动因体育以及娱乐工场。本轮融资主要用于两大方面：一是已有课程体系的迭代升级，包括研制少儿羽毛球培训教材以及羽毛球教练员的培训标准；二是进行市场推广以及地域扩张，计划于2019年年底或2020年年初在南京市以外尝试异地扩张。

03 瑞思英语宣布战略投资 NYC 纽约国际儿童俱乐部，投资金额达千万，正式战略布局早教市场。未来，NYC 纽约国际儿童俱乐部将成为瑞思英语的战略合作伙伴，双方将在流量获客、校区中心运营管理、课程产品研发等方面展开合作。

宝宝树推出升级后的知识付费产品"树学院"，主要面向年轻父母提供育儿知识内容。树学院的课程分为精品课程、专家答和孕育周知三大类型，母婴领域的 KOL 以及儿科、产科、心理学、医美等领域的数百位专家是内容的合作生产者。宝宝树的升级意味着宝宝树的知识付费业务从自营模式转向平台模式，"小星医生""春雨医生"等在线健康平台都已接入树学院。

04 游美营地与北青研学正式签订战略合作协议。此次双方将发挥在场地运营、师资人才、技术资金、政府关系等领域的优势，以研学旅行项目的战略开发与运营作为载体，联合拓宽发展空间，合力布局研学旅行业务。

05 由支付宝主办的"加油！中国女足"发布会在杭州举行，支付宝总裁井贤栋现场宣布：未来10年，支付宝将拿出10亿来支持中国女足的发展。支付宝中国女足发展专项资金以三家公益基金会作为与中国足协的合作主体，三家公益基金会每年将拿出专项资金，围绕女足国家队训练水平提升、女足球员伤病保障及退役转型、女足技术发展及教练员培养和青少年女足运动推广及发展四大方面展开，其中最重要的是发展青少年女足运动。

06 运动宝贝教育集团正式对外介绍其在线早教产品"贝宝魔盒"及最新上线的主打IP"兔子贝贝"系列动画。运动宝贝集团CEO陈芸表示，此次推出的在线早教项目筹备已有两年，未来"线下早教培训 + 家庭场景 +IP"将是运动宝贝的主要发展方向。

07 2019首届青少年编程教育高峰论坛暨"编程日"发起仪式在大连正式举行，众多来自学校的一线教师、行业专家学者等编程教育行业从业者出席，以"实践与普及"为主题，研讨编程教育在创新人才培养和素质教育中的重要性，勾勒行业发展蓝图，预见未来教育，激发新的教育共识。

08 小叶子音乐教育在北京召开新品发布会，会上发布了新款智能电子琴"小叶子 The ONE 智能电子琴 Air"，同时发布了其儿童钢琴启蒙App"智能钢琴 Kid"3.0版本。此款电子琴采用了大三角钢琴音色和力度感应键盘，由郎朗在此款电子琴上试弹《野蜂飞舞》的视频来看，这款电子琴可以呈现钢琴高阶曲目。

在上海举行的"2019中国(上海)国际青少年校园足球邀请赛"上，中国校园足球高中组以小组赛3战2胜1平的成绩获得A组第一名，进入四强，并在总决赛中获得了第四名，取得了突破性进展。校园足球队伍优异的表现得到中外专家和队员的一致好评。

谷歌推出"Code with Google"项目，为编程老师提供新的编程资源。该项目集合了谷歌自有的免费计算机科学课程和其他一系列相关课程，内容适用于不同能力水平的人群，旨在帮助学生学习编程并提高他们的技能。除了单纯的学习内容之外，该项目提供的资源还包括夏令营和实习等学术活动。

国家卫生健康委人口家庭司就《托育机构设置标准（试行）（征求意见稿）》《托育机构管理规范（试行）（征求意见稿）》公开征求意见。文件拟规定，依法建立托育机构及其工作人员黑名单制度，禁止有虐待、伤害婴幼儿记录的机构和个人从事托育服务。托育机构监控报警系统确保24小时设防，婴幼儿生活和活动区域应当全覆盖。监控录像资料保存期不少于90日，不得无故中断监控，不得随意更改、删除监控资料等。

09

腾讯教育与贝尔科教联合宣布，双方已正式达成全面战略合作协议。在合作细节方面，腾讯教育官方表示，腾讯智慧幼儿园将与贝尔科教的产品进行融合，打造幼儿编程创客空间。与此同时，双方还将在课堂场景、智能化教学和数字营销推广等方面展开合作，联合搭建"腾讯贝尔智能教育实验室"，实现"线上＋线下"教育模式的融合。

10　STEAM 教育品牌"智慧喵"官方宣布已完成千万元级 Pre-A 轮融资，投资方为锐合创投。本轮融资将用于市场拓展和产品研发创新等方面。对于未来的发展规划，智慧喵官方称，将继续发展直营中心，从上海起步，逐步覆盖华东乃至全国。其次，推动上下游的整合，同步推进线上化平台。

11　联通沃悦读科技文化有限公司在成立一周年之际，推出了首款以动画幼教为核心的亲子智能产品"萌娃小 Q"。萌娃小 Q 是为中国 0~9 岁儿童量身打造，以"亲子动画＋智能硬件＋衍生服务"为核心的儿童亲子教育平台，在聚合多品牌、多维度的优质少儿视听内容的基础上，为用户提供情智开发、教育启蒙、亲子互动、视野开拓等多功能的一站式学习体验服务。

幼儿托育品牌"稚子社"宣布完成千万级 Pre-A 轮融资，本轮融资由上海联创领投，CID 华威国际跟投。本轮融资将主要用于开拓新店、搭建园所管理及家园共育系统两个方面。

新东方教育科技集团旗下的少儿教育品牌"斯林姆国际教育"发布全新 STEAM 科学课程。该课程由新东方与日本学研控股集团"学研教育"共同研发。发布会上，二者宣布达成战略合作。在 STEAM 科学课程的配套器材方面，斯林姆和学研教育采用了日本原版引进的高品质试验器材，根据课程内容量身打造，从选材到设计都符合儿童的使用习惯和安全标准，部分器材达到食品级标准。

在线数理思维品牌"火花思维"推出了最新研发的 AI 数理思维课。火花思维创始人兼 CEO 罗剑表示，火花思维希望通过 AI 等科技手段为教育行业赋能，惠及更多的家庭和孩子。

在线音乐教育平台"VIP 陪练"与国际钢琴大师郎朗在上海举行"大师陪您，乐动 V 来"签约发布会。发布会上，VIP 陪练宣布郎朗将担任 VIP 陪练"音乐大使"，以钢琴音乐教育家的身份与 VIP 陪练一起聚焦青少年音乐教育。除代言外，郎朗还将出任由 VIP 陪练发起的《天才小琴童》节目第二季特约大师，并在音乐教育和公益等方面与 VIP 陪练展开更多合作。

12 知码学教育日前正式推出"知码学编程"系列课程，它涵盖了四大编程课程：3D打印笔、米老鼠编程、Scratch图形化编程、CodeMonkey编程课程。

蕃茄田艺术出席InSEA联合国教科文组织艺术教育协会（美国温哥华），蕃茄田艺术教研团队发表以"以艺术为核心的STEAM：以蕃茄田艺术OCI全球创作奖为例"为主题的演讲。

13 北京梅沙户外营地与内蒙古赤峰市优果教育科技有限公司正式达成战略合作，双方将以研学和营地项目的战略开发与运营为载体，联合拓宽发展空间，合力布局研学与营地教育业务，共同开启营地教育产业优质资源均衡发展的新纪元。

14 百词斩母公司上线针对0~3岁家庭的亲子互动课"柚子鸭"。据了解，该课程为小班制（最多1对6个家庭），采用直播形式，每节课30分钟，家长可以自由预约。

15 由腾讯主办的"2019全国青少年微信小程序编程创意营"在广州举行开营仪式。据介绍，本次举办的小程序编程创意营将以广东省为起点，与广州大学附属中学进行试点合作，来自广东省的100余名初中生将进行历时两个月的编程开发并角逐优胜奖。微信希望借此将技术的实用性与教育做结合，帮助青少年学习编程、使用编程、提升编程能力。

湖北省教育厅、发改委、自然资源厅、住建厅联合印发的《湖北省城镇小区配套幼儿园建设管理办法（试行）》已正式施行，办法规定，配套幼儿园与首期建设的居民住宅区应同步规划、同步设计、同步建设、同步验收、同步交付使用。

由全国青少年校园足球工作领导小组办公室主办，青海省教育厅、青海省校足办承办的"2019年全国青少年校园足球夏令营第四营区（小学组）"在青海省西宁市开营。

游美 Camp Greenwoods 国内四大营地同开，分别是杭州千岛湖营地、上海太阳岛营地、北京奥水营地和云南抚仙湖营地，其中云南营地为 2019 年首开。2019 年同期在其营人次最高峰达到 600 人。2019 年暑期，游美夏令营总营收近 5000 万。同时，游美的海外营地、海外特色游学、国内外夏校产品也在全面发力。

16 四川省文化和旅游厅公布了171个第一批四川省非物质文化遗产项目体验基地。据了解，这是四川省文化和旅游厅继2019年文化和自然遗产日前夕公布10条非遗之旅线路后，推进"非遗之旅"这一创新理念落地实施，促进文化和旅游深度融合发展的又一重要举措。

北京大风车教育集团在北京召开"大风车儿童教育'双免'创新模式新闻发布会"，其创始人兼总裁周建国发布了最新战略规划：公司将上线智慧服务平台，同时推出免收品牌使用费、免收平台使用费的"双免"模式，深度布局家园共育赛道。

鲸鱼小班召开发布会，宣布正式更名为"鲸鱼外教培优"，并与美国国家地理学习（National Geographic Learning）签约，获得"Reach"系列教材使用权。公司CEO吴昊透露，公司上半年实现2个亿营收，单月5400万，线索付费率8%~12%，获客成本1200~1500元，到期续费率80%~85%，转介绍比例60%~70%。

17 网易有道推出家庭美育品牌"有道少儿美术"，主要针对5~12岁儿童，课程由网易有道少儿美术教研团队研发。

18 作业盒子召开发布会，正式宣布更名为"小盒科技"，同时推出新产品"小象编程"，布局STEAM领域。更名后公司定位为AI教育公司，致力于用AI技术构建基于校内教学和家庭辅导的智能教育服务生态，推动大数据、AI、深度学习等技术在教育领域的应用，让每个学生都有自己的AI老师，每个老师都有自己的AI助教。

好未来在北京举办"2019好未来TI教育智能大会"。会上，好未来正式发布了AI开放平台，以及WISROOM2.0（智能教室解决方案）、教研云、T-Box（智能教学AI终端）三项教育科技成果。

20 第60届国际数学奥林匹克竞赛（IMO）已在英国举办并结束。其中，时隔四年无缘团体冠军的中国队再次夺得冠军，与美国队同以227分的总分并列第一。

由中国艺术职业教育学会主办的"鼓动最强音2019乐斯潮流音乐季"在武汉传媒学院圆满落幕。本次活动共覆盖全国31个分现场的51376名学员、66位音乐指导老师、135家音乐机构、11位国内外艺术家，由上百家媒体、直播平台与全国50万观众共同见证。

22 掌门教育旗下在线少儿数理思维教育品牌"掌门少儿"正式宣布，学员续费率达 89%，转介绍率突破 50%，预计 2019 年营收突破 5 亿元人民币。掌门教育创始人兼 CEO 张翼曾表示，希望能够打造学科辅导和素质教育相辅相成的课程体系。背靠掌门教育集团，掌门少儿在师训、教研、科技、产品等多个方面具备先发优势，上线一年多时间，掌门少儿已凭借自身亮眼表现处于在线少儿数理思维赛道第一梯队。

儿童内容教育品牌"凯叔讲故事"宣布完成由百度领投，新东方、好未来、坤言资本跟投的超 5000 万美元的 C 轮融资，泰合资本担任本轮融资独家财务顾问。本轮融资中的新东方、坤言资本均为老股东。据了解，本轮资金仍将投入到优质儿童内容的打造中，未来凯叔讲故事的发展布局也将紧紧围绕这一核心。

教育部学校规划建设发展中心在北京举办了"青少年编程课程体系与教学模式研究座谈会"。会上宣布与小码王就未来多项深度战略合作达成共识，并签署合作协议。双方在未来学校研究和实验计划的总体要求下，融合国内外最先进的教育理念，共同努力打造少儿编程师资培养与校园落地创新模式，助力未来学校的素质教育发展。

在山东省第十三届人大常委会第十三次会议上，山东省教育厅副厅长关延平对《山东省学前教育条例（草案）》制定及推进情况进行了说明。考虑到目前普惠性学前教育的体制机制未完全建立，优质资源供给总量不足，经费保障缺口较大，教师队伍整体素质不高、社会地位和待遇保障有待改善，幼儿园管理和保育教育质量有待进一步规范和提高等问题严重制约了省学前教育的持续健康发展，山东省政府拟通过推进学前教育立法，从法律层面对行业进行规范以解决问题。

23 | 教育部举行新闻发布会，发布《全国青少年校园足球工作报告 (2015—2019)》，梳理了推进校园足球工作的总体思路、主要进展和下一步工作举措。校园足球改革发展的"四梁八柱"基本建成，"内部装修"已全面开启。

24 | 好未来旗下教育综合体"龙观荟"与卓越集团完成战略合作签约，双方表示，接下来将在教育方式、教育内容、教育业态等方面展开合作，在教育综合体基础上探讨集团物业、教育、商业、金融的多维战略框架合作。

由文化和旅游部港澳台办公室指导，河南省文化和旅游厅、内地游学联盟主办的"2019港澳青少年游学推广活动暨内地游学联盟大会"在河南省洛阳市成功举办。内地游学联盟秘书处曾于2017、2018年组织评选，认定了两批共计68家港澳青少年内地游学基地。

科大讯飞生态链投资平台已正式入股AI教育机器人企业"韩端科技"。未来，双方将在AI教育产品研发、校内外业务联动、STEM师资培训以及机器人赛事举办等方面开展战略合作。韩端科技成立于2008年，其业务涵盖教育机器人研发设计、生产销售、课程开发、教育培训、赛事运营等方面。目前，其合作客户包括校外培训机构、幼儿园、中小学、大学以及科研机构等。

25

绿橙教育宣布完成数千万美元B轮融资，由中法凯辉创新基金领投。本轮融资将用于教学教研团队的引进以及技术开发等方面。绿橙教育曾于2018年3月完成A轮融资，投资方为鼎晖投资。

江苏省人民政府出台《关于学前教育深化改革规范发展的意见》，要求大力发展公办幼儿园，形成公办为主、非营利民办为辅的学前教育体系；积极扶持非营利性民办普惠园；规范营利性民办幼儿园发展；分类治理幼儿临时照护点；公办幼儿园和普惠性民办幼儿园被收取租金的，当地政府要采取多种方式免除租金；关于幼儿园师资问题，按照政府购买服务范围的规定，可将公办幼儿园中卫生保健人员、保育员、安保、厨师等纳入政府购买服务范围，所需资金从财政预算中统筹安排；对非营利性民办普惠园，要按照公办幼儿园同等标准安排生均公用经费财政拨款。

26

儿童运动教育平台"乐冠军"完成数百万元天使轮融资，投资方为个人投资者言川。本轮融资将主要用于市场扩张、线上产品和服务的搭建。

27 美团点评大数据显示，影响消费者选择教育产品的几个关键因素有距离、课程体系、专业度或师资、环境、品牌认知等。其中距离是教育消费者首要考虑因素。

28 主打双师模式并致力于为三四线城市培训机构提供外教双师解决方案的服务商"外教易"宣布目前在全国已经合作了 1600 家机构，2019 年营收预计 1.5 亿元。

VIP 陪练在线平台七月销售额破亿元大关。VIP 陪练创始人兼 CEO 葛佳麒透露，VIP 陪练 2019 年年收入规模正向 10 亿级跃升。作为在线音乐陪练模式的首创企业，VIP 陪练此次的成功离不开国家政策和节令性因素的双重刺激——教育部于近期出台的《关于规范校外线上培训的实施意见》表达了对艺术类培训项目的鼓励态度。而暑假的到来，也使素质教育培训机构迎来新一轮的销售旺季。

29 藤门国际教育旗下的素质教育品牌"MUSK STEM"宣布携手爱奇艺，共同出品线上少儿 STEM 双师课程"孩子最爱的 STEM 启蒙课"。MUSK STEM 官方介绍，该课程已经在线下门店"积木搭建工作坊"和北京、上海、深圳等地的国际幼儿园里进行了教学实践，以创意积木、电子积木、编程设备为载体，课程知识点覆盖了语言、思维、数学、科学、技术、工程等多个方面。

国际艺术留学教培机构"美行思远"获得数千万元 A 轮融资。投资方为远洋资本，本轮资金将主要用于线下学习中心门店的海内外扩张、课程线上化的打磨和低龄艺术课程体系的推进。

母婴健康教育服务平台"三优亲子"获得新一轮数千万元投资，投资方未披露。公司本轮融资将用于扩大线下托育机构规模以及对师资教研质量的升级。据创始人透露，三优亲子经过本轮投资估值将超 6 亿。

爱得文儿童博物馆宣布完成近千万元天使轮融资，资方为蓝象资本等。本轮融资主要用于博物馆内容研发和展览落地工作。

致力于全球少儿英语教育的易贝乐宣布完成新一轮战略融资，投资方为盛趣游戏，金额暂未透露。据悉，易贝乐曾于2014年获得信投资的A轮投资，金额未透露；于2018年完成2亿元战略融资，投资方为华西股份旗下全资金融平台"一村资本"。

VIP陪练与教育部学校规划建设发展中心签订战略合作框架协议，双方将共同建设智慧学习工厂，推进音乐教育事业的发展。

30

精锐国际教育集团发布了2019财年第三季度（截至2019年5月31日）未经审计的财务报告。财报数据显示，精锐在2019财年第三季度实现了10.93亿元的净收入，同比增长32.6%；运营利润1.23亿元，同比上涨117%；月均在读人数达174835，同比上涨40%，新生人数同比增长42.7%。从整个财报表现来看，在本季度，精锐旗下业务均实现了较好的增长，其中尤以"至慧学堂"和"小小地球英语"为代表，二者净收入带来的营收增长平均达60%。

国家发展改革委、体育总局、国务院足球改革发展部际联席会议办公室联合印发了《全国社会足球场地设施建设专项行动实施方案（试行）》的通知。通知要求，中央预算内投资采取定额补助。对新建11人制标准足球场，每个球场补助200万元；对新建5人制、7人制（8人制）足球场，每个球场补助不超过100万元。鼓励各地通过财政资金、体育彩票公益金、开发性金融等多种资金渠道对足球场建设予以配套补助。

31

在深圳市物联网协会主办的智慧教育发展论坛上，人工智能思维、智慧课堂被反复提及，也被认为是未来教育的发展重点。会上，深圳蜂群物联网应用研究院执行院长张晓峰展示了"智慧教育产业结构与趋势"大图景。张晓峰认为，智慧教育的总体架构可大致分为智慧课堂、智能分析、智慧管理、智慧校园和虚拟化管理的数据中心五大板块。其中，智慧课堂是最关键的环节，也是难度最大的环节。

8月/August

01 在线少儿英语教育平台"VIPKID"宣布，世界英语教师协会首位华人主席刘骏正式加入VIPKID，担任VIPKID首席学术官，这也是VIPKID首次设立这一高管职务。

红黄蓝通过收购整合，将"又又国学堂"正式并为红黄蓝旗下控股子品牌，双方接下来将致力于发展和探索在幼教人文素质教育领域的语文品牌。又又国学堂成立于2017年，是一家儿童在线传统文化教育平台，主要通过视频录播、短视频动漫、游戏等形式为3~8岁华人儿童提供传统文化教育服务，目前已上线"又又·三字经"、"又又·声律启蒙"和"又又国学堂之娇娇姐姐讲中国历史人物故事"等产品。

教育部再次发布《关于2019年中小学生暑假安全工作的提示》，指出学生外出参加社会实践活动和学校组织的夏令营时，学校要配备责任心强、数量足够的随队教师；时刻教育学生注意饮食、卫生、疾病预防和出行安全；不得前往地势险峻或安全措施不落实的地方；不得在电网、高压线等危险区域活动。要落实好教育部防溺水工作"六不准"要求，切实提高学生预防溺水的警惕性和自觉性。

新东方在线儿童产品事业部总经理、酷学多纳品牌负责人陈婉青宣布正式加入编程猫，出任COO一职。编程猫创始人兼CEO李天驰表示，对编程猫来说，陈婉青的加入是团队很重要的补充，她会把新东方优秀的运营经验带到编程猫来，持续优化运营效率，提高利润率。

湖南省教育厅等八部门印发《湖南省综合防控儿童青少年近视实施方案》，力争实现全省儿童青少年总体近视率在 2018 年的基础上每年降低 0.5 个百分点以上。到 2030 年，实现全省儿童青少年新发近视率明显下降，儿童青少年视力健康整体水平显著提升，6 岁儿童近视率控制在 3% 左右，小学生近视率控制在 38% 以下，初中生近视率下降到 60% 以下，高中阶段学生近视率下降到 70% 以下，国家学生体质健康标准优秀率达 25% 以上。

02 广东省教育厅出台《关于普通高中体育与健康等科目学业水平考试工作的指导意见》，这是继 2019 年 7 月出台《广东省普通高中学业水平考试实施办法》后，广东省再次出台的相关文件。本次《指导意见》的亮点在于细化了体育与健康、艺术（或音乐、美术）、技术（信息技术和通用技术）等考试科目的考核方式。除了在科目上呈现素质化特点，在学业水平考试的技能考核和素养要求上的素质化趋势也明显加强。

03 由蕃茄田艺术主办的"100 万种测量的方式——2019 第五届 OCI 全球创作奖"首次在北美落地，实现了蕃茄田艺术课程的国际输出。

由杭州市舞蹈家协会举办的"2019'潮舞会'全国少儿流行舞蹈大赛"在杭州举行。崔忠华、花儿乐队、GRV CHINA KIDS、华册训练生等作为嘉宾出席，同时本次大赛设立 20 万助学金，助力学员。大赛吸引了来自杭州的 10 万名少儿街舞爱好者，全国报名人数突破 100 万。

05

连锁早教机构"凯瑞宝贝"跑路事件再升级，继其上海多家校区闭店后，江苏无锡、苏州等地多家校区也出现闭店跑路情况。网上家长爆料："截止到目前，已有近900名家长被骗，涉案金额达到200万元。"在此次跑路事件之前，凯瑞宝贝还曾被曝光过虐童和违规托育事件。

"全国三亿青少年进森林研学教育活动启动仪式暨绿色中国行"在浙江开化钱江源国家公园举行，活动中对外发布了全国首条"全国三亿青少年进森林"研学教育线路。来自钱江源国家公园的研学教育线路按照不同主题分为十条研学路线：中国最美森林科普之旅、中国铁军之源红色基因传承之旅、中国根艺国学之旅、中国最美河道探源之旅、中国绿茶金三角体验之旅、中国文化复兴之开化纸寿千年发现之旅、中国越地青花瓷科考之旅、中国生态美食之乡寻味之旅、中国暗夜星空探秘之旅、中国最美乡村寻梦之旅等。

广东省教育厅发布了《关于进一步加强外籍教师管理工作的通知》，从相应的管理外籍教师法律法规、聘用单位人才管理及培训、外籍教师专项情况排查几方面制定规范。第一，需要严格遵守外国人来华工作法律法规。第二，加强外籍教师的培训和管理。第三，对聘用外籍教师情况进行专项检查。

福建发布《福建省教育厅等二十一部门关于规范校外培训机构发展的通知》，指出要遵循国务院办公厅出台的《关于规范校外培训机构发展的意见》，并在此基础上探讨完善风险防范措施，提出探索建立风险防范机制，探索建立风险基金制度。该通知从对校外培训机构的审批登记、培训管理和监管等方面做出具体规定。

06 网易有道召开产品发布会，发布五款少儿启蒙类课程产品：有道数学思维提升计划课程、有道乐读阅读力课程、有道少儿英语、有道小图灵和有道卡搭。同时，网易有道还发布了一款教育硬件产品，有道词典笔2.0，该硬件已经链接1~2款有道内部教学产品，未来将持续联动，打造智能教育硬件矩阵。网易有道此次发布的教育产品囊括数学思维、英语、阅读、编程品类，其在少儿启蒙教育领域的战略布局足以显现。

杭州市下城区发布了《3岁以下婴幼儿托育机构设置标准（试行）》和《3岁以下婴幼儿托育服务机构管理办法（试行）》。杭州市下城区发布的托育机构设置标准及管理办法，分别从托育机构的规划布局、规模设置、场地建筑、设施设备、人员配置以及安全管理、健康管理、收费管理等方面提出了具体实施方案及意见。

07 在线教育音视频服务供应商"拓课云"宣布已完成数千万A1轮融资。本轮融资由深圳前海与君资本领投，高思教育、水木清华校友基金、英诺天使基金跟投。拓课云创始人兼CEO范旭宇表示，新一轮资金将主要用于核心技术的持续开发、产品服务的升级迭代和市场推广。

凯叔讲故事旗下衍生的"凯叔童年说"全国故事大赛落下了帷幕。本次"凯叔童年说"不同于往届的亮点在于本次凯叔讲故事选择和gogokid跨界合作，gogokid成为"凯叔童年说"的独家冠名商。讲故事与在线少儿英语学习看似毫无关联，双方本次的合作在于赛制的拓展，由原先单一的线下中文故事大赛变为线上线下同时进行，即增设了线上的英语故事大赛。

教育行业营销解决方案提供商"螳螂科技"完成数千万元 Pre-A 轮融资，投资方是贵阳创投和新宜资本。创始人江涛表示，本轮资金将主要用于市场营销、产品研发和客户成功体系的搭建。螳螂科技成立于 2016 年 7 月，2017 年 3 月上线第一代教育 SaaS 产品。螳螂教育云目前包括营销云、教务云、网校、数据分析云四个产品。

青少儿体适能培训机构"宾果体育"宣布完成 500 万人民币天使轮融资，儿童体适能行业可以说又添一名强兵。宾果体育 CEO 饶星星表示，本轮融资主要用于线下场景拓展、产品体验服务升级和团队人才优化升级。

好未来旗下家长帮发布"家长帮·大数据系列报告"的《中国家庭孩子身体素质培养洞察篇》。报告基于 2104 名家长的调研结果，全面分析了中国家庭关于孩子运动培养的现状、认知、需求、消费趋势等方面。调研显示：家长群体对孩子运动能力培养的认知和现状存在偏差；家庭对孩子运动能力培养的需求趋于综合化；就消费趋势而言，家庭运动消费更加个性化和多元化。

08

英语启蒙教育服务商"波比英语"完成 Pre-A 轮融资，融资金额为 1000 万元人民币，投资方为名川资本。本轮融资将用于拓展下沉市场和完善课程体系。波比英语主攻三四线及以下城市的普通家庭，主要服务于 3~8 岁儿童用户，提供 AI+ 启蒙教育课程，课程形式为音频、视频及电子绘本等，家长可以登录平台，依据平台按年龄段提供的课程推荐，选择适合自己孩子的课程。

百度宣布战略投资 SaaS 服务商"有赞"，将从资金、资源等方面对有赞提供支持。此前，有赞曾发布消息，要与百度进行战略合作，通过与百度智能小程序进行合作，帮助有赞教育用户获客，降低获客成本。有赞教育负责人胡冰表示，有赞还推出了基于其电商交易系统的微商城拓展包和知识付费工具两项增值服务，帮助教育商家拓展业务模式。在未来，有赞教育将会把业务重心放至互动督学方面，建设家校互通平台。

专注于家庭端儿童早期教育的科技公司"金宝贝科技"联合周杰伦、詹宇豪创办的秘密音乐，首次推出古典乐家庭启蒙课程，该课程已在金宝贝启蒙 App 上线并正式对外发售，首发 24 小时内，销售额即突破千万元。此次，是金宝贝科技首次联合明星 IP 跨界合作在线早教新模式。此次合作的古典乐启蒙课主要为 0~5 岁孩子设计，旨在通过古典乐鉴赏、音乐动画和游戏的方式全方位培养孩子的聪明力。

幼儿园服务商"朗朗教育"发布 2019 年半年报，半年报显示公司 2019 年上半年营收 7677.7 万元，同期增长 18.96%；净利润达到 450.6 万元，同期增长 5.47%；营业成本为 3571.3 万元，同期增长 159.39%。其中，营收增长，主要是公司从 2019 年 1 月 1 日起就调整了幼教画板 TV 版一体机的销售策略，由赠送调整为销售，公司营业收入上升；而一体机销售策略的调整，相应成本也计入了营业成本，导致营业成本大幅增长。

09

萌塔教育公众号发布推文《致家长的道歉信》，称公司资金链出现问题，必须暂停营业。此前，萌塔教育曾多次尝试进行结构调整，甚至裁员 70% 以上，但是摆在面前的问题依然无法得到解决。道歉信中表示，萌塔教育正在积极处理后续退课手续，并寻找可以接手萌塔用户的友商，进行融资以及司法程序等。萌塔教育隶属于上海继悦教育科技有限公司，成立于 2017 年 12 月，主要为 7~15 岁儿童提供在线英语思维培优课。

少儿编程教育品牌"维度积木"宣布完成新一轮融资。维度积木创始人兼 CEO 蔡晨光透露，本次融资将主要用于研发和品牌建设。维度积木成立于 2015 年，主要通过开设线下合作校区的形式为青少儿提供编程学服务。

10 立思辰携手湾区知名中文教学机构"春雨学院"，在圣荷西开设诸葛学堂圣荷西分校，将设立三个授课地点：West SanJose（西圣荷西）校区，Fremont（佛利蒙）校区和Newark（纽瓦克）校区。诸葛学堂圣荷西分校将采取两种授课方式：面授班或双师课堂＋面授。立思辰在教学上以提升学生语文学习兴趣及培育学生文学素养为核心，使用"线上＋线下"的复合运营模式，结合科技手段，实现异地复制及市场拓展。

11 乐斯学员受邀在澳大利亚2019皇家昆士兰展（EKKA Royal Queensland Show）上进行演出。皇家昆士兰展是澳大利亚昆士兰州规模最大、最受欢迎的年度活动，将整个澳大利亚的城市特色汇聚到了一起，平均每年吸引40万人次前来参观。自1876年创立以来，皇家昆士兰展以其独特的魅力及丰富的项目，一直受到全澳人民的关注。

12 成都市教育局发布《关于进一步深化区域教育联盟发展的意见》，提出在开展学生研学旅行方面，将积极推动资源共享和区域合作，促进研学旅行共建共享，扩大联盟内学生交流覆盖面，提升交流成效，原则上学生交流数量应不低于义务教育阶段学生总数的5%。各区域教育联盟要统筹规划，充分挖掘联盟各方的校外教育资源，联合开发一批育人效果突出的研学旅行活动课程。依托丰富的文化资源和地域特色，共同开发、建设和打造一批凸显天府文化特色的研学旅行基地，积极开展研学实践教育活动。

"睿见未来"素质教育 CEO 成长营首期学员毕业。"睿见未来"素质教育 CEO 成长营是睿艺学院重磅推出的知识服务类明星产品，面向成长阶段的素质教育创业者，邀请具备丰富实战经验与理论体系的行业导师，围绕企业经营的 4 大模块 13 个主题，通过课程讲授、案例解析、课堂练习、企业走访、高端私董等形式，为创业者们提供高效的学习体验与深度的资源链接。

13 青岛市教育局办公室发布了《关于撤销青岛市市北区红黄蓝万科城幼儿园市示范幼儿园资格的通知》，指出青岛市市北区红黄蓝万科城幼儿园由于管理不到位，于2019年1月发生安全责任事故，造成严重不良社会影响，根据《青岛市示范幼儿园认定标准》，将撤销青岛市市北区红黄蓝万科城幼儿园市示范幼儿园资格，强调各区、市教育部门要引以为戒，严格幼儿园安全管理，加强师德师风建设，为幼儿健康成长提供根本保障。

蕃茄田艺术参加第四届NOBO无界国际艺术巡展"一滴水"，学员作品入选并在联合国展出。6幅作品分别在五国本地展厅、小世界展厅展出，并在纽约纳斯达克大屏播出；47幅作品在电子展厅展出。

慧凡教育宣布，历时两年自主研发成功的"柒彩未来"幼教综合管理服务平台正式上线。慧凡教育成立于2009年4月，是一家集幼儿课程研发、专业园长学习、幼教产品推广为一体的综合性服务教育机构。

天津市发展改革委和市教育委员会联合发布《关于天津市民办幼儿园收费管理有关问题的通知》，明确提出民办幼儿园除收取保育教育费、住宿费、代办服务性收费外，不得再向幼儿家长收取其他任何费用。其中，非营利性民办幼儿园代办服务性收费包括：伙食费、生活物品费、城乡居民基本医疗保险费、外出活动费、幼儿安全接送卡工本费。

14 百度宣布战略投资少儿英语品牌"Qkids久趣"，投资金额未透露。据天眼查显示，百度位列该公司第五大股东，持股4.14%，认缴出资额31.7万余元人民币。据了解，Qkids久趣英语隶属于厦门千时科技公司，提供纯正北美外教在线授课。通过游戏化、多元化的趣味教学手法，激发小朋友的学习兴趣；基于欧洲语言共同框架（CEFR），自主研发课程体系，为孩子提供英语语言学习所需要的课程和环境。

"人民文旅信息科技（北京）有限公司成立大会暨人民文旅 App 上线发布会"在人民日报社举行。人民文旅 App 是一款聚焦 3~12 岁亲子家庭文旅出行需求的会员制平台，提供优惠景区、线上课程、亲子头条、研学活动、故宫文具五大板块严选内容。通过构建会员专属的封闭体系，提供高品质、会员专享权益。除此以外，人民文旅 App 平台还整合上线了针对亲子市场的大量优质产品和服务，如研学机构、音视频知识付费服务等。

工业和信息化部、中国互联网协会在"2019 年中国互联网企业 100 强发布会暨百强企业高峰论坛"上联合发布 2019 年中国互联网企业 100 强榜单。好未来集团连续两年登上中国互联网百强榜单，同时也是 2019 年榜单中唯一一家教育企业。

轻课推出"坚果写字"在线少儿书法课程品牌，研发出科学的写字教学体系。为保证教学质量，坚果写字联合多名书法教育家研究教育教学大纲，并结合 5~12 岁孩子的心理特点，将练字、国学、绘画、古诗词、趣味内容等知识结合，让孩子认识运笔、熟悉笔画，教孩子学会正确的写字姿势。

三盛智慧教育科技股份有限公司发布公告称，拟收购北京中育贝拉国际教育科技有限公司（以下简称"中育贝拉"）不低于 40% 的股权。公告以中育贝拉 2020 年预测净利润为基础，初步确定中育贝拉本次投资后估值为人民币 2.41 亿元，对应 40% 股权的估值为人民币 9660 万元，最终收购比例和交易价格由各方协商并在正式投资协议中约定。

15

科贝乐第一家日式保育园在杭州开业，定位为"日式守护型保育"。

清华大学首个专门的"AI+ 教育"研究机构清华大学——立思辰智能教育技术创新联合研究中心发布《建设人工智能驱动型课堂》蓝皮书。根据介绍，清华大学——立思辰智能教育技术创新联合研究中心的研究工作聚焦在 AI+ 课堂，目标是三年内打造全球"AI+ 教育"第一研究平台，愿景是未来全球每一间教室（线上和线下都包括在内）都将由 AI 驱动。

教育部等八部门发布《关于引导规范教育移动互联网应用有序健康发展的意见》，指出要科学施策、分类引导。正确处理政府与市场、管理与服务、安全与发展的关系。分类引导不同教育阶段和类型、不同用户群体、不同功能用途的教育移动应用，构建良好教育生态。

16

美股上市公司"瑞思教育"公布了截至 2019 年 6 月 30 日第二季度未经审计的财务业绩。依据财报，瑞思第二季度总收入达 3.67 亿元，同比增长 22.3%；归属于瑞思的净利润 0.212 亿元；扣除股权费用后的息税折旧摊销前利润同比增长 17.8%，达 0.89 亿元。瑞思教育第二季度总招生人次为 10106 次，包含直营学习中心、在线课程、短期班、SSAT（美国中学入学考试）课程及领峰学习中心的招生人次；学习中心总数增长至 408 家，包括 80 家直营学习中心（2 家领峰学习中心）和 328 家加盟学习中心；第二季度直营学习中心结课班升学率继续保持在 72%。

中国计算机学会发布公告称，由于某种原因，由 CCF 主办的全国青少年信息学奥林匹克联赛 NOIP（普及组及提高组）从 2019 年起暂停。全国青少年信息学奥林匹克联赛 NOIP 是一项面向四年级以上青少年的信息学竞赛和普及活动，由中国计算机学会于 1995 年发起，并每年统一组织，至 2018 年已举办 24 次。

火花思维官方公众号显示，火花思维正式上线 L5 大语文，切入大语文赛道。火花 L5 大语文定位于兼容校内核心重难点，通过夯实课内基础、延伸课外素养来增强学生的学习力、思维力、阅读力。在具体的教研设计上，火花思维融合中西传统文化，采用元素分析法、结构分析法、形式训练法等学习方法，用来帮助学生提升语文思维能力。

爱贝英语推出"启蒙英语 Hello ABC"课程，将学员产品从此前的 3 岁提前至 2 岁市场。此外，爱贝宣布上线 EPT 在线英语能力测评工具。Hello ABC 是爱贝英语总部研发团队专为 2~3 岁孩子设计的英语启蒙课程。据介绍，Hello ABC 目前分为 10 个单元，主要通过与孩子日常生活密切相关且富有趣味性的主题，促进孩子语言、认知、运动、社交情感、自然科学、艺术等方面的全面综合发展。

快网网球宣布获得千万级天使轮投资，投资方为启赋资本。上海快网体育文化有限公司 2010 年 7 月创立于上海，是一家以网球场馆服务和网球培训为主营业务的体育公司。目前在上海已有近 30 个实体运营点，拥有近百名教练，每年服务超过 5000 学员。公司 CEO 尤海平透露，2018 年快网年收入超过千万元，未来资金主要用于球场扩张、完善团队架构。

18

儿童舞蹈培训品牌"绘本舞蹈"发布《中国舞蹈教育培训用户需求报告》，其数据显示，大部分家长是通过熟人圈子了解机构，家长对于学龄前舞蹈教学的需求除了不断提高考试级别，还比较看重机构是否有推荐演出机会。绘本舞蹈，是一家面向 3~6 岁学龄前儿童的舞蹈培训机构，为学舞儿童、家长以及机构提供"一站式"服务，课程覆盖健康、语言、艺术、科学和社会五大领域，分为自然、知识、亲子等八大主题。目前，课程合作机构 170 余家，覆盖 27 个省、94 个城市，其中三四线城市合作机构占总合作机构的 60%。

福建省首家公办托育园——"国资教育托育园"项目正式启动。国资教育托育园是在福建省卫健委指导下，由福建省国资教育主办。国资教育托育园博纳园设在鼓楼区北二环路北侧的恒力博纳广场内，是国资教育托育园项目的第一个园，目前仅面向省直行政事业单位及省属企业干部职工子女（1.5~3 周岁幼儿）招生。保教费 2500 元 / 月，餐费 500 元 / 月。据福建省国资教育透露，"国资教育托育园"今后还将依托社区、街道进行布点，依托社区建成一批"示范性托育园"。计划 3~5 年内扩增至 20~30 个托育园，确保职工家庭 3 岁以下孩子能就近入托。

19 少儿思维教育品牌"百造学堂"宣布获得 1300 万元 Pre-A 轮投资，投资方为道晟投资、连一资本、顺德双创公益基金会以及天使轮投资方华创天使基金。据百造学堂官方透露，本轮融资将主要用于儿童思维教育体系的打磨和产品的研发设计。百造学堂创始人连晓刚表示，百造学堂的团队共有 40 人，研发人员占比超过一半。未来，百造计划进入 C 端市场，线上搭配课程、绘本或软件的订阅式玩具盒子。

互动教学平台服务商"锐学堂"获得好未来数千万元的战略投资，本轮融资将主要投入教研和技术升级。好未来战略投资部表示，在国家深化教育教学改革，加快推进教育现代化的背景下，锐学堂强化课堂主阵地，切实提高课堂教学质量，融合运用传统与现代技术手段，重视情景教学，探索基于学科的课程综合化教学，开展研究型、项目化、合作式学习。

20 在 2019WWEC 教育者大会上，高思爱学习与飞博教育、葡萄智学达成战略合作。三方共同推出的 OMO（行业平台型商业模式）英语新品"Fly Up"，该产品以"三师联教，能说会考"为理念，采用"线下中教 + 线上 AI 教师 + 线上外教"的方式。三师联教中的"三师"是指"线下中教 + 线上 AI 教师 + 线上外教"，即在双师联教模式上引入科技化与规范化的 AI 教师。与传统直播、录播的双师课堂相比，三师联教融入 AI 技术，使得课堂互动性更强。

在 2019 世界机器人大会期间，中国电子学会发布了《中国机器人产业发展报告（2019）》，预计 2019 年全球机器人市场规模将达到 294.1 亿美元。其中，在 2019 年全球机器人市场规模中，工业机器人占 159.2 亿美元，服务机器人占 94.6 亿美元，特种机器人占 40.3 亿美元。而 2019 年中国机器人市场规模将达 86.8 亿美元。其中，工业机器人占 57.3 亿美元，服务机器人占 22 亿美元，特种机器人占 7.5 亿美元。

21 红黄蓝发布2019年第二季度未经审计财务业绩报告。报告显示，截至2019年6月30日，红黄蓝第二季度实现净营收为5360万美元，2018年同期为4750万美元，同比增长12.84%；调整后归属于股东的净利润为390万美元，2018年同期为690万美元，同比下降43.48%；在园学生人数为30478，2018年同期为23526，同比增加29.55%。

好未来旗下学而思网校与英国爱乐乐团共同研发的古典音乐课程项目已于2019年8月正式上线。英国爱乐乐团团队此次到访好未来，就课程项目进行复盘，并与好未来探讨了未来在"音乐＋教育＋科技"层面将展开的进一步合作。学而思网校于2018年8月成为英国爱乐乐团在中国地区的独家在线教育合作机构。

22 在线少儿英语教育平台"VIPKID"旗下少儿中文品牌"Lingo Bus"宣布与语文出版社达成战略合作。Lingo Bus 主要面向5~12岁儿童，以1对1在线模式为海外学员提供中文课程服务。课程方面，Lingo Bus 以真人在线1对1模式授课，每节课25分钟，包含通用课程及华裔少儿课程。此次合作后，双方将共同推动语文出版社数字化转型的探索和尝试。官方透露，双方将通过整合内容资源、专家团队及技术运营能力，探索共研共建汉语国际教育领域新模式和新资源。

23 美国玩具制造商"Hasbro"（孩之宝）发布声明称，将以40亿美元的价格收购 Peppa Pig（小猪佩奇）的母公司 Entertainment One。这将是美国玩具商孩之宝有史以来最大的一笔交易。这笔交易将用来扩大孩之宝的娱乐和"以家庭为导向的故事集"的产品矩阵规模。

24 瑞思宣布将开启"瑞思全球文物发言人计划暨国宝文物系列课程启动仪式"，并推出国宝文物系列课程，该课程是专门针对少儿群体打造的国宝文物英文课程。

精锐教育宣布，为了提升学生思维能力、培养学生的学习习惯，将在三个方向进行业务升级，即创新教法教具、AI 赋能教学系统及推出全新双语思维课程。本次发布会，精锐·至慧学堂和小小地球除了发布了可以给予学生更好的学习体验的课程和服务外，还宣布与国内的家庭教育学习平台"中华家教"App 联手，为家长们提高优质资源和定制化的服务。

25 2019 世界机器人大会是由北京市人民政府、工业和信息化部、中国科学技术协会共同主办的，是当前机器人界的"奥林匹克"盛会。每年在这场盛会中，都能看到全球各地机器人领域精英前来交流经验、分享成果。2019 年 8 月 25 日克乐思小学员在 2019 世界机器人大赛的青少年智能机器人赛程斩获小学组一组一等奖，一组二等奖，两组三等奖，初中组的一组三等奖。

26 火花思维宣布已完成8500万美元新一轮融资，由GGV纪源资本和KKR领投，红杉资本中国基金、IDG资本、北极光创投、山行资本、光速中国、龙湖资本及金沙江创投等老股东继续跟投，华兴资本担任财务顾问。据火花思维官方介绍，新一轮融资将继续投入教研教学开发、产品内容升级、创新技术研发等方面。

在线少儿素质品牌"河小象"已经完成2亿元人民币B轮融资，创新工场、BAI（贝塔斯曼亚洲投资基金）、好未来教育产业基金共同领投，上一轮投资方元璟、亦联、金沙江、志拙资本等跟投。本轮融资将主要投入教研及AI技术升级。河小象创立于2017年，定位3~12岁青少儿在线素质教育，提供以"大语文"为核心的在线素质类课程，包括写字课、每日古诗文、同步写作、经典名著阅读力等，以会员制进行付费。

说客英语宣布完成战略融资，本次融资由宝诚红土基金独家投资，云悦资本担任本轮融资的独家财务顾问。说客英语成立于2013年，发源于中兴内部，主要为青少年提供在线英语教育。截至目前，说客英语已经积累了超过6000名的外教资源，付费用户达60万。

索尼中国教育事业部正式发布了"KOOV编程机器人教育解决方案"和新一代硬件产品"EKV500B"。同时，宣布启动新一期的KOOV国内赛。索尼（中国）有限公司董事长兼总裁高桥洋表示，本次发布的KOOV编程机器人教育解决方案是索尼KOOV携手部分高校、教育研究机构和教育界领域的专家经过两年时间，共同研究出的适合中国学生的智慧编程教育方法。

27

剑桥大学出版社与东方之星联合推出少儿英语课程"Power Up"。Power Up 课程主要面向 6~12 岁儿童,官方介绍,该课程体系由剑桥融入知识、技能、态度等能力素养,通过国际化的教学方法,使得儿童语言学习和学科学习可以齐头并进,满足考级备考等需求。据介绍,Bricube 主要为教育机构提供 2~12 岁幼少儿高端英语课程:SuperSafari 幼儿英语课程和 Power Up 少儿英语课程。

宝宝树发布 2019 年上半年财报,宝宝树上半年营收为 2.4 亿元,同比减少 40.9%;经调整期内产生亏损 0.98 亿元,而 2018 年上半年经调整盈利 1.22 亿元。产生亏损的原因在于宝宝树总收入减少及所产生的开支增加。宝宝树总收入减少的原因是广告、电商和知识付费业务放缓。其中,广告业务 2019 年上半年收入 2.11 亿元,同比减少 29%。主要是宝宝树主要客户的广告投放相比于 2018 上半年减少,在于宏观经济下滑及地域政治不确定因素的影响而减少了广告预算。

北体产业集团在北京体育大学国家训练基地宣布,与浙江华睿冠创投资管理有限公司共同成立北体大冠军体育产业投资基金。发布会上,浙江华睿冠创投资管理有限公司董事长、北体大冠军体育产业投资基金管理公司总经理李睿鉴向北体冠军基金赠授 5000 万元现金支票作为首期注资款。该注资款旨在促进北京体育大学体育本体产业发展,服务健康中国战略,解决体育本体产业发展中融资难的问题,提高北京体育大学科研成果转化率。

"'AI 无界 教有方'儒博品牌升级暨布丁新品发布会"在北京举行。儒博全新品牌亮相,正式推出全球首款布丁 AI 教师解决方案及英语教育机器人"布丁豆芽",专注 AI+ 教育领域,整合前沿人工智能技术及优势教育资源,旨在赋能学校、教育机构、家庭等儿童教育场景,实现儿童教育行业的 AI 普惠。

28

小伯虎写字课堂已完成数百万种子轮融资，投资方为北塔资本、水滴公司创始人兼 CEO 沈鹏。小伯虎写字课堂于 2019 年 4 月成立，创始人是美团 31 号员工、前水滴公司联创王来。公司第一款产品"小伯虎写字课堂"于 7 月 30 日上线，20 天内，项目已推出三期体验课，累计吸引了超 200 位用户。小伯虎写字课堂以微信公众号为载体，为 6~13 岁儿童提供每天 3 分钟的线上录播课程。学员需要将当日书法任务完成、练习、上传并自评；24 小时内，教师提供 1 对 1 语音点评。

幼儿园综合服务提供商"亿童文教"发布 2019 年公司半年报，上半年亿童文教实现营业收入 3.08 亿元，同比减少 1.6%；实现归属于挂牌公司股东的净利润 0.59 亿元，同比减少 5.08%。报告期内营收和利润的减少，在于受幼教新政影响，幼儿园普惠化的推行，使得亿童文教需加大拓展公办园和普惠园渠道，增加新产品及新业务的开发力度，导致研发费用大幅增加。

国内托育领导品牌"多乐小熊"获得知名综合性 K12 教育管理机构中科致知国际教育集团的战略投资控股，这也是多乐小熊在获得松源资本、新东方教育集团的投资后，最新引入的战略投资机构。多乐小熊日托早教品牌创建于 2015 年，由国内资深婴幼儿专家团队筹建，是国内首家获得"商务部特许经营备案企业"的全国性托育机构。多乐小熊为 0~3 岁婴幼儿提供专业的全日托、半日托、临时托等托育服务。

立思辰发布 2019 年上半年财报。其实现营收 9.02 亿元，同比增长 64.16%；归属于上市公司股东净利润为 3916.1 万元，同比增长 169.03%；扣非净利润为 3739.5 万元，同比增长 161.08%；加权平均净资产收益率为 1.18%；货币资金为 3.29 亿元。

29 世界人工智能大会在上海正式开幕。开幕式上，科技部宣布依托好未来建设智慧教育开放创新平台。好未来将从技术、解决方案和产业化服务三个方面，为教育教学机构、教育科技企业、教育从业者、人工智能研发人员等提供全场景、全过程、全周期的服务支持，促进教育产业智能化升级，构建"共生""互生""创生"的智慧教育多元化新生态。

腾讯旗下儿童视频平台"小企鹅乐园"App上线巧虎会员专区，双方将通过业务接口改造、后台建设及 App 开发达成渠道共营，实现早教行业内容生产方和腾讯平台内容承载方的内容共享。据悉，该合作由腾讯广告促成，并打造全新"内容共建、渠道共营"的合作模式，为早教行业提供"营销即服务"的转型范本。腾讯广告汇聚腾讯公司全量应用场景，打造高效营销解决方案，创新"营销即服务"模式，通过内容共建和渠道共营等方面影响受众，同时通过打造价值共鸣，让早教品牌抢占用户，进一步成就早教市场品效协同的新路径。

IP自有内容　　内容共建　渠道共营　　小企鹅乐园

在线少儿编程教育品牌"西瓜创客"宣布获得1.5亿元B轮投资。据西瓜创客创始人肖恩介绍，本轮融资由新东方教育文化产业基金领投，赛富投资基金和泛海投资跟投，现有股东红杉资本中国基金、经纬中国、百词斩追加投资。资金将主要用于课程研发、继续发展AI双师课堂以及提升人机交互体验等方面。

A股上市公司昂立教育发布2019年度半年财报。截至6月30日，昂立教育上半年营收10.90亿元，同比增长13.16%；净利润为5006万元，较2018年同期增加5.36%。

A股上市公司"美吉姆"发布2019年半年财报。报告显示，上半年美吉姆营收达到2.76亿元，同比增长183.5%；归属于上市公司股东的净利润为0.34亿元，同比增长351.6%。其中早教业务营收达到1.77亿元，全国早教中心布局478家。

住房和城乡建设部正式发布《托儿所、幼儿园建筑设计规范》局部修订条文，该文件从2019年10月1日起正式开始实施。从修订文件看，托儿所、幼儿园的建筑设计要求放宽，尤其是托儿所所在楼层要求、建筑面积要求，以及针对不同年龄段的班额人数要求、户外活动场地人均面积要求等都有放宽。

31 | VIP陪练公布了暑期（7月、8月）营收数据超3.3亿。

9月/September

01 卓越教育素质教育全布局，构建个性化成才体系。卓越教育办学22年来，坚持"培养卓越素质，助力国家未来"的使命，坚持"一切为了孩子的健康生长"的价值观，实现德智体美劳全面发展。此前，卓越教育通过自营、合作和投资的方式，对素质教育各板块都进行了布局，包括早幼教产品、思维类产品、体育类产品、职业启蒙教育、科创教育等。

蜗牛英语绘本
巧问教育
卓越贝斯特国际婴童学院*
漫橙学院
少年队
看贝睿
早幼类
卓越大语文
大语文
科学类
卓越同道
东湖棋院
思维类
卓越教育 素质教育版图
科创类
小码精灵
思考星球
明星足球
教育综合体
STEAM中心
赛睿体育
体育类
综合素养
未来童行青少年宫
新越体育
华蒙星体育
大素能
7个习惯儿童领导力中心

＊：由卓越乐学（非上市）投资

02 深圳市小橙堡文化传播有限公司是聚橙网旗下家庭亲子演出的集合，下设小橙堡儿童艺术剧团和小橙堡儿童合唱团，以"最好的爱是陪伴"为品牌理念，专注于亲子文化娱乐内容出品和全国标准化运营。

小橙堡
Little Orange
Castle
ACOrange

小橙堡连续四年蝉联道略"演艺中国"亲子演出市场第一名

演出
小橙堡周末儿童剧场
小橙堡微剧场
小橙堡巡演

展览
主题创意艺术特展
亲子体验馆

影视
亲子综艺节目
合家欢电影

03 豌豆思维宣布完成数亿元 B 轮融资，由新东方集团联合新东方产业基金领投，喜马拉雅、DCM、创新工场等机构跟投。据豌豆思维官方表示，本轮融资将主要用于教学教研升级、产品技术研发等方面。

04 美国蒙特梭利教育集团"HGE"宣布已完成中国区种子轮融资。本轮融资由个人投资人吕先生领投，LearnStart 资本跟投，投资总额为 600 万美元。其中 250 万美元作为 HGE 中国种子轮融资，350 万美元则作为 HGE 中国首批两所学校创建的项目资金。

璞远教育宣布完成千万元 A 轮融资，投资方为首控基金。本轮融资将用于师资建设、研学资源开发以及管理平台和销售渠道搭建。

09 立思辰大语文旗下国际业务品牌"诸葛学堂"在美国硅谷正式开业，这是继加拿大之后，立思辰大语文在海外拓展的第二个国家。

10 叮咚少儿英语 AI 课堂宣布完成数千万元 A+ 轮融资，本轮投资由襄禾资本领投，创世伙伴资本跟投。本轮融资将主要用于 AI 技术研发及场景应用、教学教研及品牌推广升级等。

威创股份旗下专注提升幼儿园运营管理的综合性服务平台"教赋联盟"正式上线。教赋联盟依托于威创股份的幼教基因和行业资源，以用户需求为产品设计核心，将所有服务渗透到"线上＋线下""标准化＋个性化"的服务模型，创新搭建 K-link 综合会员服务平台。

广东省东莞市发展和改革局、市教育局、市财政局共同发布了《关于规范我市幼儿园收费管理的通知》，要求从2020年1月1日起，东莞市将取消民办幼儿园价格备案制度，民办幼儿园保教费实行市场调节价，并且享受财政补助的普惠性民办幼儿园应当在与政府有关部门合同约定的最高标准内收取费用。

51Talk发布截至2019年6月30日的第二季度未经审计的财务业绩报告。财报显示，51Talk在2019年第二季度净营收3.534亿元，同比增长25.4%；毛利率69.6%，2018年同期为65.7%；经营现金流0.99亿元，2018年同期为0.27亿元。此外，2019年第二季度活跃学生人数为233400，2018年同期为195500，同比增长19.4%。现金收入4.98亿元，同比增长18.7%。

11 寓乐湾在线发布三款人工智能产品，将在遵循AI伦理的前提下，用融合的方式将AI与教育行业相结合。三款产品分别是AIBIT、AIDO、小图编程精灵。

12 儿童教育娱乐服务商"芝兰玉树"发布2019年半年财报。财报显示，2019年上半年，芝兰玉树营业总收入为1332.3万元，2018年同期为2056.6万元，下降35.22%。

16 小胖机器人宣布与青岛市政府达成战略合作，青岛即墨区政府以5亿元注资小胖机器人。同时，小胖机器人将入驻青岛即墨区，建设机器人产业研发生产基地，并将以此基地为启动轴心，面向全国输出机器人技术与全系产品。

17 立思辰大语文宣布将"立思辰大语文"品牌更名为"豆神大语文"。赵伯奇担任豆神大语文（中文未来教育科技有限公司）CEO。目前豆神大语文在全国有300多家校区，并在温哥华和硅谷建立校区。

鼎晖投资、新加坡育脑教育集团宣布联合完成对"乐融儿童之家"亿元战略投资。本轮资金将主要用于公司在早期教育领域教学教研、市场拓展以及团队支持等方面。

北京云舒写教育科技有限公司发生股权变更，投资方新增上海证大喜马拉雅网络科技有限公司，持股比例为3%，具体投资金额未披露。

国务院办公厅发布《关于促进全民健身和体育消费推动体育产业高质量发展的意见》，指出要强化体育产业要素保障，激发市场活力和消费热情，推动体育产业成为国民经济支柱性产业。

18 三盛教育发布公告，宣布对北京中育贝拉国际教育科技有限公司进行战略收购，三盛教育将以约1.23亿元现金收购北京中育贝拉国际教育科技有限公司51%股权。

19 孩之国精致托育宣布完成近千万元种子轮融资。本轮融资将主要用于团队建设、直营门店扩张以及课程、系统研发。

麦思加教育宣布完成由蓝港互动集团和东湖天使基金投资的千万级的天使轮融资。其中蓝港互动集团CEO廖明香将出任麦思加教育董事长。

20 在线青少儿英语教育品牌"VIPKID"成为"故宫文具"首家教育行业官方战略合作伙伴。故宫文具是由人民日报社与故宫博物院联合打造的文创项目。

23 亲子记录与社交分享平台"因爱科技"宣布完成 B 轮融资，本轮由红杉资本领投，纪源资本跟投。

贝达英语宣布获得贝尔科教千万级战略投资，双方达成战略合作伙伴关系。双方表示，此次合作将在 AI+ 教育领域结合双方的优势资源，共同探索、开发面向未来的新一代教育服务体系。

24 教育部基础教育司发布公告称，学科类校外线上培训机构需通过全国校外线上培训管理服务平台备案，公告明确各机构需要于 2019 年 10 月 31 日前填完备案材料。

27 极客晨星宣布已完成由海纳亚洲投资的近亿元 A+ 轮融资。本轮融资将继续投入教研教学开发（含 AI 辅助教学技术）、产品升级以及品牌建设推广等方面。

VIPCODE 在线少儿编程孵化的"未科编程网校"上线。未科编程网校通过"AI 双师""智能互动大班课"等创新教学模式，为全学龄段青少年提供一站式编程教育服务。其自主开发的智能讲练学习平台能极大突破线上编程大班学习效果的瓶颈。至此，VIPCODE 的产品已覆盖录播、AI 双师、直播 1 对 1、小班直播、大班直播及"线上＋线下"双师课堂等多种学习场景。

28 蕃茄田艺术小学课程"实验山水"入选 InSEA 学会期刊论坛,其"城市系列"小学课程还收到了 2020 哈佛大学零点计划年会的发表邀请。

30 科贝乐对外宣布将在中国快速、全面拓展教学中心,目前已进入众多一二线城市,发展了近 30 余个校区。

教育部等十一部门联合印发《关于促进在线教育健康发展的指导意见》,明确指出要鼓励社会力量举办在线教育机构,开发在线教育资源,提供优质教育服务;鼓励银行等金融机构开发符合在线教育特点的金融产品,利用创业投资基金、天使投资及资本市场融资等多种渠道,引导社会资本支持在线教育发展;支持符合条件的在线教育企业发行"双创"专项债务融资工具、创新创业公司债券。

KIDS KEYS（KK·家）的三家教育综合体落地深圳和武汉，分别为深圳罗湖区翠竹中心店、武汉江岸区后湖中心店和武汉洪山区徐东中心店。KK·家是由素质教育产业媒体睿艺孵化的儿童成长空间，致力于打造0~15岁青少儿一站式优质素质教育平台，为中国家庭提供全方位素质教育解决方案，为教育培训机构提供优质的素质教育场景，实现一线教育品牌强强联合。